普通高等教育会计系列教材

管理会计学

（新形态版）

MANAGERIAL ACCOUNTING

吕 沙 / 主 编

吴 萌 / 副主编

社会科学文献出版社
SOCIAL SCIENCES ACADEMIC PRESS (CHINA)

P 前言
REFACE

　　管理会计学是一门将会计与现代管理融为一体的综合性学科，随着会计职能向战略、决策的转型发展，管理会计的重要性日益凸显。财政部分别于 2014 年、2016 年和 2017 年发布了《关于全面推进管理会计体系建设的指导意见》、《管理会计基本指引》和《管理会计应用指引》，推动了国内管理会计的快速发展。随着"互联网+"时代的到来，信息技术正在与管理会计加速融合，并催生出许多新的管理会计概念或管理工具。作为本科教材，管理会计学在讲述基本知识、基本理论和基本方法的同时，为使学生进一步理解和把握管理会计的发展与创新，也应将管理会计的新理论、新技术、新工具体现于教学实践中。

　　基于以上背景以及教育部关于高等院校新文科建设和思政建设的有关精神，笔者在多年管理会计的教学、研究和实践经验基础上撰写了本教材。本教材有如下几个特点。

　　（1）注重内容的完整性。本教材以管理会计职业道德为根本，以财政部发布的各项管理会计指引为核心，吸收了国内外管理会计的最新研究成果，体现了业财融合等新知识，融合了传统管理会计和战略管理会计的内容，形成了较为完整的管理会计内容体系。

　　（2）注重案例的多样性。本教材各章均配有引导案例和案例分析，引导案例用来激发学生学习的兴趣，案例分析用来强化学生学习的内容，帮助学生更好地运用管理会计理论和工具方法，培养其实践能力和创新能力。

　　（3）注重课程的思政性。本教材把"课程思政"贯穿于全书内容中，基于章节内容挖掘梳理所涉及的思政元素，将之融入专业知识，有利于充分发挥本课程的育人功能。

　　（4）注重形式的创新性。作为传统管理会计教材的变革性替代的新形态教材实践，本教材每章均配有二维码，以帮助学习者更好地了解和掌握学习内容。针对教材理论部分的重难点，制作讲解音频和视频；针对管理会计课程公式多的特点，通过数学模型及演示程序展示。

（5）注重知识的可理解性。本教材各章均制作了知识框架图，帮助读者更好地掌握各章的学习内容，快速建立全局思维；本教材针对每个知识点都配有例题，通俗的例题让读者更轻松、更方便地学习。

本书由吕沙担任主编、吴萌担任副主编。全书共有13章，其中吕沙撰写第1章和第3章；丁晓莲和徐晋共同撰写第2章和第9章；邓茜丹撰写第4章和第7章；吴萌撰写第5章和第6章；张宇撰写第8章；蒋欣怡撰写第10章和第11章；李燕和田琳共同撰写第12章和第13章。吕沙、吴萌负责全书的结构设计和内容安排，吕沙负责全书的统纂和定稿。

在本书的编写过程中，我们参阅了部分教材和其他相关专著，在此谨向这些文献的作者表示感谢。由于时间原因和水平限制，本书难免会存在不妥之处，敬请同行专家、学者及读者批评指正。

本书作为四川师范大学校级规划教材，得到了学校和商学院的出版资助，我们深表感谢！另外，本书在出版过程中，得到了社会科学文献出版社的大力帮助，在此一并表示衷心的感谢！

编　者

C 目 录
ONTENTS

Q 二维码目录
R CODE CONTENTS

第1章　管理会计概论

学习目标

1. 理解管理会计的定义
2. 了解管理会计的形成与发展
3. 掌握管理会计的价值观与职能
4. 认识管理会计的指引体系
5. 了解管理会计的职业组织和职业道德
6. 掌握管理会计与财务会计、财务管理之间的关系

知识框架图

引导案例　　　　　　　　　　**小米投资非消费电子领域之决策**①

　　小米公司正式成立于 2010 年 4 月，是一家以智能手机、智能硬件和 IoT 平台为核心的消费电子及智能制造公司。创业仅 7 年时间，小米的年收入就突破了千亿元人民币。截至 2018 年，小米的业务遍及全球 80 多个国家和地区。2019 年，小米是全球第四大智能手机制造商，在 30 余个国家和地区的手机市场进入了前 5 名，特别是在印度，曾连续 5 个季度保持手机出货量第一。通过独特的"生态链模式"，小米带动了更多志同道合的创业者，同时建成了连接超过 1.3 亿台智能设备的 IoT 平台。

　　小米的产品主要有手机、平板、笔记本电脑、路由器、电视、电视盒子等，每个产品又涉及多个系列。小米生态链有手环、移动电源、空气净化器、平衡车等更为庞大的产品线。

　　小米还重点投资了非消费电子领域。小米从 2021 年 3 月开始官宣造车计划，其自动驾驶项目第一期研发投入达 33 亿元，专属团队规模超过 500 人。2022 年 8 月 11 日，小米首款全尺寸人形仿生机器人 CyberOne 在北京正式亮相。CyberOne 是继

　　① 资料来源：根据 Canalys 研究报告（https：//www.canalys.com/newsroom/canalys - global - smartphone - market - q4 - 2019）和小米公司网站（https：//www.mi.com）资料改编。

1

2021 年小米仿生四足机器人 Cyberdog 后 Cyber 家族的新成员。

小米的管理者很想知道，新开发的新能源汽车的成本如何？销售多少台才能保本？此外，小米还有众多研发的产品以及投资的各种各样的生态链产品，这些产品的收益如何？如何评价？为什么公司开发收益期较长的智能机器人产品？我们可以推断，机器人的开发能在一定程度上提升公司的技术实力和品牌价值，吸引消费者的目光，同时也能提升公司产品的定位，虽然智能机器人的收益期较长，但也能对提高公司利润做出贡献。提供诸如此类的信息是管理会计的责任所在。小米公司通过管理会计信息可以有效地洞察公司绩效，并提出应如何完善公司战略以稳固其市场地位的有效方案。

1.1 管理会计的定义

认识管理会计

在 1952 年伦敦举行的国际会计师联合会（IFAC）年会上，会计学界正式采用"管理会计"这一术语。但对于什么是管理会计，国内外会计学界、有关组织机构见仁见智，从不同的角度定义了管理会计。

1.1.1 国外会计学界对管理会计的定义

美国会计学会（AAA）于 1958 年和 1966 年先后两次对管理会计做出了如下定义："管理会计是指在处理企业历史和未来的经济资料时，运用适当的技术和概念，对经济主体实际的经济数据和预计的经济数据进行处理，以帮助管理人员制定合理的经济目标，并为实现该目标而进行合理决策。"显然，美国会计学会将管理会计的活动领域限定于"微观"，即企业环境。

从 20 世纪 70 年代起，国外许多学者将管理会计描述为"现代企业会计信息系统中区别于财务会计的另一个信息子系统"。

1981 年，美国全国会计师联合会对管理会计的定义是："管理会计是为向管理当局提供用于企业内部计划、评价、控制以及确保企业资源合理利用和管理层履行经营管理责任，而进行确认、计量、归集、分析、编报、解释和传递信息的过程。"

1982 年，英国成本和管理会计师协会对管理会计的定义是："管理会计是为管理当局提供所需信息的那一部分会计工作，使管理当局得以：（1）确定方针政策；（2）对企业的各项活动进行计划和控制；（3）保护财产安全；（4）向外部人员反映财务状况；（5）向职工反映财务状况；（6）对各个行动的备选方案做出决策。"

1988 年，国际会计师联合会对管理会计的定义是："管理会计是管理部门用于计划、评价、控制信息的确认、计量、归集、分析、编报、解释和传递以确保其资源合理利用并履行相应的经营责任的过程。"

1.1.2　国内会计学者对管理会计的定义

20 世纪 80 年代初，我国学术界对管理会计开始了系统研究，部分会计学者相继对管理会计的概念提出了自己的观点，比较有代表性的有以下学者。

余绪缨教授认为，管理会计是将现代化管理与会计融为一体，为企业的领导者和管理人员提供管理信息的会计，它是企业管理信息系统的一个子系统，是决策支持系统的重要组成部分。[1]

汪家佑教授认为，管理会计是西方企业为了加强内部经济管理、实现利润最大化这一企业目标，灵活运用多种多样的方式、方法，收集、加工和阐明管理当局控制经济过程所需要的信息，围绕成本、利润、资本三个中心分析过去、控制现在、规划未来的一个会计分支。[2]

李天民教授认为，管理会计是通过一系列专门方法，利用财务会计、统计及其他有关资料进行整理、计算、对比和分析，是企业内部各级管理人员能据以对各个责任单位和整个企业日常和未来经济活动及其发出的信息进行规划、控制、评价和考核并帮助企业管理当局做出最优决策的一整套信息处理系统。[3]

胡玉明教授认为，21 世纪的管理会计应是为企业（组织）核心能力的诊断、分析、培育和提升提供相关信息支持的信息系统。[4]

1.1.3　国内外政府或组织对管理会计的定义

近年来，对管理会计影响最大的政府或组织是我国的财政部与英美的会计机构。2014 年 1 月，我国财政部下发了《关于全面推进管理会计体系建设的指导意见（征求意见稿）》，提出要形成一个由理论、指引、人才、信息化加咨询服务"4+1"的管理会计有机发展模式。力争通过 5~10 年的努力，基本形成中国特色管理会计理论体系，基本建成管理会计指引体系，加强管理会计人才队伍建设，使我国管理会计接近或达到世界先进水平。2014 年 2 月，英国皇家特许管理会计师公会（CIMA）与美国注册会计师协会（AICPA）也联合发布了《全球管理会计原则（征求意见稿）》。这一现象说明，管理会计在企业实践中具有重要的地位与作用，必须加快

---

[1]　余绪缨主编《管理会计学》，中国人民大学出版社，1999。
[2]　汪家佑：《管理会计》，经济科学出版社，1987。
[3]　李天民编著《管理会计学》，中央广播电视大学出版社，1984。
[4]　胡玉明主编《管理会计》，中国财政经济出版社，2009。

管理会计理论与方法体系的研究。

对于管理会计的定义，我国财政部在 2014 年 10 月正式发布的《关于全面推进管理会计体系建设的指导意见》中做了如下阐述："管理会计是会计的重要分支，主要服务于单位（包括企业和行政事业单位，下同）内部管理需要，是通过利用相关信息，有机融合财务与业务活动，在单位规划、决策、控制和评价等方面发挥重要作用的管理活动。管理会计工作是会计工作的重要组成部分。"

2014 年 10 月 CIMA 和 AICPA 正式发布的《全球管理会计原则》对管理会计的定义是："管理会计是通过综合分析，向组织机构提供信息，帮助和支持组织机构进行战略规划、组织实施和管理控制，促使其做出合理决策，从而为组织机构的可持续发展创造价值。"它规范了管理会计的四大原则：①提供相关性信息；②进行有洞察、有影响的沟通；③分析对企业价值的影响；④履行受托责任，增强企业信任。

1.1.4　管理会计的定义

本书认为管理会计是以提高经济效益为最终目的的会计信息处理系统。它运用一系列专门的方式、方法，通过确认、计量、归集、分析、编制、解释、传递等一系列工作为管理和决策提供信息并参与企业经营管理，是企业的战略、业务、财务一体化最有效的工具。

第一，从属性看，管理会计属于管理学中会计学科的边缘学科，是指在现代会计系统中区别于传统会计，体现会计预测、决策、规划、控制和责任考核评价等会计管理职能的那部分内容，是一个会计信息处理系统。

第二，从范围看，管理会计既为企业管理当局的管理目标服务，同时也为股东、债权人、规章制度制定机构及税务当局，甚至国家行政机构等非管理集团服务。

第三，从内容看，管理会计是以现代企业经营活动及其价值表现为对象，通过对财务、技术等信息的深加工和再利用，实现对企业经营活动过程的预测、决策、规划和责任考评等职能的一种管理活动。

第四，从目的看，管理会计要运用一系列专门的方式、方法，通过确认、计量、归集、分析、编制、解释、传递等一系列工作，为管理和决策提供信息，以强化企业内部经营管理，实现最佳经济效益为最终目的。

1.2　管理会计的形成与发展

管理会计的本质是管理和会计的有机结合，管理会计是管理对会计领域的渗透，因而管理会计的产生是经济理论和管理理论双重影响的结果，管理会计也将随着经济的发展和管理技术的进步而不断地发展。

1.2.1　追求效率的执行管理会计阶段

19 世纪末 20 世纪初，资本主义开始从自由竞争向垄断阶段过渡。随着科学技术水平和生产社会化程度的不断提高，企业规模不断扩大、生产技术更加复杂、市场迅速扩张、竞争日益激烈，西方企业发展面临着如何提高劳动生产率和管理水平以促进生产的实际问题，迫切需要用"科学管理"取代"传统的经验管理"，因此促使了古典管理理论的形成。与此同时，会计也在管理中得到有效使用，从而对管理会计的产生和发展产生了重大而深远的影响。

泰勒（F. W. Taylor）是古典管理理论的重要代表人物，他因创建科学管理理论体系即"泰勒制"而被誉为"科学管理之父"。1898 年，泰勒在伯利恒钢铁公司通过与会计方法的结合实行了卓有成效的成本管理，成本管理的基本点是在企业经营决策等重大问题已经确定的前提下，运用会计方法将严密的事先计算、事中控制和事后分析相结合，形成标准成本系统，以降低成本、提高企业生产效率。通过成本管理和控制，在一定的生产设备等条件下促使企业用较少的材料、较少的工时生产较多的产品，其综合表现就是生产成本的降低和生产经济效果的提高，而会计对于管理和控制生产成本、提高生产经济效果是有成效的。泰勒的科学管理理论对管理会计的产生起了决定性作用，通过实践和发展，形成了以泰勒学说为基础的传统管理会计，即执行性管理会计。科学管理思想及其实践与会计方法的结合为发挥会计管理职能开创了一条新路，成为会计发展史上的一个重要里程碑。

随着泰勒科学管理理论在实践中的广泛应用，"标准成本"、"预算控制"和"差异分析"等这些与泰勒的科学管理理论直接相联系的技术方法开始被引进到管理会计中来。1922 年，奎因坦斯（H. W. Quaintance）出版了《管理会计：财务管理入门》一书，第一次提出了"管理会计"这个名称。1924 年麦金西（J. O. McKinsey）又公开刊印了世界上第一部以"管理会计"命名的著作《管理会计》。至此，美国会计史学界认为，管理会计初步具有了统一的理论。

因此，执行性管理会计是以泰勒的科学管理理论为基础形成的会计管理系统，主要包括标准成本、预算控制和差异分析等方面，其基本点是在企业的战略、方向等重大问题已经确定的前提下，协助企业解决在执行过程中如何提高生产效率和生产经济效果的问题。这个时期的管理会计追求的是"效率"，强调的是把事情做好。

1.2.2　追求效益的决策管理会计阶段

20 世纪 50 年代以后，随着科学技术日新月异，生产力迅速发展，企业规模越来越大，跨国公司大量涌现，生产经营日趋复杂，企业外部的市场情况瞬息万变，竞争更加激烈。这些新的条件和环境要求企业管理不再简单地依靠提高生产效率、工作效率及内部标准化管理，而是将重心转向提高经济效益。

泰勒的科学管理理论较多地强调科学性、精密性和纪律性，而忽视了对"人"这个关键因素的研究，显然无法彻底解决提高劳动生产率、缓解劳资紧张关系等问题。管理学家和心理学家也意识到社会化大生产的发展需要与之相适应的新的管理理论，于是，他们开始从生理学、心理学、社会学等角度研究企业中有关"人"的问题，进而创建了行为科学理论。行为科学流派主张企业管理由原来的以"事"为中心，发展到以"人"为中心，这是管理思想的一个重大改变。

行为科学理论对会计的渗透，自 20 世纪 70 年代以来，发展尤为迅速，已逐步成为一个重要的、具有发展前景的专门领域，被称为"行为会计学"。1962 年，贝格尔（S. Becker）和格林（D. Green）发表的《预算编制和职工行为》对管理会计的另一个重要内容即行为会计，做了精辟的论述。进入 20 世纪 70 年代之后，卡普兰（E. H. Caplan）的《管理会计和行为科学》和霍普伍德（Hopwood）的《会计系统和管理行为》等一批优秀著作相继问世，这些都大大加速了管理会计的发展，促进了以泰勒学说为基础的执行性管理会计演进为以现代管理科学理论为基础的决策性管理会计。我国的管理会计实务在 20 世纪 90 年代中期，也基本上进入了决策管理会计阶段，但不同行业、不同所有制企业的情况可能存在较大差异。

这个时期的管理会计追求的是"效益"，强调的是首先把事情做对，然后再把事情做好，通过为企业经营管理决策提供的大量信息，如利用变动成本法计算的边际贡献来判断企业是否生产、生产什么、生产多少以及产品定价的相关决策，利用标准成本和预算管理信息纠正企业在生产经营活动中出现的偏差，等等，进一步明确经营管理中的责任，保证生产经营目标的实现。至此，管理会计形成了以"决策会计"和"执行会计"为主体的结构体系。

管理会计在
中国的发展

1.2.3　体现绩效的战略管理会计阶段

竞争战略上的得失关系到企业的兴衰成败，随着科技、信息、经济的飞速发展，企业为了谋求长期的生存发展，开始注重构建竞争优势。1976 年，安索夫（Igor Ansoff）的《从战略规则到战略管理》一书的出版，标志着现代战略管理理论体系的形成。

面对新环境、新经济和新技术的挑战，传统的管理会计已经不能适应环境变化对企业管理的客观要求，管理会计的主题已经从单纯的价值增值转向企业组织对外部环境变化的适应性上来。从战略的角度利用会计信息对企业决策进行支持已经成为管理会计改革和发展的当务之急。作为一项系统性工作，管理工作不仅仅是追求效率，更重要的是要从整个组织的角度来考虑组织的整体效果以及对社会的贡献。因此，要把"效率"和"效益"有机地结合起来，从而使管理的目的体现在"效率"和"效益"之中，即通常所说的"绩效"。

1981 年，英国学者西蒙斯（Simmonds）在其论文《战略管理会计》中最先提出"战略管理会计"概念，将管理会计与战略管理联系起来。他认为："战略管理会计提供并分析有关企业及其竞争对手的管理会计数据以构建与监督企业战略。"他将战略管理会计定义为："对企业及其竞争对手的管理会计数据进行搜集和分析，由此来发展和控制企业战略的会计。"战略管理会计更注重企业的外部市场环境，强调企业发展与环境变化的协调一致，研究企业与市场竞争者的关系位置。这就纠正了传统管理会计只致力于企业内部降低成本、提高劳动生产率的倾向，真正将企业置于市场信息之中。

1.3 管理会计的价值观与职能

1.3.1 管理会计的价值观

管理会计的价值观是管理会计工作的指导原则或行为准绳。其框架是以实现顾客价值为最终目标，以达到伦理价值为基本要求，通过价值创新和增值机制，提升管理会计的文化价值与经营环境，加强对时间价值与风险价值的管理，实现企业的价值增值，如图 1-1 所示。具体而言，顾客价值是管理会计价值观中的主体，伦理价值是管理会计价值观中的基础，"富与贵，是人之所欲也；不以其道得之，不处也"，在当前环境下树立环境伦理观与企业社会责任伦理观尤为重要；价值创新是发展和完善管理会计信息支持系统的前提；以时间价值和风险价值管理为基础的增值机制是实现企业价值增值目标的重要基础与保障。

从管理会计的对象来看，会计学界对管理会计的对象有不同的观点，但主流观点认为，管理会计的对象是以使用价值管理为基础的价值管理活动，这是因为，从本质上讲，管理会计的对象是企业的生产经营活动。管理会计是以企业和企业内部的责任单位为主体，通过对企业的价值转移和价值增值活动进行规划和控制，以实现价值最大化。从管理体现经济效益的角度来看，管理会计的对象是企业生产经营

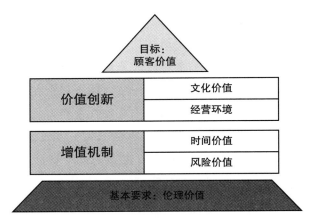

图 1-1　管理会计价值观体系

活动中的价值活动。在这一过程中，管理会计是以生产经营活动中价值形成和价值增值过程为对象，通过对使用价值的生产和交换过程的优化，提供信息并参与决策，以实现价值最大增值的目的。从实践角度来看，管理会计的对象具有复合性的特点。一方面，管理会计致力于使用价值生产和交换过程的优化，强调加强作业管理，其目的在于提高生产效率和工作效率。另一方面，在价值形成和价值增值过程中，管理会计强调加强价值管理，其目的在于提高经济效益，实现价值的最大增值。管理会计的复合性特征，使作业管理和价值管理得以统一，构成了完整的管理会计对象。

1.3.2　管理会计的职能

现代管理会计的职能已从财务会计单纯的核算职能扩展到预测、决策、规划、把控、评估等复合职能上。经济新常态背景下的管理会计不仅要重点关注业财融合发展，对业务工作、财务工作相互融合的基本理念、概念等形成正确认识，还要重视大数据的应用，借助大数据帮助企业进行更加科学合理的预测和分析，使管理会计的决策职能更加完善，同时也要立足于价值驱动，科学合理地调节规划企业未来的经营管理工作。

《管理会计基本指引》提出管理会计"应以战略规划为导向，以持续创造价值为核心，促进单位可持续发展"。企业各级管理层需制定适合的战略规划，以应对复杂多变的内外部环境，在战略分析、战略选择以及战略实施的过程中，管理会计都要发挥应有的作用。战略分析过程中涉及对财务数据的分析，尤其是企业资源和能力分析及价值链分析中都涉及管理会计的内容，管理会计人员应当介入企业战略分析过程中，增加战略分析的量化属性，能够从财务的角度提出一些看法，为战略的选择提供参考意义，在企业管理中发挥财务的战略支持作用。

管理会计的职能具体体现为以下五点。

（1）预测经济前景

管理会计发挥预测经济前景的职能是指按照企业未来的总目标和经营方针，充分考虑经济规律的作用和经济条件的约束，选择合理的量化模型，有目的地预计和推测未来企业销售、利润、成本和资金的变动趋势和水平，为企业经营决策提供第一手资料。

（2）参与经济决策

由于决策工作贯穿企业的各个方面，因而作为管理有机组成部分的会计（尤其是管理会计）必然具有决策职能。管理会计参与经济决策的职能主要体现在根据企业决策目标收集、整理有关信息资料，选择科学的方法计算有关长短期决策方案的评价指标，筛选出最优的行动方案。

（3）规划经营目标

管理会计的规划经营目标职能是通过编制各种计划和预算实现的。它要求在最终决策方案的基础上，将事先确定的有关经济目标分解落实到各有关预算中去，从而合理有效地组织协调供、产、销及人、财、物之间的关系，并为成本控制和责任考核创造条件。

（4）控制经济过程

控制经济过程职能的发挥要求将对经济过程的事前控制与事中控制有机地结合起来，即事前确定科学可行的各种标准，并根据执行过程中实际与计划发生的偏差进行原因分析，以便及时采取措施进行调整，确保经济活动的正常进行。

（5）评价经营业绩

管理会计履行评价经营业绩的职能是通过建立责任会计制度来实现的，即在各部门各单位及每个人均明确各自责任情况的前提下，逐级考核责任指标的执行情况，从而为奖惩制度的实施和未来工作改进措施的形成提供必要的依据。

1.4　管理会计指引体系

管理会计的全面建设离不开一个系统的指引体系，指引体系的规范与否、健全与否直接关系到管理会计工作的进度和效果。首先，指引体系能够使各企业在管理会计实务操作中有据可依。建设管理会计指引体系的目的是对管理会计领域相对成熟的理念及工具进行介绍和推广，其作用是推动企业管理会计的发展。其次，指引体系是同步提高管理会计理论和实务发展的有力保障。在管理会计指引体系的指引、督促下，管理会计

课程思政：思政
元素及融入点

理论研究会为更好地服务于实践而逐渐拓宽范围、加强深度，管理会计的成功应用

和不断推广也可以为管理会计理论研究提供材料。

财政部于 2014 年 10 月正式发布的《关于全面推进管理会计体系建设的指导意见》中指出，我国将建成以管理会计基本指引为统领、以管理会计应用指引为具体指导、以管理会计案例示范为补充的管理会计指引体系。按照财政部的路线图，管理会计的制度建设将沿着"基本指引—应用指引—案例示范"的路径全面推进。财政部 2016 年制定的《管理会计基本指引》作为管理会计应用指引的统领，为管理会计应用指引的制定规定了原则和框架。自 2017 年 9 月起财政部陆续发布的《管理会计应用指引》作为管理会计指引体系的一个重要组成部分，是贯彻落实指导意见和基本指引的具体体现，其制定将为单位如何正确、有效地选择和应用管理会计工具方法提供参考与指导。

1.4.1 管理会计基本指引

《管理会计基本指引》是将管理会计的普遍规律上升到标准层面，是对管理会计基本概念、基本原则、基本方法、基本目标等内容的总结和提炼，在管理会计指引体系中起着统领作用。《管理会计基本指引》是根据《会计法》和《关于全面推进管理会计体系建设的指导意见》的精神加以设计和规范的，即通过界定管理会计目标，明确管理会计应遵循的原则和具体的要素构成，突出管理会计的实用性特征。

《管理会计基本指引》提出了管理会计概念框架，基本涵盖了管理会计目标、应用原则、要素等概念，共分六章 29 条，除第一章总则和第六章附则外，其余四章按照管理会计要素分为：应用环境、管理会计活动、工具方法、信息与报告（见表 1-1）。

表 1-1 《管理会计基本指引》的内容框架

章节	内容
总则（第一章）	共 6 条(第 1~6 条)：制定的依据与目的、管理会计基本指引的地位、管理会计的目标、应用管理会计应当遵循的原则、管理会计的应用主体、管理会计要素
应用环境（第二章）	共 6 条(第 7~12 条)：界定管理会计的应用环境、以价值创造模式推动业财融合、组织架构、管理模式、资源保障、信息系统
管理会计活动（第三章）	共 5 条(第 13~17 条)：界定管理会计活动，即规划、决策、控制、评价
工具方法（第四章）	共 4 条(第 18~21 条)：工具方法及其开放性、工具方法的应用领域、工具方法的选择
信息与报告（第五章）	共 6 条(第 22~27 条)：管理会计信息、管理会计报告
附则（第六章）	共 2 条(第 28~29 条)：解释权与生效权

1. 管理会计目标

《管理会计基本指引》明确提出了管理会计的目标：通过运用管理会计工具方

法，参与单位规划、决策、控制、评价活动并为之提供有用信息，推动单位实现战略规划。

2. 管理会计应用原则

（1）战略导向原则

管理会计的应用需以战略的眼光来观察企业的经营与投资活动，要符合可持续发展的价值创造内涵与外延，并以能够实现企业的价值增值为基本目标。

（2）融合性原则

管理会计应嵌入单位相关领域、层次、环节，以业务流程为基础，利用管理会计工具方法，将业务和财务等有机融合。这一原则的典型体现是在顾客价值创造经营基础上实现"业财融合"。管理会计的本质就是一种"业财融合"的管理活动。

（3）适应性原则

由于企业所处的行业、发展阶段和管理模式等不同，管理会计的应用应与单位应用环境和自身特征相适应。只有结合企业自身的内部条件，因地制宜地选择和应用管理会计工具方法，合理地加以推广应用，才能获得最佳的效率和效益。

（4）成本效益原则

管理会计的应用应权衡实施成本和预期效益，在控制成本的同时实现销售收入的增长；同时，积极防范和化解企业面临的各种风险，有效地推进管理会计的应用。

3. 管理会计要素

（1）应用环境

管理会计的应用环境是指单位在应用管理会计时必须面对的基本条件，分为内部环境与外部环境。内部环境包括高层主管意向、员工意识和专业人员知识等因素；外部环境包括国内外经济、法律等因素。

（2）管理会计活动

《管理会计基本指引》中将管理会计活动明确界定为管理会计"信息支持"与"管理控制"两个方面，即要求单位利用管理会计信息，运用管理会计工具方法，在规划、决策、控制、评价等方面服务于单位管理需要的相关活动。

（3）工具方法

广义的管理会计工具方法是指单位应用管理会计，实现管理会计目标的具体手段，包括与企业管理相关的模型、技术、流程等内容（如本-量-利分析、作业成本法、滚动预算、平衡计分卡等）；狭义的管理会计工具方法体现为一个相对独立的管理控制与信息支持的闭环，是由政府机构或民间组织等发布的具有实用性、操作性的技术方法规范。

（4）信息与报告

信息与报告是管理会计控制系统的基础，其中管理会计信息包括管理会计活动过程中所使用和生成的财务信息与非财务信息；管理会计报告是管理会计活动成果的重要表现形式，旨在为报告使用者提供管理需要的信息。

1.4.2　管理会计应用指引

管理会计应用
指引示例

《管理会计应用指引》以管理会计工具方法为载体，确保管理会计的实践效果，也是制度建设有序推进的内在要求。其在管理会计指引体系中居于主体地位，是对企业管理会计工作的具体指导。通过管理会计工具方法在企业中的"落地"，提升组织内部管理水平，促进企业转型升级。

纵览国际管理会计应用发展历程，国际会计师联合会和美、英等西方国家做了大量探索，比如：国际会计师联合会下属国际工商业界职业会计师委员会陆续发布了 8 项管理会计国际最佳实践指南；美国管理会计师协会先后出版了领导力与道德、技术应用等 4 辑管理会计公告；英国皇家特许管理会计师公会发布了管理会计系列研究资料。上述成果虽然为单位应用管理会计工具方法提供了一定的参考，但并未在管理会计应用领域形成系统、完整的体系架构。我国的《管理会计应用指引》是一套立足于管理会计实践、服务于单位管理会计应用的指导性文件，这在全球管理会计领域具有开创性。该文件通过分领域、分工具构建，注重开放性；通过步骤与方法相结合，注重可操作性；通过整体与领域相结合，注重适应性。

财政部在 2017 年 9 月到 2018 年 12 月这一时期分三批发布了 34 项《管理会计应用指引》，这些指引由 7 项概括性指引和 27 项工具方法指引构成，主要涵盖了战略管理、预算管理、成本管理、营运管理、投融资管理、绩效管理、风险管理和其他管理。概括性指引由总则、应用环境、应用程序和附则等组成，而工具方法指引一般由总则、应用环境、应用程序、工具方法评价和附则等组成。

《管理会计应用指引》中的 7 项概括性指引以"100""200""300"等数字标示（编号尾数为零），"其他管理"没有被明确划分为"800"类别，是为了给概括性指引的扩展留有余地。工具方法指引则以"101""201""202""301""302"等数字标示（编号尾数不为零），它为企业正确、有效地选择和应用管理会计工具方法提供了借鉴或参考。截至 2018 年底，我国已颁布的概括性指引和工具方法指引如表 1-2 所示。

表 1-2　管理会计工具

类别	工具
100 战略管理	101 战略地图
200 预算管理	201 滚动预算
	202 零基预算
	203 弹性预算
	204 作业预算
300 成本管理	301 目标成本法
	302 标准成本法
	303 变动成本法
	304 作业成本法
400 营运管理	401 本-量-利分析
	402 敏感性分析
	403 边际分析
	404 内部转移定价
	405 多维度盈利能力分析
500 投融资管理	501 贴现现金流法
	502 项目管理
	503 情景分析
	504 约束资源优化
600 绩效管理	601 关键绩效指标法
	602 经济增加值法
	603 平衡计分卡
	604 绩效棱柱模型
700 风险管理	701 风险矩阵
	702 风险清单
其他管理	801 企业管理会计报告
	802 管理会计信息系统
	803 行政事业单位

1.4.3　管理会计案例示范

《管理会计案例示范集》是管理会计指引体系的重要补充，以管理会计指引体系结构为基础，涵盖战略管理、预算管理等八大领域，财政部会计司组织专家于 2019 年编写出版，包括 54 个案例。

1.5 管理会计的职业组织和职业道德

1.5.1 管理会计的职业组织

1. 美国管理会计师协会

美国管理会计师协会（The Institute of Management Accountants，IMA）成立于1919年，由美国成本会计师协会（NACA）衍生而来，总部设立在美国新泽西州，拥有遍布全球的265个分会超过80000名会员。在国际上，作为COSO委员会的创始成员及国际会计师联合会（IFAC）的主要成员，IMA在管理会计、公司内部规划与控制、风险管理等领域均参与到全球最前沿实践。此外，IMA还在美国财务会计准则委员会（FASB）和美国证券交易委员会（SEC）等组织中起着非常重要的作用。

作为全球规模最大、最受推崇的专业会计师协会之一，IMA致力于通过开展研究、CMA认证、继续教育以及倡导最高职业道德标准等方式，服务全球财务管理行业。IMA颁发的美国注册管理会计师（CMA）证书是对会计和财务专业人士的权威鉴定，其所侧重的财务规划、绩效与分析、战略财务分析等内容与当今财务专业人员在工作中所应用的专业知识、技能与能力保持一致，该证书在会计师通过资格考试并拥有一定背景和经验后颁发。

获取美国注册管理会计师资格证的关键在于通过资格考试，考试重点包括以下四部分：经济学、金融学和管理学；财务会计和报告；管理报告、分析和行为决策等问题；决策分析和信息系统。这些考试模块反映了管理会计是多种学科相互交叉的结果。

2. 英国皇家特许管理会计师公会

英国皇家特许管理会计师公会（The Chartered Institute of Management Accountants，CIMA）成立于1919年，总部设在英国伦敦，是全球最大的国际性管理会计师组织，同时也是国际会计师联合会（IFAC）的创始成员之一。

CIMA坚持不懈地致力于企业财务管理及战略决策的研究和开发，提供了世界上极具权威性的高端财务职业资格认证。CIMA资格认证不仅为企业衡量和提升财务管理人员素质和业务水平提供依据，也为各行各业的高级财务人员和管理精英创造展示实力的平台和个人发展的通途。

CIMA职业资格认证分为四个层级，即基础级、运营级、管理级和战略级，每个级别设置了对应的科目。只有通过了四个层级的所有科目考试，才能获得英国皇家特许管理会计师公会会员资格。

1.5.2　管理会计师的职业道德要求

2017 年，美国管理会计师协会发布的《职业道德守则公告》规定了 IMA 职业道德原则包括诚实、公平、客观和责任，管理会计师的行为应当符合这些原则，并且应该鼓励组织内的其他人遵守这些原则。同时给出了指导行为的标准包括能力水平、保密性、正直性和可信性，如果成员没能遵守以下标准，可能会受到法律处罚。

（1）能力水平

管理会计师有责任做到以下几点：通过提升知识和技术，保持合适的职业领导力和竞争力；根据有关的法律、规定和技术标准，执行职业任务；提供准确、清晰、简洁和及时的决策支持信息和建议，辨识并帮助企业化解管理风险。

（2）保密性

管理会计师有责任做到以下几点：除了授权或法律要求之外，不得披露工作中的机密信息；告知有关方面或人员正确使用与工作相关的机密信息并监管其合规性；禁止违反职业道德或非法使用机密信息。

（3）正直性

管理会计师有责任做到以下几点：避免实际上的利益冲突，定期与业务联系人沟通，以避免出现明显的利益冲突，告知所有当事人避免发生潜在的利益冲突；禁止从事任何可能违背职业道德的活动；禁止从事或者支持任何损害职业声誉的活动；为积极的职业道德文化做出贡献，把职业的诚信置于个人利益之上。

（4）可信性

管理会计师有责任做到以下几点：公平客观地传递信息；充分提供会影响意向使用者理解报告、分析和建议的所有相关信息；根据组织政策和（或）适用法律，及时披露信息，包括流程或者内部控制相关的延迟或缺陷；沟通妨碍专业判断或者成功开展活动的职业限制或其他约束。

在应用各项道德行为准则时，管理会计师可能在识别不道德行为或解决道德冲突方面遇到问题。面临道德问题时，管理会计师应该按照组织内部关于解决这类冲突的政策来处理，如果这些政策没有解决这一道德冲突，应考虑采取以下措施：若上司未卷入纠纷，则同上司商讨，解决问题，若上司也卷入纠纷，可将问题向高一级管理部门反映，若问题仍不能圆满解决，则可向更高一级管理部门呈报，如果上司是主要负责人或相当于此职位者，可将问题提交至某个机构审议，如审计委员会或董事会等组织；如果各层领导均已在内部反复协商而问题仍未得到解决，那么管理会计师需要提出辞职，并向机构中有关人士提交有关情况的备忘录。

【例 1-1】

供应商参加了某公司新产品的招标活动，想了解公司的内部信息，因此邀请某知名公司的管理会计师去某度假村免费度过周末，但在邀请管理会计师时，并没有向管理会计师说明这一情况。管理会计师担心该供应商会向他询问公司的内部信息。请问：这位管理会计师应该接受还是拒绝邀请？

可以推断，如果该管理会计师接受邀请，将会影响其客观公正地执行相关业务，因此，这位管理会计师应该拒绝邀请。

在例 1-1 中，管理会计师面临职业道德的挑战，具体涉及职业道德准则中的保密性和可信性。供应商或许不想询问有关招标问题，但是涉及的利益足以引发职业道德冲突，很多公司会禁止员工接受免费的好处。

1.6　管理会计与财务会计、财务管理之间的关系

1.6.1　管理会计与财务会计的区别

随着市场经济的不断发展，各经济组织对会计需求发生了较为明显的变化，为了适应上述变化，会计逐渐演化为管理会计以及财务会计，管理会计以及财务会计之间的关系既相互独立又密切相关。会计活动的开展关系到企业的经济效益与社会效益，与企业长期稳定的发展存在相对较为紧密的联系。

管理会计与财务会计的主要区别有如下几个方面。

（1）工作主体不同

管理会计既要提供反映企业整体情况的相关资料，又要提供反映企业内部各责任单位生产经营情况的资料，因而管理会计的主体是多层次（如集团公司、子公司、分公司车间）、多维度（如职能部门、责任单位）的。财务会计以企业为会计主体提供整个企业财务状况、经营成果和资金变动的会计信息，会计主体具有唯一性。

（2）服务对象不同

管理会计侧重于为企业内部各级管理人员提供有效经营和优化决策方面所需的管理信息，让企业决策者结合企业发展状况调整战略方案，引导企业健康发展，故也称"内部会计"或"对内报告会计"；财务会计虽然也能对内、对外提供企业的基本财务信息，但主要侧重于向企业外部相关单位和人员提供财务信息，故也称"外部会计"或"对外报告会计"。

（3）工作原则不同

尽管管理会计在一定程度上要考虑公认会计准则等的要求，但并不受它们的完

全限制和严格约束，管理会计的行为具有较强的灵活性，可在现代管理会计理论的指导下进行会计工作，它所使用的许多概念超出了传统会计要素的基本概念框架。例如，在管理会计的短期经营决策中，可以不遵守历史成本原则和客观性原则而充分考虑机会成本等因素。而财务会计工作必须严格遵守公认会计准则（在我国为财政部颁发的《企业会计准则》和《企业会计制度》），其基本概念的框架结构相对稳定。

（4）工作职能不同

管理会计的工作重点是"创造价值"，其职能是解析过去、控制现在与筹划未来，给企业管理者提供真实有效的财务信息，让企业管理者制定可行性发展决策，从事前评估、事中管理、事后考核等多个方面保证企业高效利用资源。财务会计则以"记录价值"为工作重点，通过确认、计量、报告等程序来记录已经发生的经济业务的历史信息，对债务人及投资者负责，为其提供企业当前经营发展信息。

（5）信息特征及信息载体不同

管理会计的信息涉及的往往属于未来信息，不要求过于精确，只需满足及时性和相关性的要求，这些信息既包含财务信息，也涉及非财务信息。管理会计的信息载体大多为没有统一格式的各种内部报告，且对于这些内部报告的种类也没有统一规定。财务会计的信息主要是以价值尺度反映的定量资料，对精确度和真实性的要求较高，且具有一定的法律效能。财务会计的信息载体为具有统一格式的凭证系统、账簿系统和报表系统，需统一规定财务报告的种类。

（6）作用时效不同

财务会计与管理会计在各个时间内产生的工作效果各不相同，两者在本质上有着明显差异。管理会计信息以过去、当前和未来信息为主，主要作用时效发挥在未来，也就是通过对现有信息分析，帮助企业展望未来，对企业未来发展情况进行预测，结合分析结果给企业经营发展提供支持，让其快速适应发展环境。而财务会计所依赖的信息源于过去，以历史信息为主，其作用时效也是在过去的一段时间内，属于事后会计，其工作效果是通过将过去真实的货币计量单位信息反馈给企业管理者，给相关人员工作开展提供数据参考。

（7）对会计人员素质的要求不同

管理会计的方法灵活多样，又没有固定的工作程序可以遵循，因此，管理会计的水平在很大程度上取决于会计人员素质的高低。同时，由于管理会计工作涉及的内容比较复杂，需要考虑的因素比较多，也要求从事这项工作的会计人员必须具备较广的知识面，具有较强的分析问题、解决问题的能力。可见管理会计对会计人员素质的要求起点比较高，需要由复合型高级会计人才来承担。会计人员的素质高低也同样影响财务会计工作的质量，因为在开展财务会计工作时，需要严格按照国家法律要求和严格的工作流程进行。但相比之下，对财务会计人员素质的要求不如对管理会计人员素质的要求高，而且侧重点也不同。财务会计工作由操作能力强、工作细致的专门人才来负责。

1.6.2　管理会计与财务会计的联系

管理会计和财务会计同属于企业会计的范畴，两者具有千丝万缕的联系，主要体现在以下几个方面。

（1）起源相同

管理会计与财务会计两者源于同一母体，都属于现代企业会计，共同构成了现代企业会计系统的有机整体。两者相互依存、相互制约、相互补充。

（2）最终目标相同

尽管管理会计与财务会计分别向企业内部和外部提供信息，但两者都以企业经营活动及其价值表现为对象，它们都必须服从现代企业会计的总体要求，最终目标都是使企业获得最大利润，提高经济效益。

（3）基本信息同源

管理会计所使用的信息虽然广泛多样，但基本信息来源于财务会计系统，是对财务会计信息的深加工和再利用。

（4）相互促进

目前我国开展的会计改革致力于改变过去那种单纯反映过去、算"呆账"的报账型会计模式，建立面向未来决策的、算"活账"的经营管理模式，开创管理会计工作的新局面。同时，管理会计的不断完善也需要财务会计更为及时准确地提供能够反映企业财务状况和经营成果的信息。

近年来，会计实务部门应用管理会计的积极性大大提高，管理会计与财务会计之间的相互交融开始增强，比如：随着企业集群、物流产业以及环保产业的发展，财务会计对供应链会计、碳会计等提出了进一步控制与监督的需求，进而为管理会计的创新提供了新的研究范畴。

1.6.3　管理会计与财务管理的关系

管理会计与财务管理既有区别，又有联系。管理会计属于会计学科的一个分支，财务管理是企业管理学的一个分支。公司财务管理的内容分为三大块，即筹资、投资、分配，由于财务管理主要研究的是货币表现的财务信息，因此在企业管理中，财务管理与会计的关系最为密切。

在一定条件下管理会计与财务管理存在以下共同点。

一是预算、决策和控制的职能相同。

二是主要工作对象（如投资决策）相同或相似，工作内容交叉。

三是许多财务指标（如净现值）的计算口径和方法、评价标准相同。

管理会计与财务管理主要的区别包括以下两方面。

一是工作主体的属性不同。财务管理的主体具有多样性，包括政府相关部门、金融机构、企业或个人。管理会计的主体一般是企业。

二是不同工作主体的同名指标计算依据不同。以投资决策使用的净现值指标计算的折现率为例，金融机构必须选择资金成本，企业则可选择行业基准折现率或设定折现率。

思考题

1. 对比分析国内外管理会计的发展历程，简要阐述管理会计的发展趋势。

2. 管理会计和财务会计之间存在哪些主要联系和主要区别？

3. 管理会计包括哪些职能？

4. 管理会计的发展阶段有几个？分别是什么？

5. 管理会计指引体系有哪些？请分别举例。

6. 美国管理会计师协会对于管理会计人员的职业道德要求有几项？分别是什么？

练习题

1. 下面哪项不是管理会计的要素（　　　）。

    A. 应用环境   B. 工具方法

    C. 管理目标   D. 信息与报告

2. 管理会计的服务侧重于（　　　）。

    A. 股东   B. 外部集团

    C. 债权人   D. 企业内部的经营管理

3. 从管理体现经济效益的角度来看，管理会计的对象是（　　　）。

    A. 企业生产经营活动中的价值活动   B. 企业的资金活动

    C. 企业的会计信息   D. 以使用价值管理为基础的价值活动

4. 管理会计与财务会计的关系是（　　　）。

    A. 起源相同、最终目标相同   B. 最终目标相同、基本信息不同源

    C. 服务对象交叉、概念完全相同   D. 基本信息不同源、服务对象交叉

5. 下面各学派中，影响以决策为基本特征的管理会计的是（　　　）。

    A. 官僚学派　　　　　　　　　　　　B. 科学管理学派

    C. 行为科学　　　　　　　　　　　　D. 行政管理学派

6. 下列说法正确的是（　　　）。

    A. 管理会计是经营管理型会计，财务会计是报账型会计

    B. 财务会计是经营管理型会计，管理会计是报账型会计

    C. 管理会计是对外报告会计

    D. 财务会计是对内报告会计

案例分析

1. 考虑下面印刷工小张和当地学校行政部门助理大李对话的情形。

大李：小张，行政部需要 1000 张印刷的海报，用于下个月的联谊活动。这是模板，需要在 10 天之内完成，你们的收费是多少？

小张：好的，考虑到墨水和纸张的成本，大概需要 3000 元。

大李：太好了，这正是我找你的原因。麻烦给开一张 5000 元的发票，那是我们的预算金额。然后，我们财务部向你付款时，你转我 2000 元，我确保你取得这项业务。

要求：分析大李的提议是否符合职业道德要求，小张应该做什么？

2. 小明是某公司的会计主管，在过去的两周里，其面临下列一系列问题。

A. 董事长提醒小明高层管理会即将召开，需要他准备 PPT，用以展示上一年度的利润表和资产负债表中的信息。

B. 华东区销售主管小林决定明年扩建销售部，她将明年的租金和折旧信息呈报给小明，用以编制预算。

C. 生产部经理小郭想要知道购买已组装好的零件和购买单个零件后在公司内组装这两个方案，哪个成本更低。

D. 小明比较了生产中所耗费材料的预算和实际支出，材料的实际支出要远远高于预算，她与小郭就此结果进行了讨论，并要求其对此做出解释。

要求：以上问题哪些是以管理会计为导向的，哪些是以财务会计为导向的？

第2章 成本性态与变动成本法

学习目标

1. 理解成本的概念与分类
2. 掌握成本按性态的分类与混合成本的分解
3. 理解变动成本法与完全成本法核算的差异及原因
4. 掌握变动成本法与完全成本法的特点及对成本核算的影响

知识框架图

引导案例 北京三元的成本结构优化尝试①

北京三元食品股份有限公司（简称"北京三元"）是一家以奶业为主的中外合资企业。2009 年，北京三元荣获"中国驰名商标"称号，并由此成为我国唯一一家同时拥有"中国名牌产品""中国驰名商标"两项称号的乳制品企业。在 2016 年上半年，由于乳制品业的市场竞争日益加剧，某些产品的价格大幅度下滑，公司出现亏本问题。从财务部门提供的成本资料分析来看，产品生产成本普遍提升。为此，北京三元通过研究与分析发现：财务部门提供的产品成本信息存在问题。由于北京三元是一家乳制品企业，其进口的高科技设备价格相当高，淘汰周期短，所以固定制造成本高，大部分产品成本很高。北京三元发展至今，企业内外部竞争日益激烈，公司要想处于有利地位，需要充分重视变动成本，把它当作公司生产经营过程中管理控制的核心成本。

北京三元首先对 2016 年和 2017 年的生产数据进行分析，然后选择最佳的成本方法对公司的成本进行核算。例如，北京三元生产的爱力优奶粉产品市场售价为每听 240 元，该产品的单位变动成本为每听 80 元，单位变动销售费用为每听 30 元，

---

① 资料来源：北京三元食品股份有限公司官网，www.sanyuan.com.cn。

每年的固定制造费用为 240000 元，固定销售及管理费用均为 180000 元。2016 年期初存货为 0，生产量为 6000 听，销售量为 5600 听。2017 年期初存货为 400 听，生产量为 5600 听，销售量为 6000 听。

请思考：固定成本和变动成本有何差异？北京三元为什么要重视变动成本？

2.1　成本的概念与分类

成本是商品经济的价值范畴也是商品价值的组成部分。成本是指人们从事生产经营活动，为达到商业目的所必须耗费资源的货币化表现形式。随着商品经济的不断发展，市场竞争加剧，人们逐步认识到成本领先的重要性，成本概念的内涵和外延也在不断地发展与变化。随着管理会计的出现与发展，成本管理与决策也成为管理会计涵盖的重要内容之一。如何分析成本，控制与降低成本，加强成本管理，并根据成本信息，做出正确的成本决策是管理会计研究的主要内容。

在成本管理与决策过程中，管理者首先基于自身管理需求对成本分类，进而进行成本分析。对成本从不同角度进行分类，可以适应管理上的不同需要。在成本分类方式中，按经济用途分类是财务会计学中对成本分类最传统的方法；同时，按性态分类是管理会计学中对成本分类最重要的方法。

2.1.1　按经济用途分类

基于企业发生的资源消耗类型，在制造类企业中，成本按经济用途被分为生产成本和非生产成本。

1. 生产成本

生产成本的理解

生产成本，也称为制造成本，是指企业在生产经营过程中发生的与生产产品直接相关的耗费，包括与产品直接相关的原材料、燃料和动力费、工人的职工薪酬以及制造费用，具体包括以下内容。

直接材料，是指构成产品实体的原材料，以及生产过程中消耗的其他主要材料和辅助材料。以生产汽车为例，直接材料指生产汽车所需的钢材、油漆、发动机、轮胎等材料。

燃料和动力费，是指生产产品所需消耗的燃料与动力费，如机器设备运转的电费，产品生产过程中消耗的蒸汽费、燃气费，等等。

直接人工，是指企业在生产产品和提供劳务过程中，直接从事产品生产的工人的职工薪酬，包括各生产工序的工人的计件工资、计时工资、奖金、津贴和补贴、加班工资、特殊情况下支付的工资以及福利费等。

制造费用，是指为生产产品和提供劳务而发生的各项间接费用，如生产设备的折旧额（或折旧费）、设备维护修理费、车间管理人员薪酬、工人的劳动保护费、生产过程的检验试验费等。

2. 非生产成本

非生产成本，是指与生产产品不直接相关，但与其他经营活动相关的成本。从会计核算角度理解，它也称为期间费用或期间成本，是指与生产产品无关，而与发生的期间相关的成本。其他经营活动主要涉及企业的管理、营销、融资行为活动，包括销售费用、管理费用、财务费用。

销售费用，是指企业为销售商品和材料、提供劳务而发生的相关的费用，如广告费、运输费、宣传推广费、销售人员的薪酬等。

管理费用，是指企业为组织和管理经营活动而发生的相关费用，包括企业董事会和行政管理部门在企业经营管理中发生的费用，如办公费、差旅费、业务招待费等；还包括企业经营需承担的工会经费、社会保险费、董事会会费、审计费、咨询费、诉讼费、房产税、土地使用税等。

财务费用，是指企业从事融资活动发生的相关费用，如支付的贷款利息、与汇率变动有关的汇兑损益、银行结算中的相关手续费、往来款项结算中收到或支付的现金折扣等。

非生产成本虽然与生产产品无直接关系，但其金额大小最终会影响企业的经营业绩，因此如何管理与控制非生产成本极其重要。不同的行业类型和产品特点，会导致非生产成本的项目有所不同。企业应根据自身核算与分析管理的需要，明确设置哪些项目，便于管理会计人员分析对比费用差异，向企业管理者提供有用的决策信息，从而帮助企业做出正确的经营决策。

2.1.2　按性态分类

成本性态，又称成本习性，是指成本总额与业务量（如产量、销量等）之间的依存关系。基于企业成本变化的规律，成本被分为固定成本、变动成本和混合成本。成本性态分析，对于成本的预测、决策和分析，特别是对于控制成本和寻求降低成本的途径具有重要作用。

固定成本与变动
成本的理解

1. 固定成本

（1）固定成本的概念

固定成本是指成本总额在一定时期和一定业务量范围内，不受业务量增减变动影响而保持不变的成本，如土地使用税、房产税、固定资产折旧额、管理人员的工资等。

固定成本有如下特性。①固定成本总额在一定范围内是固定的，不受业务量的影响，比如无论生产多少产品，房产税都是不变的。②在一定范围内，随着产量的增加，单位产品分摊的固定成本成反比例变动，即产量越高，单位固定成本越低。企业可以通过规模化生产，提高产量，降低分摊到单位产品的固定成本，从而实现低成本的优势。

【例 2-1】

某企业 2019 年开始生产甲产品，购买了专用生产设备采用直线法进行折旧，月折旧额为 24000 元。从 1 月到 6 月，该企业逐步加大生产量，分别生产甲产品 1000 件、2000 件、3000 件、4000 件、6000 件、8000 件，直至达到该设备最大加工能力 8000 件之后稳定生产。1 月到 6 月期间，单位产品负担的固定成本如表 2-1 所示。

表 2-1　2019 年 1~6 月甲产品产量与折旧额数据

月份	产量（件）	固定成本总额（元）	单位产品负担的固定成本（元/件）
1	1000	24000	24
2	2000	24000	12
3	3000	24000	8
4	4000	24000	6
5	6000	24000	4
6	8000	24000	3

从表 2-1 可以看出，在最大加工能力范围内，固定成本总额不会随着产量的变化而变化，而单位产品负担的固定成本与产量成反比。固定成本的性态模型如图 2-1 所示。

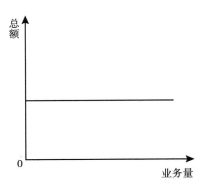 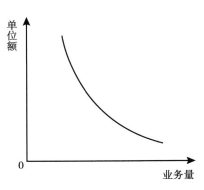

图 2-1　固定成本的性态模型

固定成本的"固定性"是一个相对的概念，在一定期间或范围内是固定的，但超出一定期间与范围便会发生变化。比如，某汽车生产厂目前的厂房、机器设备的生产能力为年产 5 万辆汽车。在 5 万辆以下产量的假设前提下，固定成本如房产税、土地使用税、机器设备折旧额是固定不变的。但如果年产量超过 5 万辆，必须增加新的厂房，扩建生产线，增加机器设备，则房产税、土地使用税、机器设备折旧额等固定成本会相应增加。

（2）固定成本的分类

按照固定成本是否受到管理者短期决策的影响，固定成本又可分为约束性固定成本和酌量性固定成本。

约束性固定成本是指不受企业管理当局短期决策行为影响的固定成本，如厂房及机器设备的折旧费、房产税、土地使用税等成本费用在短期内无法通过决策行为改变。这类成本的高低与企业所处的行业特点与生产经营方式有关。比如资金密集型行业、重资产行业属于约束性固定成本较高的行业，较高的资本投入导致较高的折旧费、设备维护保养费、财产保险、不动产税金等约束性固定成本。此类行业退出壁垒较高，如果继续在本行业经营，只能通过合理经营，充分扩大产能，实现规模经济，从而降低分摊到单位产品的固定成本。

酌量性固定成本是指通过管理者的决策可以改变其支出数额的固定成本，如新产品开发费、广告费、职工培训费等。这类成本的数额不具有约束性，企业可以斟酌不同的情况加以确定。管理者可以通过采取相应的管理手段，如预算管理与控制，使成本费用控制在合理范围内；也可以根据经营目标或战略发展的需要增加某项成本的支出，比如为了获取技术领先优势，增加对新产品研发费用的投入。

2. 变动成本

（1）变动成本的概念

变动成本是指在一定时间或范围内，总量随业务量的变动而成正比例变动的成本，如构成产品实体的原材料消耗费用、燃料和动力费、生产工人的工资。变动成本与业务量直接相关，即生产或提供劳务的活动发生时才会产生的成本，且随业务量增加而成正比例增加的成本费用，但单位业务量的变动成本则是不变的金额。如以 y 代表变动成本总额，x 表示业务量，b 表示单位变动成本，则 $y=bx$。

单位变动成本的
相对固定性

【例 2-2】

承例 2-1，某企业 2019 年开始生产甲产品，每生产一个甲产品需要消耗的 B 配件的成本为 20 元，从 1 月到 6 月，该企业分别生产甲产品 1000 件、2000 件、3000

件、4000 件、6000 件、8000 件。1 月到 6 月期间，B 配件的变动成本总额和单位产品负担的变动成本如表 2-2 所示。

表 2-2　2019 年 1~6 月甲产品产量与 B 配件成本数据

月份	产量（件）	变动成本总额（元）	单位产品负担的变动成本（元）
1	1000	20000	20
2	2000	40000	20
3	3000	60000	20
4	4000	80000	20
5	6000	120000	20
6	8000	160000	20

从表 2-2 可以看出，变动成本总额与产量成正比例，而单位产品负担的变动成本与产量无关。在实际经济活动中，变动成本总额与业务量并不是成绝对的正比例关系的。比如，在例 2-2 中，随着甲产品产量超出一定范围，实现规模经济，企业在采购时议价能力提高，B 配件的单位变动成本可能下降。了解此正向变动关系有利于做出正确的成本预测与决策。变动成本的性态模型如图 2-2 所示。

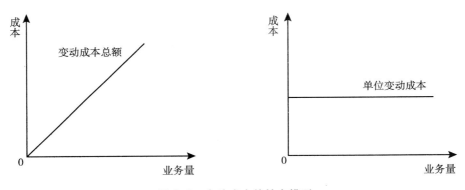

图 2-2　变动成本的性态模型

（2）变动成本的分类

与固定成本类似，变动成本也可以分为约束性变动成本和酌量性变动成本。

约束性变动成本是指管理者不能通过决策改变的成本，如产品设计完成且定型后，材料成本就确定了，在短期内无法改变。除非重新设计产品，外观及性能、材料选型等发生变动。因此，此类成本对企业管理者决策有较大程度的约束性。

酌量性变动成本是指企业管理者能通过决策改变的变动成本。例如，计件或计时工人的工资，可以通过调整产品的计件或计时工资标准改变变动成本；以销售额比例提取的销售佣金，可以通过调整相应的提取比例改变变动成本。因此，此类变动成本能由管理者根据企业管理的需要酌情确定，故称为酌量性变动成本。

3. 混合成本

混合成本是指成本总额会随着业务量的增加而增加，但不是成比例变动的成本，如设备维修费、检验试验费、仓储费等。这类费用会受业务量的影响，但不是成比例变动。例如，某企业产品的产量迅速增加会导致机器设备处于满负荷或超负荷运转状态，机器设备出现问题的概率增加，会导致维修费增加，但增加的比例与产量增加的比例是不一致的。又例如，某冷冻食品生产企业，随着产量增加，需要更多的仓库储存产品，相应的电费、保管费、租赁费等仓储费会增加，但仓储费增加的比例与产量增加的比例也是不一致的。由于这类成本兼具变动成本与固定成本的特性，因此称为"混合成本"。

企业的全部成本按照性态可以划分为变动成本与固定成本。因此总成本可以表示为：$y=a+bx$。其中，y 表示总成本，a 表示固定成本，b 表示单位变动成本，x 表示业务量（如产量、销量等）。产量上升时，单位产品的总成本会下降，因为固定成本被分摊到更多的产品中，单位产品的固定成本下降。

2.2　混合成本的分类及分解

混合成本与业务量有直接相关性，但并不随着业务量的变化而成比例变化。为了更清楚地分析混合成本与业务量之间的关系，混合成本又可以分为半变动成本、半固定成本、延期变动成本。

2.2.1　混合成本的分类

1. 半变动成本

半变动成本是指同时包含变动成本与固定成本的成本。其成本有一个初始金额，它不随业务量增减而变动；在此基础上，产量增加会导致成本相应按比例增加，类似变动成本。如公用事业服务费中的水、电、气、电话及其他服务费等。

【例 2-3】

承例 2-1，某企业 2019 年开始生产甲产品，该企业每月电费支出的基数为 2000 元，每生产一个甲产品需要消耗的电费成本为 2 元。从 1 月到 6 月，该企业分别生产甲产品 1000 件、2000 件、3000 件、4000 件、6000 件、8000 件。1 月到 6 月期间，该企业的电费总成本如表 2-3 所示。

表 2-3 2019 年 1~6 月企业的电费总成本数据

月份	产量（件）	电费基数（元）	电费总成本（元）
1	1000	2000	4000
2	2000	2000	6000
3	3000	2000	8000
4	4000	2000	10000
5	6000	2000	14000
6	8000	2000	18000

从表 2-3 可以看出，半变动成本总额会随着产量的增加而增加，且包含固定成本部分和变动成本部分。如果以 y 表示企业支付的电费总成本，a 代表企业每月电费支出的基数，b 代表单位产品需要消耗的电费成本，x 代表产量，则本例题半变动成本与产量之间的数据关系可以表示为：$y=a+bx$。半变动成本的性态模型如图 2-3 所示。

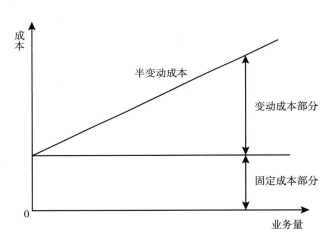

图 2-3 半变动成本的性态模型

2. 半固定成本

半固定成本也称为阶梯式成本。此类成本的特征是在一定业务量范围内，其发生额是固定的，当业务量超过一定限额时，其发生额会突然跃升到一个新的水平，然后在业务量增长的一定限额内，其发生额保持不变，直到出现另一个新的跃升为止。例如，某企业现有产能为每年生产 1~10000 个产品，固定成本为 100 万元。但如果每年生产 10001~20000 个产品，需要扩大产能，增加设备与厂房等，固定成本变为 150 万元。又例如，某企业销售经理的年薪标准，其实现销售额在 1000 万元及以上且在 2000 万元以内时，年薪 50 万元；销售额在 2000 万元及以上且在 3000 万元以内时，年薪 80 万元；销售额在 3000 万元及以上且在 4000 万元以内时，年薪 100 万元。

【例 2-4】

承例 2-1，某企业 2019 年开始生产甲产品，当产量在 3000 件以内时，需要两名专业质检员，每人每月工资为 5000 元。超过 3000 件以后，就需要在原有基础上增加专业质检员，每增加一名专业质检员，可多检查 3000 件产品。从 1 月到 6 月，该企业分别生产甲产品 1000 件、2000 件、3000 件、4000 件、6000 件、8000 件。1 月到 6 月期间，该企业的质检员工资总成本如表 2-4 所示。

表 2-4 2019 年 1~6 月企业的质检员工资总成本数据

月份	产量(件)	质检员数量(名)	质检员工资总成本(元)
1	1000	2	10000
2	2000	2	10000
3	3000	2	10000
4	4000	3	15000
5	6000	3	15000
6	8000	4	20000

从表 2-4 可以看出，半固定成本总额会随着产量的增加而呈阶梯式变化。如果以 y 表示企业质检员工资总成本，x 代表产量，则本例题半固定成本与产量之间的数据关系可以表示为：

$$y = f(x) = \begin{cases} 10000\,(0 < x \leqslant 3000) \\ 15000\,(3000 < x \leqslant 6000) \\ 20000\,(6000 < x \leqslant 9000) \end{cases}$$

半固定成本的性态模型如图 2-4 所示。

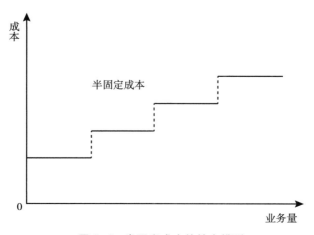

图 2-4 半固定成本的性态模型

3. 延期变动成本

延期变动成本是指在一定业务量的范围内固定，超过该业务量范围将随业务量的增加而成正比例增加。例如，员工在 8 小时的正常工作时间内，日工资是固定的。但超过 8 小时的加班时间，按加班时长支付加班工资。延期变动成本与半变动成本的区别是：半变动成本中的固定部分是基数，即与业务量无关；而延期变动成本的固定部分与业务量有关，只是在一定业务量范围内保持固定。延期变动成本的性态模型如图 2-5 所示。

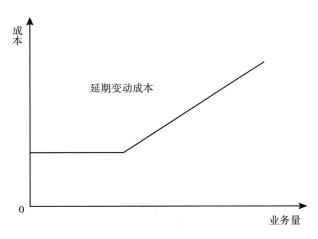

图 2-5　延期变动成本的性态模型

2.2.2　混合成本的分解

纯粹的固定成本与变动成本在日常经济活动中是极其少见的，多以混合成本的形式存在。为了提供有用的决策信息，有必要对某些重要的成本项目进行性态分析，将混合成本进行分解。

混合成本的分解方法有很多种，下面介绍几种主要的方法。

1. 高低点法

高低点法又称为两点法，是从历史数据中确定出最高点与最低点，最高点是最高业务量对应的总成本，最低点是最低业务量对应的总成本，从而计算确定混合成本中的变动成本与固定成本的方法。采用高低点法预测总成本的具体步骤如下所述。

第一步，将选择的最低点产量 x_1 和成本数额 y_1 代入方程式 $y=a+bx$，得到第一个方程式：

$$y_1 = a + bx_1 \qquad\qquad (2-1)$$

第二步，将选择的最高点产量 x_2 和成本数额 y_2 代入方程式 $y=a+bx$，得到第二个方程式：

$$y_2 = a + bx_2 \qquad\qquad (2-2)$$

第三步，用方程式（2-1）减去方程式（2-2）可得 $y_1-y_2=b(x_1-x_2)$，移项可以解得 $b=(y_1-y_2)\div(x_1-x_2)$。

第四步，将 b 任意代入方程式（2-1）或方程式（2-2）中，可以求解出 a。

第五步，将计算得到的 a、b 代入方程式 $y=a+bx$，得到总成本的方程式。

【例 2-5】

某企业 2019 年的产品产量与电费的有关数据如表 2-5 所示。

表 2-5　某企业 2019 年的产品产量与电费

月份	产量（件）	电费（元）	月份	产量（件）	电费（元）
1	1230	31000	7	1100	28400
2	1250	31032	8	1140	29200
3	950	24300	9	1208	31500
4	980	25600	10	1295	32200
5	1160	31500	11	985	24600
6	1280	32500	12	1149	28300

第一步，从表 2-5 中选取产量最高的月份与产量最低的月份，并找出对应的电费。产量最高在 10 月，产量为 1295 件，相应的电费为 32200 元；产量最低在 3 月，产量为 950 件，电费为 24300 元。

第二步，运用公式 $b=\dfrac{y_{高}-y_{低}}{x_{高}-x_{低}}$ 计算单位变动成本：

$$b = (32200 - 24300) \div (1295 - 950) = 22.90(元/件)$$

第三步，运用固定成本公式 $a=y-bx$ 计算固定成本：

$$a = 32200 - 22.90 \times 1295 = 2545(元)$$
$$或\ a = 24300 - 22.90 \times 950 = 2545(元)$$

第四步，将以上计算得出的固定成本及单位变动成本数据代入总成本公式 $y=a+bx$，建立混合成本模型：

$$y = 2545 + 22.90x$$

其中，2545 元是固定成本，不随产量的变动而变动；22.90 元/件是单位变动成本，即产量每增加 1 件，电费增加 22.90 元。

2. 散布图法

散布图法是将过去若干期的业务量对应的成本数据绘制在坐标系上，形成若干的散布点，通过目测画一条尽可能接近所有坐标点的直线，据此确定混合成本中的单位变动成本与固定成本的一种成本习性分析方法。运用散布图法进行混合成本分解的具体步骤如下。

第一步，收集以往各期业务量与对应成本的历史资料。

第二步，以横轴 x 代表业务量，纵轴 y 代表总成本建立坐标系。将各期业务量与总成本的数据绘制在坐标系中，形成若干个点的散布图。

第三步，考察各点的分布规律，目测画出一条直线，保证散布图中的各点基本在该直线上或距离该直线较近。

第四步，确定固定成本：直线与纵轴的交点即为固定成本 a。

第五步，计算变动成本：直线的斜率即为单位变动成本 b。在直线中任选一点的 x 值，就可确定对应的 y 值。根据公式 $b=(y-a)÷x$，可求出 b。

第六步，建立混合成本模型：将以上求出的 a 和 b 代入公式 $y=a+bx$。

根据例 2-5 的资料，利用散布图法对电费的混合成本进行分解。

第一步，画出散布图。

将各期业务量与总成本的数据绘制在坐标系中，形成若干个点的散布图（见图 2-6）。

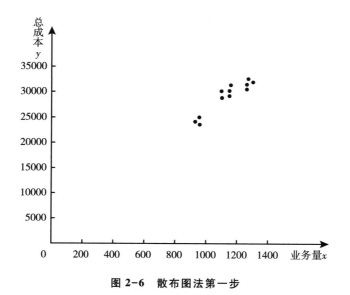

图 2-6　散布图法第一步

第二步，绘制散布图，确定固定成本。

考察各点的分布规律，目测画出一条直线，保证散布图中的各点基本在该直线上或距离该直线较近，如图 2-7 所示。直线与纵轴的交点 2545 元即为固定成本 a。

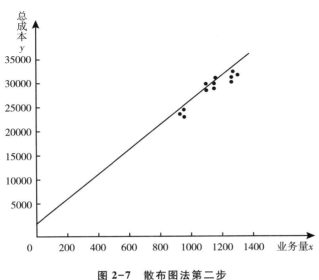

图 2-7　散布图法第二步

第三步，计算单位变动成本。

在趋势线中选择任意一点的 x 值，假如选取 1295 件，在坐标系中可找到对应的 y 值 32200 元，如图 2-8 所示。根据公式 $b = (y-a) \div x$，可求出 $b = (32200-2545) \div 1295 = 22.90$（元/件）。

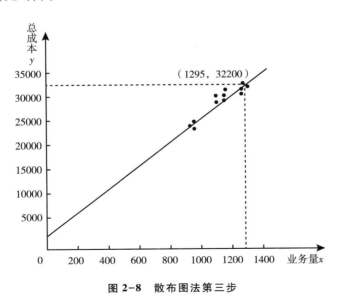

图 2-8　散布图法第三步

散布图法与高低点法相比，考虑了所有的相关历史数据。因此，散布图法比高低点法更为准确。但由于是通过目测方法绘制的直线，存在视觉误差和主观性，因此结果可能不是唯一的。

3. 回归直线法

回归直线法又称为最小平方法，是指利用数理统计中常用的最小平方法原理，对若干期业务量与成本的历史资料进行处理，并据此计算固定成本和单位变动成本的一种成本习性分析方法。

基本原理是以 $y=a+bx$ 这一线性方程为基础，确定一条能够正确反映 x 和 y 之间具有最小误差的直线，按照数理统计的回归直线法可直接套用公式计算出回归系数 a、b，即固定成本和单位变动成本。

第一步，获取足够的历史数据资料，n 大于或等于 5 期。

第二步，用列表法对历史数据计算汇总，如表 2-6 所示，计算出公式中的求和值。

表 2-6　回归直线法计算过程

月份	业务量 x（件）	动力费 y（万元）	xy	x^2	y^2
1	95	340.8	32376	9025	116144.64
2	86	263.4	22652.4	7396	69379.56
3	98	300.56	29454.88	9604	90336.3136
4	124	325.21	40326.04	15376	105761.5441
5	143	360.67	51575.81	20449	130082.8489
6	165	450.9	74398.5	27225	203310.81
7	116	380.33	44118.28	13456	144650.9089
8	188	397.5	74730	35344	158006.25
9	85	288.1	24488.5	7225	83001.61
10	69	265.9	18347.1	4761	70702.81
11	79	283.3	22380.7	6241	80258.89
12	88	270.5	23804	7744	73170.25
$n=12$	$\sum x = 1336$	$\sum y = 3927.17$	$\sum xy = 458652.21$	$\sum x^2 = 163846$	$\sum y^2 = 1324806.4355$

第三步，将求和值代入公式，求出固定成本 a 和单位变动成本 b 的值：

课程思政：运用
成本性态分析
进行成本管理

$$b = \frac{n \sum xy - \sum x \sum y}{n \sum x^2 - \left(\sum x \right)^2}$$

$$a = \frac{\sum y - b \sum x}{n}$$

$$b = （12 \times 458652.21 - 1336 \times 3927.17）\div（12 \times 163846 - 1336 \times 1336）= 1.42（万元／件）$$

$$a = （3927.17 - 1.42 \times 1336）\div 12 = 169.17（万元）$$

第四步，将计算得出的 a、b 值代入方程 $y=a+bx$，建立一般的混合成本习性模型：

$$y = a + bx = 169.17 + 1.42x$$

2.3 变动成本法与完全成本法

在传统的财务会计学领域，完全成本法在企业核算中一直处于主导地位，但随着市场经济的发展，基于完全成本法分析的会计数据逐步落后于实践，无法满足企业预测、分析、控制和决策需要。第二次世界大战以后，变动成本法在西方企业诞生，逐渐成为企业内部管理的新模式。变动成本法是管理会计学领域成本管理的重要方法，有助于为企业预测、分析、控制和决策提供最有价值的管理信息。

变动成本法与完全成本法的应用案例

2.3.1 变动成本法和完全成本法的概念

变动成本法是指企业在计算产品成本时，将成本按照性态分类，成本只包括直接材料、直接人工、变动制造费用，不包括制造费用中的固定部分，固定制造费用视同期间费用从当期扣除。变动成本法的成本构成如图 2-9 所示。

图 2-9 变动成本法的成本构成

完全成本法，又称吸收成本法、全部成本法，是指企业在计算产品成本时，将成本按照经济用途分类，成本包括全部生产成本，即直接材料、直接人工、变动制造费用和固定制造费用，只将非生产成本，即期间费用从当期扣除。完全成本法的成本构成如图 2-10 所示。

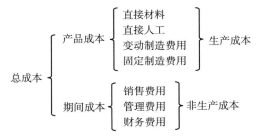

图 2-10 完全成本法的成本构成

2.3.2 变动成本法和完全成本法的特点

1. 变动成本法的特点

变动成本法是从成本性态分析的角度，认为产品成本中只应包括随业务量变动的成本，而不应包括固定成本。产品成本应与业务量密切相关，当生产工艺条件在没有发生实质性变化的情况下，产品成本总额应与业务量保持正比例变动。而固定制造费用与业务量没有关系，不应计入产品成本，应视同期间费用从发生当期扣除。变动成本法主要为企业内部经营管理服务。变动成本法是为适应企业内部经营管理的需要而产生的，它是一种成本计算方法，也是企业内部的一种成本会计制度。

2. 完全成本法的特点

完全成本法符合公认会计准则的要求，计算的成本是企业定价的基础，是企业编制对外报表的主要依据。在完全成本法下，固定制造费用也归属产品成本中，随着产量的提升，单位固定制造费用下降，进而单位产品生产成本下降。完全成本法促使企业更加注重产品生产，提高了企业的生产积极性。

2.3.3 变动成本法与完全成本法的比较

1. 成本分类依据不同

完全成本法将全部成本划分为非生产成本与生产成本，与生产直接相关的成本都计入产品成本，包括直接材料、直接人工、全部制造费用（包括固定部分与变动部分）；非生产成本指与生产不直接相关的，用于组织与管理经营活动所需的成本，包括管理费用、销售费用、财务费用。而变动成本法则将全部成本分为变动成本与固定成本。产品成本只指变动成本，包括直接材料、直接人工、变动制造费用。固定制造费用与非生产成本作为期间成本处理。

【例2-6】

某企业只生产一种产品A，2019年5月A产品的产量为3000件，实际发生费用如下：直接材料6000万元，直接人工3000万元，变动制造费用900万元，固定制造费用2400万元，管理费用240万元，销售费用600万元，财务费用360万元。据此分别计算在变动成本法和完全成本法下，企业的产品成本、单位产品成本和期间成本：

在变动成本法下的产品成本＝直接材料＋直接人工＋变动制造费用＝6000＋3000＋900＝9900（万元）

在变动成本法下的单位产品成本＝总产品成本÷产量＝9900÷3000＝3.3（万元/件）

在变动成本法下的期间成本＝固定制造费用＋管理费用＋销售费用＋财务费用＝

2400+240+600+360＝3600（万元）

在完全成本法下的产品成本＝直接材料+直接人工+变动制造费用+固定制造费用＝6000+3000+900+2400＝12300（万元）

在完全成本法下的单位产品成本＝总产品成本÷产量＝12300÷3000＝4.1（万元/件）

在完全成本法下的期间成本＝管理费用+销售费用+财务费用＝240+600+360＝1200（万元）

2. 反映出的期末存货水平不同

变动成本法下的产品成本包括直接材料、直接人工、变动制造费用。而完全成本法下的产品成本包括直接材料、直接人工、全部制造费用（包括固定部分与变动部分）。完全成本法下，固定制造费用需要在完工与未完工产品之间分配。当产量大于销量的情况下，期末存货中包括固定制造费用，而变动成本法下的期末存货中不包括固定制造费用，因此变动成本法下的期末存货水平更低。

在例 2-6 中，如果该企业 2019 年 5 月期末存货量为 100 件，在完全成本法下，期末存货总成本为 410 万元（100×4.1）；在变动成本法下，期末存货总成本为 330 万元（100×3.3）。因为完全成本法下的单位产品成本包括一部分固定制造费用，所以完全成本法下的期末存货水平将高于变动成本法下的期末存货水平。

3. 损益计算方法不同

变动成本法下的贡献式损益计算过程为：

$$边际贡献 ＝ 销售收入 － 变动成本$$

其中，变动成本＝变动生产成本+变动销售费用+变动管理费用+变动财务费用。

$$税前利润 ＝ 边际贡献 － 固定成本$$

其中，固定成本＝固定制造费用+固定销售费用+固定管理费用+固定财务费用。

完全成本法下的传统损益计算过程为：

$$销售毛利 ＝ 毛利销售收入 － 销售成本$$

其中，销售成本＝期初存货成本+本期生产成本－期末存货成本。

$$营业利润 ＝ 税前利润 ＝ 销售毛利 － 期间成本$$

其中，期间成本＝销售费用+管理费用+财务费用。

由于两种方法的产品成本构成内容不同，当本期生产的产品没有全部完工或未全部出售时，二者计算得出的利润结果就不同。

【例 2-7】

某企业 2019 年生产甲产品（只生产该产品）共 400 件，单价为 200 元。其中，生产成本：直接材料 8000 元；直接人工 5000 元；制造费用 3500 元（变动部分 1000 元、固定部分 2500 元）。非生产成本：销售费用 8800 元（变动部分 1000 元、固定部分 7800 元）；管理费用 5200 元（变动部分 1200 元、固定部分 4000 元）。该企业甲产品的期初存货为 0 件，本期销售 200 件。要求：分别采用完全成本法与变动成本法计算损益情况。

从表 2-7 可以看出，由于完全成本法和变动成本法中固定制造费用的差异，企业总成本和单位产品成本存在差异，与前面的结论一致，完全成本法下的总成本和单位产品成本较大。

表 2-7　完全成本法与变动成本法下的成本计算

项目	完全成本法		变动成本法	
	总成本（元）	单位产品成本（元/件）	总成本（元）	单位产品成本（元/件）
直接材料	8000	20	8000	20
直接人工	5000	12.5	5000	12.5
制造费用（变动）	1000	2.5	1000	2.5
制造费用（固定）	2500	6.25		0
全部生产成本	16500	41.25	14000	35

从表 2-8 可以看出，由于完全成本法和变动成本法中单位产品成本的差异，企业本期生产总成本、本期销售总成本和期末存货总成本存在差异。变动成本法下的总成本和单位产品成本较小，因此，变动成本法下的本期生产总成本、本期销售总成本和期末存货总成本都较小。

表 2-8　完全成本法与变动成本法下的期末存货差异

项目	完全成本法			变动成本法			差异（元）
	数量（件）	单位产品成本（元/件）	总成本（元）	数量（件）	单位产品成本（元/件）	总成本（元）	
期初存货	0			0			
本期生产	400	41.25	16500	400	35	14000	
本期销售	200	41.25	8250	200	35	7000	
期末存货	200	41.25	8250	200	35	7000	1250

从表 2-9 和表 2-10 可以看出，由于在完全成本法和变动成本法下，损益的计算方法、计算过程的差异，导致企业的税前利润存在差异。具体来说，完全成本法下的销售成本包含固定制造费用 2500 元，将固定制造费用分摊到单位产品中，单位产品分摊的固定制造费用为 6.25 元/件。由于甲产品产量为 400 件，销售量为 200 件，存货为 200 件，本期留下部分固定制造费用计入期末存货，金额为 1250 元（6.25×200）。

而变动成本法下的固定制造费用 2500 元直接计入期间费用，全部在当期扣除。因此，变动成本法相对于完全成本法而言，计算得出的税前利润低 1250 元（2500-1250）。

表 2-9　传统损益表（完全成本法）

单位：元

项目	金额	
销售收入		40000
销售成本		
期初存货成本		
本期生产成本	16500	
减：期末存货成本	8250	
销售成本合计		8250
销售毛利		31750
减：期间成本		
销售费用	8800	
管理费用	5200	
期间成本合计		14000
税前利润		17750

表 2-10　贡献式损益表（变动成本法）

单位：元

项目	金额	
销售收入		40000
变动成本		
变动生产成本（35×200）	7000	
变动销售费用	1000	
变动管理费用	1200	
变动成本合计		9200
边际贡献		30800
减：固定成本		
固定制造费用	2500	
固定销售费用	7800	
固定管理费用	4000	
固定成本合计		14300
税前利润		16500

由于上述计算中，变动成本法直接将固定制造费用计入期间费用，完全成本法仅将当期销售产品分摊的固定制造费用计入销售成本进行抵扣，这样的差异导致了变动成本法和完全成本法损益计算的根本差异。因此，在变动成本法和完全成本法下税前利润的差异根本上是产销关系的差异。

当企业产销平衡时，即企业当期产量与销售量相等，企业当期没有存货，在完全成本法下当期销售产品分摊的固定制造费用就是将固定制造费用全额计入销售成本进行抵扣，与变动成本法直接将固定制造费用计入期间费用仅仅是抵扣顺序和结构上的差异，在金额方面是相等的。因此，在产销平衡时，完全成本法和变动成本法下的税前利润相等，不同的是完全成本法下固定制造费用在销售成本中抵扣，而变动成本法下固定制造费用在期间费用中抵扣。

当企业产销不平衡时，存在两种情况：第一，企业当期产量大于销售量时，企业当期形成存货；第二，企业当期产量小于销售量时，企业需要消耗期初存货。

【例 2-8】

承例 2-7，某企业 2019 年开始生产甲产品（只生产该产品），连续三年每年生产 400 件，单价为 200 元。其中，生产成本：直接材料 8000 元；直接人工 5000 元；制造费用 3500 元（变动部分 1000 元、固定部分 2500 元）。非生产成本：销售费用 8800 元（变动部分 1000 元、固定部分 7800 元）；管理费用 5200 元（变动部分 1200 元、固定部分 4000 元）。该企业 2019 年甲产品的期初存货为 0 件，连续三年销售量分别为 400 件、300 件和 500 件。要求：分别采用完全成本法与变动成本法计算损益情况。

根据例 2-7，完全成本法与变动成本法下的成本计算如表 2-7 所示。完全成本法下，每年生产总成本为 16500 元，单位产品成本为 41.25 元/件；变动成本法下，每年生产总成本为 14000 元，单位产品成本为 35 元/件。在成本计算的基础上，分别采用完全成本法和变动成本法计算的税前利润如表 2-11 和表 2-12 所示。

表 2-11 传统损益表（完全成本法）

单位：元

项目	2019 年	2020 年	2021 年	合计
销售收入	80000	60000	100000	240000
销售成本				
期初存货成本	0	0	4125	
本期生产成本	16500	16500	16500	49500
期末存货成本	0	4125	0	
销售成本合计	16500	12375	20625	49500
销售毛利	63500	47625	79375	190500
销售费用	8800	8800	8800	26400
管理费用	5200	5200	5200	15600
税前利润	49500	33625	65375	148500

表 2-12 贡献式损益表（变动成本法）

单位：元

项目	2019 年	2020 年	2021 年	合计
销售收入	80000	60000	100000	240000
变动成本				
变动生产成本	14000	10500	17500	42000
变动销售费用	1000	1000	1000	3000
变动管理费用	1200	1200	1200	3600
边际贡献	63800	47300	80300	191400
固定制造费用	2500	2500	2500	7500
固定销售费用	7800	7800	7800	23400
固定管理费用	4000	4000	4000	12000
税前利润	49500	33000	66000	148500

从表 2-11 和表 2-12 可以看出，企业产销关系的变化是两种方法下税前利润计算产生差异的根本原因。

2019 年，企业产量为 400 件，销售量为 400 件，企业当期产销平衡。完全成本法下当期销售产品分摊的固定制造费用就是将固定制造费用 2500 元全额计入销售成本进行抵扣，与变动成本法直接将固定制造费用 2500 元计入期间费用仅仅是抵扣顺序和结构上的差异，在金额方面都是 2500 元，因此，两种方法计算出的税前利润相等。

2020 年，企业产量为 400 件，销售量为 300 件，企业当期产量大于销售量，企业当期形成存货。完全成本法中的销售成本将固定制造费用分摊到单位产品中，包含部分固定制造费用 1875 元（2500÷400×300），且留下部分固定制造费用 625 元（2500÷400×100）计入期末存货，而变动成本法中的固定制造费用 2500 元直接计入期间费用，全部在当期扣除，因此，变动成本法相对于完全成本法而言，计算得出的税前利润少了 625 元。

2021 年，企业产量为 400 件，销售量为 500 件，企业当期产量小于销售量，企业需要消耗期初存货。完全成本法中的销售成本将固定制造费用分摊到单位产品中，除了包含 2021 年的固定制造费用 2500 元，还包含期初存货包含的固定制造费用 625 元（2500÷400×100），而变动成本法仅包含当期全部固定制造费用 2500 元，因此，变动成本法相对于完全成本法而言，计算得出的税前利润多了 625 元。

2.3.4 变动成本法和完全成本法的评价

1. 变动成本法的评价

变动成本法的优点如下。

（1）有利于本-量-利分析和编制弹性预算

变动成本法的基本理论和程序揭示了成本、业务量、利润之间的内在关系，是企业进行本-量-利分析的基础。同时，弹性预算实际上是根据变动成本法的原理编制的，当企业采取以销定产的策略时，可以随业务量的变化而机动地调整，具有弹性。

（2）有利于经营业绩评估

企业选择变动成本法进行核算，能提供每种产品盈利能力的资料，有利于管理人员的决策分析。同时，便于分清各部门的经济责任，有利于进行成本控制与业绩评价。

（3）有利于销售管理和防止盲目生产

企业采用变动成本法核算，由于产量的高低与存货的增减对企业的利润均无影响，当销售品种构成、销售价格、单位变动成本不变时，企业利润将只随销售数量的变化而变化，销售量大则利润高。这种信息必然会使管理者更加重视销售环节，把注意力更多地集中在分析市场动态、开拓销售渠道、搞好售后服务这些方面，从而防止盲目生产。

（4）简化产品成本和收益的计算

采用变动成本法，其固定制造费用全额从当期的销售收入中扣除，不计入产品成本，使得产品成本计算中的费用分配大为简化，并且可以避免间接费用分摊中的主观随意性。

变动成本法的缺点如下。

（1）存货计量内容不完整

变动成本法的应用会对所得税、存货的价值以及损益的计量结果产生影响，因为变动成本法的核算是把固定制造费用作为期间费用计入损益中，这样一来企业的存货成本就会降低。

（2）不便于编制财务会计报表

采用变动成本法计量出来的存货价值和损益变动与现行会计报表的要求有较大的差异，变动成本法下的企业应税所得和税后利润也不符合现行所得税的要求。因此，变动成本法下的成本计量不但在会计系统中不兼容，也难以满足我国对企业的规范性要求，由于变动成本法自身的局限，企业只能运用于内部管理中。

（3）不能适应长期经营决策的需要

变动成本法建立在成本性态分析的基础上，它以一定的相关范围为假设前提，超过了特定范围就不适用了。因此，变动成本法对短期经营决策有明显的作用，但不适合长期经营决策。

2. 完全成本法的评价

完全成本法的优点如下。

（1）有利于财务会计报告的编制和企业发展

完全成本法下计算的产品成本是企业定价的基础，符合公认的会计准则，企业必须以完全成本法的计算为基础编制对外报表。完全成本法下计算的产品成本是确定盈亏的重要依据，在会计实务中具有不可替代的重要作用。

（2）促进企业提高生产积极性

完全成本法中的成本计算将固定制造费用分摊到单位产品中，生产量越大，单位产品负担的固定制造费用越低，从而使单位产品生产成本降低。因此，企业采用完全成本法进行核算，将促使管理层重视生产环节，鼓励企业提高生产积极性。

（3）有利于国家税收的计算

目前国内外的财务会计都采用完全成本法，产品存货的计价都包括变动生产成本和固定生产成本。完全成本法的使用，促使企业努力扩大生产，在销售量一定的情况下，企业利润得到提高，应纳税所得额也相应提高。因此，完全成本法有利于国家和投资者及时获得收益。

完全成本法的缺点如下。

（1）不利于成本管理

完全成本法将固定制造费用计入产品成本，给成本管理带来了问题：一是固定制造费用的分配增加了成本的计算工作量，影响成本计算的及时性和准确性；二是产品成本中变动成本和固定成本的划分，使成本控制工作变得复杂。

（2）不利于企业的短期决策

因为在产品单价、单位变动成本和固定成本总额不变时，其利润的变化理应与销售量的变化同向。但是按完全成本法计算，利润的多少和销售量的增减不能保持相应的比例，因而不易被人们理解，不利于短期决策、控制和分析工作，甚至会导致企业片面追求产量。

思考题

1. 成本按性态分为哪几类？分别的含义是什么？

2. 什么是混合成本？请举例说明。

3. 如果产量大于销量，完全成本法与变动成本法中哪一种方法下的税前利润更高？为什么？

4. 完全成本法与变动成本法的区别是什么？

5. 完全成本法中将固定制造费用作为生产成本的理由是什么？变动成本法中将固定制造费用作为期间费用的理由是什么？

练习题

1. 某冶炼厂本月产量 8000 件，本月发生实际制造成本如下：（1）直接材料 160000 元；（2）直接人工 800000 元；（3）制造费用 2606000 元（见表 2-13）。

表 2-13　制造费用构成

单位：元

项目	金额	项目	金额
燃料成本	800000	保险费	12000
电费	96000	水费	600000
维修成本	50000	利息	80000
管理人员工资	480000	折旧费	200000
广告费	240000	合计	2606000
房地产租赁费	48000		

该企业首先根据各个成本费用与业务量之间的相互变动关系，确定其成本性态，认为：管理人员工资、广告费、房地产租赁费、保险费、利息、折旧费与业务量无关，把它们归入固定成本；剩下的燃料成本、电费、维修成本、水费与典型的两种成本性态差别较大，不能直接归为固定或者变动成本，属于混合成本，应该采用其他的方法进行成本分解，确定成本性态模型，然后按比例分配成本。

其中，燃料成本：燃料用于铸造工段的熔炉，分为点火（耗用木柴和焦炭）和溶化铁水（耗用焦炭）两项操作。假设企业按照最佳的操作方法进行生产，每次点火要使用木柴 0.1 吨，焦炭 1.5 吨；溶化 1 吨铁水要使用焦炭 0.15 吨，铸造每件产品需要铁水 0.01 吨。每个工作日点火一次，全月工作 22 天，木柴每吨价格为 10000 元，焦炭每吨价格为 18000 元。

电费：具体分为照明用电和设备运转用电两项，按照正常生产情况，每天工作 8 小时，企业照明每小时用电 100 度。按照最佳的操作方法，生产产品每件需用设备加工时间 2 小时，企业备有多台设备，目前生产能力有剩余，假设全月工作 22 天。按供电局规定，该企业变压器维护费为 50000 元/月，每度电费为 2 元，用电额度每月为 37600 度，超额用电按正常电费的 2 倍计价。正常情况下，每件产品平均用电 2 度。

维修成本（高低点法）：最近 5 个月的维修成本数据如表 2-14 所示。

表 2-14　维修成本数据

月份	产量(件)	维修成本(元)
1	6000	42500
2	5000	40000
3	5500	41200
4	7000	44000
5	6500	43500

水费（回归直线法）：最近 5 个月的水费数据如表 2-15 所示。

表 2-15　水费数据

月份	产量(件)	水费(元)
1	6000	500000
2	5000	450000
3	5500	480000
4	7000	550000
5	6500	520000

要求：

（1）分别建立燃料成本、电费、维修成本和水费的成本性态模型；

（2）分解该企业的各项成本，并填写表 2-16（本月的产量为 8000 件），表中数字四舍五入取整数。

表 2-16　冶炼厂各项成本分解

单位：元

项目	金额	变动成本	固定成本
燃料成本	800000		
电费	96000		
维修成本	50000		
管理人员工资	480000		
广告费	240000		
房地产租赁费	48000		
保险费	12000		
水费	600000		
利息	80000		
折旧费	200000		
合计	2606000		

2. S 公司成立于 2020 年，2020 年该公司只生产与销售了一种产品。产品售价为每件 100 元，本年度生产 50000 件产品，售出 40000 件。产品的成本构成如表 2-17 所示。

表 2-17　S 公司产品的成本构成

单位：元

项目	金额	项目	金额
单位变动成本		固定成本	
直接材料	12	固定制造费用	800000
直接人工	18	固定销售费用	300000
变动制造费用	6	固定管理费用	250000
变动销售费用	4		
变动管理费用	5		

要求：

（1）如果该公司采用完全成本法，计算单位产品成本；

（2）编制完全成本法下的传统损益表；

（3）如果该公司采用变动成本法，计算单位产品成本；

（4）编制变动成本法下的贡献式损益表。

3. B 公司成立于 2018 年，公司只生产与销售一种产品。2018 年与 2019 年的产品成本信息如表 2-18 所示。

表 2-18　B 公司 2018 年与 2019 年的产品成本信息

单位：元

项目	金额	项目	金额
单位变动成本		固定成本	
直接材料	30	固定制造费用	300000
直接人工	20	固定销售费用	40000
变动制造费用	8	固定管理费用	60000
变动销售费用	2		
变动管理费用	2		

2018 年 B 公司生产 60000 件产品，销售 50000 件。2019 年生产 50000 件产品，销售 60000 件。2018 年、2019 年产品的售价均为 80 元/件。

要求：

（1）如果该公司采用变动成本法，请分别计算 2018 年与 2019 年的单位产品成本；

（2）如果该公司采用变动成本法，请分别编制 2018 年与 2019 年的贡献式损益表；

（3）如果该公司采用完全成本法，请分别计算 2018 年与 2019 年的单位产品成本；

（4）如果该公司采用完全成本法，请分别编制 2018 年与 2019 年的传统损益表。

4. A 公司成立于 2018 年，公司只生产与销售一种产品。2018 年与 2019 年的产品成本信息如表 2-19 所示。

表 2-19　A 公司 2018 年与 2019 年的产品成本信息

单位：元

项　目	金额	项　目	金额
单位变动成本		固定成本	
直接材料	16	固定制造费用	300000
直接人工	14	固定销售费用	40000
变动制造费用	5	固定管理费用	60000
变动销售费用	2		
变动管理费用	3		

2018 年 A 公司生产 50000 件产品，销售 40000 件。2019 年生产 60000 件产品，销售 60000 件。2018 年、2019 年产品的售价均为 60 元/件。

要求：

（1）如果该公司采用变动成本法，请分别编制 2018 年与 2019 年的贡献式损益表；

（2）如果该公司采用完全成本法，请分别计算 2018 年与 2019 年的单位产品成本；

（3）如果该公司采用完全成本法，在销售时先销售期初存货，请分别编制 2018 年与 2019 年的传统损益表；

（4）如果该公司采用完全成本法，在销售时期初存货和当期生产按比例销售，请分别编制 2018 年与 2019 年的传统损益表；

（5）如果该公司采用完全成本法，在销售时先销售当期产品，请分别编制 2018 年与 2019 年的传统损益表。

案例分析　变动成本法在联想公司的应用[①]

联想公司总部位于中国北京，主要从事个人电脑及相关业务，是一家在信息产

---

① 资料来源：张璠、王瑞琪、魏姗姗《变动成本法在联想公司的应用》，《合作经济与科技》2017 年第 4 期；殷凝《变动成本法在企业中的应用》，《合作经济与科技》2020 年第 10 期。

业内多元化发展的大型企业集团，是富有创新性的全球化科技集团。联想公司创立于 1984 年，靠着给 IBM、惠普等外国品牌做分销和代理起步。直到 1994 年，联想公司开始开发自有品牌产品。到 1997 年，联想成为中国 PC 市场第一。2004 年底，联想公司宣布收购 IBM PC（个人电脑）事业部，成为中国最早进入国际市场的电子信息企业之一；2013 年，联想电脑销售量升居世界第一位，成为全球最大的 PC 生产厂商。2014 年至今，联想公司不断进行收购和业务拓展，成为集智能电视、主板、手机、台式计算机、服务器、笔记本电脑、一体机电脑等商品于一身的多元化集团。本案例主要以联想公司某型号产品的生产量和销售量为例，分析变动成本法在联想公司的应用。

联想公司某型号产品 2014 年生产量为 500000 台，实际销售量为 450000 台；2015 年生产量为 450000 台，实际销售量为 500000 台。两年中，该产品在市场上的实际销售价格均为 0.3 万元/台，其中单位变动成本为 0.12 万元/台，单位变动销售费用为 0.06 万元/台。2014 年和 2015 年，公司的固定制造费用无变化，均为 3000 万元，固定销售及管理费用合计均为 10000 万元。

联想公司在这几十年的发展过程中，一直很重视对成本的控制，对成本的控制决定着企业的经济基础和经济命脉，也为企业发展方向提供指导。变动成本法本身确实有很大的优势，但也有不可避免的缺点。

第一，单纯强调边际贡献，忽视固定制造费用。

在联想公司使用变动成本法进行成本核算时，存货成本中的固定制造费用要除去，将其作为期间费用处理，这样就会减少当期的税前利润，从而影响企业当期的分红金额。这样的差异造成的后果就是，可能短期内会影响利益相关者的利益，股东和管理层也许会难以接受。此时，销售量即使减少，利润表中也可能出现利润增加的情况，因此可能会使管理者做出继续增加产量的错误决策。

第二，考虑不够全面，产品定价不够准确。

企业管理层可以通过这些数据，对未来几年企业的发展做出合理的预测和规划。企业如果仅仅只用变动成本法来进行定价的话，就不够科学，也不够严谨。很可能导致定价过低，这就会影响企业的利润，影响企业的经济效益。

第三，缺乏科学合理的实行方案，工作人员能力不足。

企业在运用变动成本法时，没有一套明确具体的实行方案，同时，变动成本法与财务数据两者之间存在一定的矛盾冲突，这在一定程度上会影响公司的经济收益。所以，有一个科学合理的实行方案，可以起到很大的指导作用。同时，企业在使用变动成本法的过程中，工作人员的综合能力也是非常重要的。

要求：

（1）应用完全成本法进行核算，联想公司 2014 年的营业利润为＿＿＿＿＿＿＿＿＿，

2015 年的营业利润为_____；

（2）应用变动成本法进行核算，联想公司 2014 年的营业利润为_____，
2015 年的营业利润为_____；

（3）结合联想公司两年的成本数据，谈谈完全成本法和变动成本法的差异；

（4）针对联想公司应用变动成本法过程中存在的问题，提出应用变动成本法的
合理建议。

第3章 本-量-利分析

学习目标

1. 理解本-量-利分析的基本含义和基本假设
2. 掌握本-量-利分析的基本公式
3. 掌握边际贡献及相关指标的计算
4. 掌握盈亏平衡点、保利点和经营安全程度分析方法
5. 理解不同因素的变化对盈亏平衡点的影响
6. 理解敏感性分析的方法和意义
7. 掌握多品种条件下的本-量-利分析方法

知识框架图

引导案例　摇滚乐队 U2 如何在巡演中获得高额利润?[①]

在北美、欧洲和亚洲的一次巡演中，摇滚乐队 U2 在一个 164 英尺（合 50 米）高的舞台上表演。舞台像一艘宇宙飞船，配有巨大的 LED 屏幕和人形天桥，花费不菲。此外，这次旅行总共需要 200 辆卡车、400 名船员，每天的开销为 750000 美元。巡演的成功与否不仅取决于每晚音乐会的质量，还取决于能否收回其巨大的固定成本，这些成本不会随着观众中的粉丝数量而改变。

为了弥补其高昂的固定成本并获得利润，U2 需要出售大量门票。为了最大限度地提高巡回演出的收入，U2 将音乐会门票的售价降为 30 美元/张，独特的圆形舞台配置将体育场容量在原有的基础上提高了约 20%。此次巡演，U2 打破了其以往巡演的上座率纪录，巡演最后，U2 为超过 700 万歌迷演奏，获得门票和商品销售额接近 7.36 亿美元，他们打破了经济衰退的枷锁，重写了体育场音乐会剧本，并将爱尔兰四重奏推向了更高的轨道。

---

①　资料来源：Edna Gundersen, "U2 Turns 360 Stadium into Attendance-Shattering Sellouts," *USA Today* 5 (2009)。

U2 是如何做出降价决定的？为什么把价格定在 30 美元/张？当公司的固定成本很高时，往往需要大量收入才能达到收支平衡。例如，具有高固定成本的航空公司，大多数航空公司的利润来自每趟航班的最后 2~5 名乘客。因此，当美国航空公司的收入大幅下降，盈亏严重失衡时，它被迫宣布破产。如何帮助管理者最大限度地减少此类风险？如何在销售价格和业务量等因素发生变化时，将这些变化的影响反映到目标利润上？这些都是本章所涉及的内容。成本、业务量、利润是管理会计定量分析中最常用的三大指标，通过对成本、业务量、利润分析，企业管理者可以将这三大指标联系起来，从而为企业进行决策、规划和控制提供信息。

3.1　本-量-利分析概述

3.1.1　本-量-利分析的含义

本-量-利分析（Cost Volume Profit Analysis，CVP 分析），是对成本、业务量、利润三者关系进行分析的简称。它是在成本性态分析和变动成本法计算的基础上，通过研究成本、销售量、单价和利润等变量之间的内在规律性联系，为企业进行预测、规划、决策和控制提供信息的一种定量分析方法。

本-量-利分析介绍

本-量-利分析是管理会计的基本分析方法之一，应用十分广泛。它可以帮助企业寻找增加收入、降低成本的措施，也是企业进行规划和控制的重要分析工具；若与风险分析相联系，可为企业提供降低风险的方法和手段；若与决策分析相结合，可用于企业的生产决策、定价决策和投资不确定性分析；企业还可将其用于全面预算和成本控制。

3.1.2　本-量-利分析的基本假设

本-量-利分析基于动态环境进行分析，需要在理论上做出一系列的基本假设，主要包括以下几个方面。

1. 成本性态分析的假设

假设企业发生的全部成本按其性态可确定为变动成本和固定成本，并且变动成本随业务量的增加成正比例增加，固定成本在相关范围内保持不变。

2. 相关范围及线性假设

假设在一定时期内，业务量总是在保持成本水平和单价水平不变的范围内变化，那么固定成本总额和单位变动成本的不变在相关范围内能够得以保证，成本函数表现为线性方程（$y = a + bx$）。同时，在相关范围内，单价也不因销售量的变化而改变，使得销售收入函数也表现为线性方程（$y = px$）。

3. 产销平衡和品种结构不变假设

假设在只安排生产一种产品的情况下，生产出来的产品都能出售，即产销平衡；如果生产多种产品，产品总销售额在发生变化时，各种产品的销售额占全部产品总销售额的比重应保持不变。

4. 变动成本法的假设

假定产品成本是按变动成本法计算的，即产品成本中只包括变动生产成本，而所有的固定成本均作为期间费用处理。

3.1.3 本–量–利分析的基本公式

本–量–利分析研究的是销售量、单价、成本和利润等变量之间的依存关系，根据上述假设，本–量–利分析的基本公式可表示为：

$$
\begin{aligned}
利润 &= 销售收入 - 总成本 \\
&= 销售收入 - 变动成本 - 固定成本 \\
&= 销售单价 \times 销售量 - 单位变动成本 \times 销售量 - 固定成本 \\
&= （销售单价 - 单位变动成本）\times 销售量 - 固定成本 \\
P &= (SP - VC) \cdot V - FC
\end{aligned}
$$

式中，P 表示利润；SP 表示销售单价；VC 表示单位变动成本；FC 表示固定成本；V 表示销售量。

这个等式是本–量–利分析的基础，公式中共有 5 个变量，知道其中任意 4 个变量的值，就可以求出剩下一个变量的值。

3.1.4 边际贡献及相关指标

在本–量–利分析中，边际贡献（contribution margin）是一个十分重要的概念。它是指销售收入减去变动成本后的金额，也称作贡献毛益、贡献边际。通常有以下三种表现形式。

一是总额概念的"边际贡献"，是指一定时期的销售收入总额减去变动成本总额后为企业做的盈利贡献。计算公式如下：

$$边际贡献总额 = 销售收入总额 - 变动成本总额$$

企业各种产品提供的边际贡献总额并不是企业的利润。因为边际贡献总额首先用于补偿企业的固定成本总额，只有当边际贡献总额大于固定成本总额时才能为企业提供利润，否则企业将会出现亏损。因此，对企业的经营决策来说，边际贡献非常重要。

二是单位概念的"边际贡献"，是指产品的销售单价减去单位变动成本后的差额，亦可用边际贡献总额除以有关销售量求得，可以反映单位产品的盈利能力。计算公式如下：

$$单位边际贡献 = 销售单价 - 单位变动成本 = 边际贡献总额 \div 销售量$$

三是"边际贡献率"，也称贡献毛益率，是指边际贡献在销售收入中所占的百分比，或指单位边际贡献占销售单价的百分比。计算公式为：

$$边际贡献率 = \frac{单位边际贡献}{销售单价} \times 100\%$$

与边际贡献率密切关联的指标是变动成本率，是指变动成本占销售收入的百分比，或指单位变动成本占销售单价的百分比。计算公式为：

$$变动成本率 = \frac{单位变动成本}{销售单价} \times 100\%$$

将边际贡献率与变动成本率两个指标联系起来考虑，可以得出以下关系式：

$$边际贡献率 + 变动成本率 = 1$$

亦即由公式单位边际贡献＝销售单价-单位变动成本移项，得：

$$单位边际贡献 + 单位变动成本 = 销售单价$$

等式两边除以销售单价，即可得到"边际贡献率+变动成本率＝1"。

可见，边际贡献率与变动成本率属于互补性质，变动成本率高的企业，边际贡献率低，创利能力小；反之，变动成本率低的企业，边际贡献率高，创利能力大。

【例 3-1】

某公司只生产和销售单一产品，该产品的单位售价为 50 元/件，单位变动成本为 30 元/件，固定成本为 50000 元，销售量为 6000 件。要求：（1）计算全部边际贡献指标；（2）计算营业利润；（3）计算变动成本率；（4）验证边际贡献率与变动成本率的关系。

解：（1）单位边际贡献＝50-30＝20（元/件）

　　　　边际贡献总额＝6000×20＝120000（元）

　　　　边际贡献率＝20÷50×100%＝40%

（2）营业利润＝120000-50000＝70000（元）

（3）变动成本率＝30÷50×100%＝60%

（4）边际贡献率＋变动成本率＝40%+60%＝1

3.2　单一品种条件下的本-量-利分析

3.2.1　盈亏平衡分析

管理会计应用指引
第 401 号——
本量利分析

盈亏平衡又称保本，是指企业在一定时期内的收支相等、损益平衡、不盈不亏、利润为零。当企业处于这种收支相等、损益平衡、不盈不亏、利润为零的特殊情况时，称企业达到盈亏平衡状态。

盈亏平衡分析是研究当企业恰好处于盈亏平衡状态时本-量-利关系的定量分析方法，它是本-量-利分析的基础，又称为保本分析、损益平衡分析。这一分析所提供的信息对于企业合理计划和有效控制经营过程比较有用，如预测成本、收入、利润和预计售价、销量、成本水平的变动对利润的影响等。

1. 盈亏平衡点的计算模型

课程思政：思政
元素及融入点

盈亏平衡分析的关键是对盈亏平衡点的确认。盈亏平衡点也叫保本点、盈亏临界点等，是指企业达到盈亏平衡状态的业务量。在该业务量水平下，企业收入与变动成本之差刚好等于固定成本。稍微增加一点业务量，企业就会有盈利；反之，稍微减少一点业务量，就会导致企业亏损。盈亏平衡点有两种表现形式：一种是用实物量表示的盈亏平衡点的销售量，即销售多少数量的产品才能盈亏平衡；另一种是用价值量表示的盈亏平衡点的销售额，即销售多少金额的产品才能盈亏平衡。

由本-量-利分析的基本等式可以确定盈亏平衡点，就是计算当企业的利润等于零时的销售量或销售额，即：

$$销售收入 = 变动成本 + 固定成本$$
$$销售量 \times 销售单价 = 销售量 \times 单位变动成本 + 固定成本$$
$$V \cdot SP = V \cdot VC + FC$$

这就是盈亏平衡点的基本计算模型。上式还可以演变为：

$$盈亏平衡点销售量 = \frac{固定成本}{销售单价 - 单位变动成本}$$
$$= \frac{固定成本}{单位边际贡献}$$
$$V = \frac{FC}{SP - VC}$$

$$盈亏平衡点销售额 = 销售单价 \times 盈亏平衡点销售量$$
$$= \frac{固定成本}{边际贡献率}$$
$$= \frac{固定成本}{1 - 变动成本率}$$

【例 3-2】

仍按例 3-1 有关资料，试计算该企业的盈亏平衡点指标。

解：盈亏平衡点销售量 $= \dfrac{固定成本}{销售单价 - 单位变动成本} = \dfrac{50000}{50-30} = 2500$（件）

盈亏平衡点销售额 = 销售单价 $\times$ 盈亏平衡点销售量 $= 50 \times 2500 = 125000$（元）

2. 盈亏平衡图

盈亏平衡图是将盈亏平衡点分析反映在直角坐标系中。盈亏平衡点采用前述数学模型进行计算叫作公式法；反映在直角坐标系中则称为图示法。与公式法相比，图示法更形象直观。

标准式盈亏平衡图是将销售收入线、变动成本线、固定成本线以及总成本线分别在直角坐标系中绘制，从而表明盈亏平衡点的形成过程以及影响盈亏的因素变化。

金额式、贡献式和
利量式盈亏平衡图

绘制方法如下。

（1）建立直角坐标系，横轴表示销售量，纵轴表示成本和销售收入。

（2）绘制固定成本线，在纵轴上确定固定成本数值，并以此为起点，绘制一条平行于横轴的直线，即固定成本线。

（3）绘制总成本线，以固定成本为截距，以单位变动成本为斜率，绘制一条直线，即总成本线。

（4）绘制销售收入线，以销售价格为斜率，过原点绘制一条直线，即销售收入线。

上述总成本线与销售收入线的交点就是盈亏平衡点。

【例 3-3】

某企业生产和销售单一产品，销售价格为 55 元/件，正常销售量为 4000 件，固定成本为 60000 元，单位变动成本为 30 元/件，则该企业的盈亏平衡图如图 3-1 所示。

图 3-1 直观地表明如下几方面。

（1）在固定成本、单位变动成本、销售价格不变的情况下，盈亏平衡点是既定的。当销售量超过盈亏平衡点时，销售量越多，则企业实现的利润越多；当销售量低于盈亏平衡点时，企业将出现亏损。

（2）在总成本既定的情况下，盈亏平衡点的位置随销售价格的变动而反向变

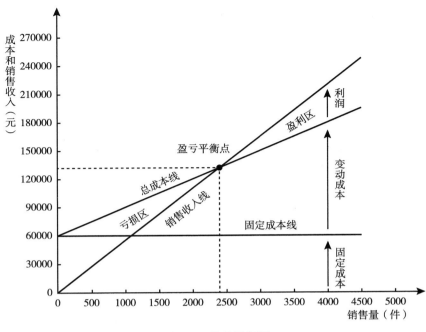

图 3-1　盈亏平衡图

动：销售价格越高，盈亏平衡点越低；反之，盈亏平衡点越高。

（3）在销售价格、单位变动成本既定的情况下，盈亏平衡点的位置随固定成本的变动而同向变动：固定成本越高，盈亏平衡点就越高；反之，盈亏平衡点就越低。

（4）在销售价格和固定成本既定的情况下，盈亏平衡点的位置随单位变动成本的变动而同向变动：单位变动成本越高，盈亏平衡点就越高；反之，盈亏平衡点就越低。

图示法一般只用于单一品种的盈亏平衡点的确定，不能确定多品种下的盈亏平衡点。因为多品种下的销售价格、单位变动成本不止一个，只有在产品组合不变的情况下，采用一定的数学处理方法，将销售价格和单位变动成本加权得到一个综合加权值，才可以进行图示，比较麻烦。所以，图示法一般不用于多品种的分析。

3. 相关因素变动对盈亏平衡点的影响

在计算盈亏平衡点时，我们假设销售价格、固定成本、单位变动成本等因素均不变动，但实际这种静态平衡是不可能维持长久的，当上述因素发生变动时，会引起盈亏平衡点发生怎样的变化，对盈亏平衡分析也非常重要。

（1）销售价格变动对盈亏平衡点的影响。由基本公式 $V = \dfrac{FC}{SP-VC}$ 可知，当其他条件不变时，销售价格的变化会导致盈亏平衡点反向变化。产品销售价格上升，销售收入和边际贡献都会增加，盈亏平衡点会下降，使企业经营状况向好的方向发展；反之则相反。

【例 3-4】

如果例 3-3 中的其他条件不变，只是将销售价格由原来的 55 元/件提高到 62 元/件，则盈亏平衡点的销售量由原来的 2400 件变为：

$$盈亏平衡点的销售量 = \frac{60000}{62 - 30} = 1875（件）$$

销售价格变动对盈亏平衡点的影响如图 3-2 所示。

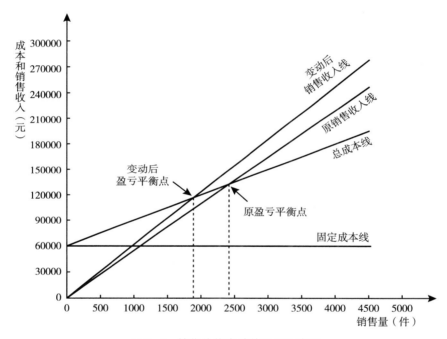

图 3-2 销售价格变动的盈亏平衡图

销售价格的提高在图 3-2 中表现为销售收入线的斜率变大，从而导致盈亏平衡点左移，原来的部分亏损区域变成了盈利区域。

（2）固定成本变动对盈亏平衡点的影响。当其他条件不变时，固定成本的变化会引起盈亏平衡点的同向变化。虽然固定成本的变化不会引起销售收入和边际贡献的变化，但固定成本增加需要更多的边际贡献来补偿，因此，盈亏平衡点会上升，使企业经营状况向不好的方向发展；反之则相反。

【例 3-5】

如果例 3-3 中的其他条件不变，只是将固定成本由原来的 60000 元降低到 50000 元，则盈亏平衡点的销售量由原来的 2400 件变为：

$$盈亏平衡点的销售量 = \frac{50000}{55-30} = 2000（件）$$

可见，固定成本下降导致盈亏平衡点的销售量降低。固定成本变动对盈亏平衡点的影响如图3-3所示。

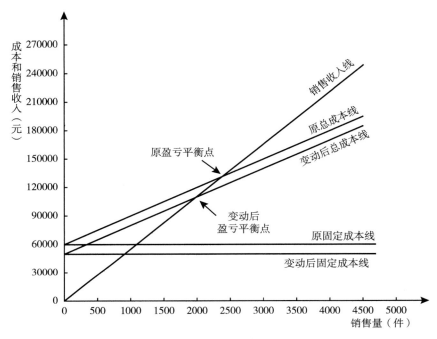

图3-3　固定成本变动的盈亏平衡图

图3-3显示，由于固定成本下降，总成本线下移，盈亏平衡点左移，原来的部分亏损区域变成了盈利区域。

（3）单位变动成本变动对盈亏平衡点的影响。当其他条件不变时，单位变动成本的变化会引起盈亏平衡点的同向变化。单位变动成本增加将导致边际贡献减少，因此，盈亏平衡点会上升，使企业向不利的方向发展；反之则相反。

【例3-6】

如果例3-3中的其他条件不变，只是将单位变动成本由原来的30元/件提高到35元/件，则盈亏平衡点的销售量由原来的2400件变为：

$$盈亏平衡点的销售量 = \frac{60000}{55-35} = 3000（件）$$

上述单位变动成本变动对盈亏平衡点的影响如图3-4所示。

图3-4显示，单位变动成本提高，导致总成本线的斜率增大，盈亏平衡点右移，原来的部分盈利区域变成了亏损区域。

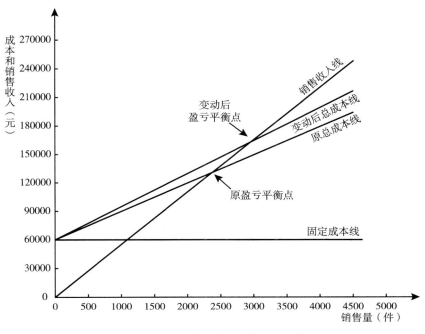

图 3-4 单位变动成本变动的盈亏平衡图

3.2.2 经营安全程度分析

只有当产品销售量大于盈亏平衡点销售量时，企业才处于盈利状态，从企业经营的角度来看，产品销售量大于盈亏平衡点销售量的数量越大，经营就越安全；反之则相反。衡量企业经营安全程度的指标有两种：安全边际和盈亏平衡点作业率。

1. 安全边际

安全边际是指正常销售量或者现有销售量超过盈亏平衡点销售量的差额。这一差额表明企业的销售量在超过盈亏平衡点的销售量之后，到底有多大的盈利空间；或者说，现有销售量降低多少就会发生亏损。

安全边际有绝对数和相对数两种表现形式，其中绝对数指标包括实物量指标安全边际量和价值量指标安全边际额，相对数指标为安全边际率。计算公式如下：

$$安全边际量 = 实际（预计）销售量 - 盈亏平衡点销售量$$
$$安全边际额 = 实际（预计）销售额 - 盈亏平衡点销售额$$

$$安全边际率 = \frac{安全边际量}{实际（预计）销售量} \times 100\% = \frac{安全边际额}{实际（预计）销售额} \times 100\%$$

安全边际指标对企业经营者而言是衡量经营前景的正指标，安全边际越大，企业经营的安全程度就越高。西方一般用安全边际率来评价企业经营的安全程度，安全边际率在 10% 以下时，企业经营就很危险；在 40% 以上时，企业经营就很安全。

实际上，超过盈亏平衡点的安全边际提供的边际贡献就是利润，即：

$$利润 = 安全边际量 × 单位边际贡献$$

这说明产品的单位贡献毛益越大，销售量超过盈亏平衡点的部分越多，企业盈利则越多，经营也就越安全。

以此类推：

$$利润 = 安全边际额 × 边际贡献率$$

将等式两边均除以产品销售额，则有：

$$销售利润率 = 安全边际率 × 边际贡献率$$

总之，盈亏平衡点下的销售量只能让企业保本，只有安全边际才能为企业提供利润，所以企业利润的计算可以借助安全边际这一概念，上述计算公式在企业的预测和决策分析中有着广泛的应用。

2. 盈亏平衡点作业率

盈亏平衡点作业率是指盈亏平衡点的销售量（或销售额）占企业正常销售量（或销售额）的百分比。计算公式如下：

$$盈亏平衡点作业率 = \frac{盈亏平衡点销售量}{正常销售量} × 100\%$$

$$= \frac{盈亏平衡点销售额}{正常销售额} × 100\%$$

盈亏平衡点作业率是一个反向指标，该指标数值越小，说明企业经营安全程度越高。

安全边际率与盈亏平衡点作业率的关系为：

$$安全边际率 + 盈亏平衡点作业率 = 1$$

【例 3-7】

仍按例 3-1 有关资料，要求：（1）计算该公司的安全边际指标；（2）计算该公司的盈亏平衡点作业率；（3）验证安全边际率与盈亏平衡点作业率的关系；（4）评价该公司的经营安全程度。

解：（1）安全边际量 = 实际销售量 - 盈亏平衡点销售量 = 6000 - 2500 = 3500（件）

安全边际额 = 实际销售额 - 盈亏平衡点销售额 = 6000 × 50 - 125000 = 175000（元）

$$安全边际率 = \frac{安全边际量}{实际销售量} × 100\% = \frac{3500}{6000} × 100\% = 58.33\%$$

（2）盈亏平衡点作业率$=\dfrac{\text{盈亏平衡点销售量}}{\text{正常销售量}}\times100\%=\dfrac{2500}{6000}\times100\%=41.67\%$

（3）安全边际率+盈亏平衡点作业率$=58.33\%+41.67\%=1$

（4）安全边际率为 58.33%，在 40% 以上，企业处于很安全的状态。

3.2.3 保利分析

本-量-利分析在决策中的应用示例

盈亏平衡分析是以利润为零、企业不盈不亏为前提条件，但从现实角度来看，企业不但要盈亏平衡，还要有盈利，否则就无法发展。保利分析是在盈亏平衡分析的基础上，对成本、业务量、利润三者之间的关系进行进一步的研究，为简化研究，我们在分析一个因素时，一般均假定其他因素是确定的或不变的。

1. 保利点的计算模型

保利点是指在单价和成本水平一定的情况下，为确保目标利润能够实现而应当达到的销售量和销售额的总称。企业对一定时期内目标利润已知条件下的本-量-利分析就是保利分析。

保利点有两种表现形式，一是用实物量表现，称为保利销售量；二是用价值量表现，称为保利销售额。具体公式如下：

$$\text{保利销售量}=\dfrac{\text{目标利润}+\text{固定成本}}{\text{单位边际贡献}}$$

$$\text{保利销售额}=\dfrac{\text{目标利润}+\text{固定成本}}{\text{边际贡献率}}$$

$$=\dfrac{\text{目标利润}+\text{固定成本}}{1-\text{变动成本率}}$$

【例 3-8】

某企业预计 A 产品的目标利润为 40000 元，销售价格为 40 元/件，单位变动成本为 20 元/件，固定成本为 50000 元。要求：计算保利点指标。

$$\text{保利销售量}=\dfrac{\text{目标利润}+\text{固定成本}}{\text{单位边际贡献}}$$

$$=\dfrac{40000+50000}{40-20}=4500（\text{件}）$$

$$\text{保利销售额}=\dfrac{\text{目标利润}+\text{固定成本}}{\text{边际贡献率}}$$

$$=\dfrac{40000+50000}{50\%}=180000（\text{元}）$$

需要注意的是，公式中的目标利润采用的是税前利润的形式，如果企业的目标利润采用的是税后利润的形式，需将税后利润除以 1-所得税税率转化为税前利润，再代入公式计算。

【例 3-9】

假设例 3-8 中其他条件不变，税后目标利润为 38250 元，所得税税率为 25%，则有：

$$保利销售量 = \frac{\dfrac{38250}{1-25\%} + 50000}{20} = 5050（件）$$

$$保利销售额 = \frac{\dfrac{38250}{1-25\%} + 50000}{50\%} = 202000（元）$$

所得税费用是企业的一项特殊支出，这项支出在企业处于亏损状态时不会发生，而当销售量超过盈亏平衡点时，该项支出随利润的变动而变动，或者说随超过盈亏平衡点销售量的变动而变动，其计算公式为：

$$所得税 = 利润 \times 所得税税率$$
$$= 超过盈亏平衡点销售量 \times 单位产品边际贡献 \times 所得税税率$$

2. 相关因素变动对保利点的影响

保利点的计算是在盈亏平衡点的计算公式上加了一个目标利润，所以，影响盈亏平衡点的因素即是影响保利点的因素，具体包括销售单价、单位变动成本、固定成本，且影响的大小、方向与前述有关因素对盈亏平衡点的影响分析完全相同。此外，目标利润也会影响保利点，目标利润越高，需要补偿的边际贡献越大，保利点越高。需要注意的是，预计销售量的变动，既不会影响盈亏平衡点的计算，也不会影响保利点的计算。

【例 3-10】

如果例 3-8 中的其他条件不变，只是固定成本减少了 10000 元，则可以在比现有销售量低的销售量下实现目标利润：

$$保利销售量 = \frac{40000 + 40000}{40 - 20} = 4000（件）$$

同理，如果例 3-8 中的其他条件不变，只是单位变动成本由 20 元/件降为 15 元/件,实现目标利润的销售量将为：

$$保利销售量 = \frac{40000 + 50000}{40 - 15} = 3600（件）$$

3.2.4　敏感性分析

敏感性分析是一种分析技术，是本-量-利分析的重要组成部分，它考察相关因素的变动会导致盈亏平衡点和保利点发生多大程度的变动，即分析有关因素发生多大变化时会使企业由盈利转为亏损和各因素变化对利润的影响程度，且每次只分析其中一个因素的变化产生的影响。敏感性分析能够帮助经营者了解各个因素影响力的大小，可以使经营者决定对哪些因素进行重点控制，当这些因素发生变化后，能及时采取措施，调整企业的计划，将经营活动控制在最有利的状态下。

1. 盈亏平衡点敏感性分析

盈亏平衡点敏感性分析是指使盈利转为亏损的有关因素的变动程度。利润由销售单价、销售量、单位变动成本和固定成本决定，这些因素的变化都会对利润产生影响，当这种影响是负面的且达到一定程度时，就会使企业处于盈亏平衡状态；如果变化超过盈亏平衡点，企业就会进入亏损状态。当其他条件不变，只有一个因素变动，并且利润为零时，求得的值即为该因素的临界值。该方法的实质是求取达到盈亏平衡点的销售量和销售价格的最小允许值以及单位变动成本和固定成本的最大允许值。

由盈利模型可以推导出当利润为零时有关因素的临界值的公式：

$$销售量 = \frac{固定成本}{销售单价 - 单位变动成本}$$

$$销售单价 = \frac{固定成本}{销售量} + 单位变动成本$$

$$单位变动成本 = 销售单价 - \frac{固定成本}{销售量}$$

$$固定成本 = 销售量 \times (销售单价 - 单位变动成本)$$

【例 3-11】

某企业只生产和销售一种产品。下个月预计销售量为 2500 件，销售价格为 30 元/件，单位变动成本为 20 元/件，固定成本为 5000 元。要求：企业要盈利，相关的因素应在哪个范围内变化？

企业预计的利润为：

$$P = (SP - VC) \cdot V - FC = (30 - 20) \times 2500 - 5000 = 20000(元)$$

（1）当 $P=0$ 时，销售量的最小值为：

$$V = \frac{FC}{SP - VC} = \frac{5000}{30 - 20} = 500(件)$$

假定其他因素不变，销售量的最小允许值为 500 件，低于 500 件企业就会发生亏损。

（2）当 $P=0$ 时，单价的最小值为：

$$SP = \frac{FC}{V} + VC = \frac{5000}{2500} + 20 = 22(元／件)$$

假定其他因素不变，产品的销售价格不能低于 22 元/件这个最小值，否则企业便会发生亏损。

（3）当 $P=0$ 时，单位变动成本的最大值为：

$$VC = SP - \frac{FC}{V} = 30 - \frac{5000}{2500} = 28(元／件)$$

假定其他因素不变，单位变动成本由 20 元/件上升到 28 元/件时，企业预计的利润将由 20000 元变为 0。

（4）当 $P=0$ 时，固定成本的最大值为：

$$FC = V(SP - VC) = 2500 \times (30 - 20) = 25000(元／件)$$

假定其他因素不变，固定成本增加到 25000 元，将会导致企业处于盈亏平衡状态。

通过以上的分析可知，只有控制了有关因素的变化范围，才可以保证企业不会发生亏损。

2. 保利点敏感性分析

保利点敏感性分析是指因素变化时对利润的影响程度，即计算敏感系数。计算公式为：

$$敏感系数 = \frac{目标值变动百分比}{因素值变动百分比}$$

确定敏感系数，可以使管理者了解影响利润变化的诸多因素中，哪个是重要因素，哪个是次要因素，以便分清主次，采取必要的措施，保证目标利润的实现。

基于敏感系数的公式和本-量-利分析的基本公式，若销售单价从 SP 变化至 SP_1，则：

$$
\begin{aligned}
销售价格的敏感系数 &= \frac{\Delta P/P}{\Delta SP/SP} \\
&= \frac{[(SP_1 \cdot V - VC \cdot V - FC) - (SP \cdot V - VC \cdot V - FC)]/P}{(SP_1 - SP)/SP} \\
&= \frac{V \cdot SP}{P}
\end{aligned}
$$

其余影响因素的敏感系数计算与此类似：

$$销售量的敏感系数 = \frac{V(SP - VC)}{P}$$

$$固定成本的敏感系数 = -\frac{FC}{P}$$

$$单位变动成本的敏感系数 = -\frac{V \cdot VC}{P}$$

以上各式中，敏感系数若为正值，表明它与利润为同向增减关系；敏感系数若为负值，表明它与利润为反向增减关系。在进行敏感性分析时，敏感系数是正值或负值无关紧要，关键是数值的大小，数值越大则敏感程度越高。

【例 3-12】

某企业生产和销售单一产品，当年销售量为 4000 件，销售价格为 50 元/件，单位变动成本为 20 元/件，固定成本为 40000 元。在计划年度内预计销售量、销售价格、单位变动成本和固定成本均增长 10%，计算各因素的敏感系数。

（1）销售量的敏感系数。

假定其他因素不变，当销售量增长 10%，则有：

$$V = 4000 \times (1 + 10\%) = 4400(件)$$
$$P = 4400 \times (50 - 20) - 40000 = 92000(元)$$

在各因素变动前：

$$P = 4000 \times (50 - 20) - 40000 = 80000(元)$$
$$利润变化百分比 = \frac{92000 - 80000}{80000} \times 100\% = 15\%$$
$$销售量的敏感系数 = \frac{15\%}{10\%} = 1.5$$

或者，用销售量的敏感系数公式计算：

$$销售量的敏感系数 = \frac{V(SP - VC)}{P} = \frac{4000 \times (50 - 20)}{80000} = 1.5$$

（2）销售价格的敏感系数。

假定其他因素不变，当销售价格增长 10%，则有：

$$SP = 50 \times (1 + 10\%) = 55(元 / 件)$$
$$P = 4000 \times (55 - 20) - 40000 = 100000(元)$$
$$利润变化百分比 = \frac{100000 - 80000}{80000} \times 100\% = 25\%$$
$$销售价格的敏感系数 = \frac{25\%}{10\%} = 2.5$$

或者，用销售价格的敏感系数公式计算：

$$销售价格的敏感系数 = \frac{V \cdot SP}{P} = \frac{4000 \times 50}{80000} = 2.5$$

（3）单位变动成本的敏感系数。

假定其他因素不变，当单位变动成本增长 10%，则有：

$$VC = 20 \times (1 + 10\%) = 22(元 / 件)$$
$$P = 4000 \times (50 - 22) - 40000 = 72000(元)$$

$$利润变化百分比 = \frac{72000 - 80000}{80000} \times 100\% = -10\%$$

$$单位变动成本的敏感系数 = -\frac{10\%}{10\%} = -1$$

或者，用单位变动成本的敏感系数公式计算：

$$单位变动成本的敏感系数 = -\frac{V \cdot VC}{P} = -\frac{4000 \times 20}{80000} = -1$$

（4）固定成本的敏感系数。

假定其他因素不变，当固定成本增长10%，则有：

$$FC = 40000 \times (1 + 10\%) = 44000(元)$$
$$P = 4000 \times (50 - 20) - 44000 = 76000(元)$$
$$利润变化百分比 = \frac{76000 - 80000}{80000} \times 100\% = -5\%$$
$$固定成本的敏感系数 = -\frac{5\%}{10\%} = -0.5$$

或者，用固定成本的敏感系数公式计算：

$$固定成本的敏感系数 = -\frac{FC}{P} = -\frac{40000}{80000} = -0.5$$

通过上例分析可知，在影响利润的诸因素中，最敏感的是销售价格，其敏感系数是2.5，意味着假定其他因素不变，利润将以2.5的倍数随销售价格的变化而变化；其次是销售量，其敏感系数是1.5；再次是单位变动成本，其敏感系数是−1；最后是固定成本，其敏感系数是−0.5。在进行敏感性分析时，敏感系数绝对值的大小代表了敏感程度的高低，绝对值越大则敏感程度越高。

从上述分析中我们可以看到，销售量的敏感系数为1.5，大于1，也就是说，该企业销售量1%的变动会引起利润1.5%的变动。这种企业利润的变化率超过企业销售量变化率的现象称为经营杠杆。实际上，固定成本的存在是产生经营杠杆的原因。经营杠杆的大小用经营杠杆系数衡量，计算公式为：

$$经营杠杆系数 = \frac{边际贡献}{营业利润}$$

经营杠杆系数越大，经营风险越大，利润对固定成本越敏感。业务量的增加会使单位固定成本降低，从而提高单位产品利润，使利润增长率大于业务量增长率。

敏感系数实际上是弹性的概念，企业在面对不同的销售量时，敏感系数是不同的。但在同一点，某个因素的敏感系数是不变的，因此在一个固定的点上，可以根据敏感系数，分析当因素变动不同的百分比时利润相应的变动程度，从而对影响利润的因素予以高度重视，进行重点分析。

3.3　多品种条件下的本–量–利分析

以上讨论的保本分析和保利分析，都是假定在单一品种条件下进行的，但是在实际经济生活中，绝大多数企业不止生产经营一种产品。在这种情况下，盈亏平衡点就不能用实物量表示，因为不同质的各种产品在数量上是不能相加的，因此只能用货币量来表示。在单一品种的情况下，可以采用销售量来表示，而在多品种的情况下，就应采用销售额来表示。多种产品的本–量–利分析方法有多种形式，主要包括：综合边际贡献率法、联合单位法、分算法、主要品种法。

3.3.1　综合边际贡献率法

综合边际贡献率法是在确定企业综合边际贡献率的基础上，分析在多品种条件下本–量–利关系的一种方法。它对各品种一视同仁，不要求分配固定成本，而是将各品种创造的边际贡献视为补偿企业全部固定成本的收益来源。企业的综合保本销售额和综合保利销售额的计算公式分别为：

$$综合保本销售额 = \frac{固定成本总额}{综合边际贡献率}$$

$$综合保利销售额 = \frac{固定成本总额 + 目标利润}{综合边际贡献率}$$

该种方法的关键是正确计算综合边际贡献率，其具体计算方法有以下三种。

1. 加权平均边际贡献率法

加权平均边际贡献率法是指在各种产品边际贡献率的基础上，按各种产品销售额占全部产品销售收入的比重进行加权平均，据以计算综合边际贡献率的一种方法。其计算步骤如下。

（1）计算各种产品的边际贡献率。

（2）计算全部产品的销售总额：

$$销售总额 = \sum (某种产品的销售单价 \times 该产品的预计销售量)$$

（3）计算各种产品的销售额比重：

$$销售额比重 = \frac{某种产品的销售额}{全部产品的销售总额} \times 100\%$$

（4）计算企业的综合边际贡献率：

$$综合边际贡献率 = \sum (各产品的边际贡献率 \times 各产品的销售额比重)$$

（5）计算企业的综合保本销售额：

$$综合保本销售额 = \frac{固定成本总额}{综合边际贡献率}$$

在加权平均边际贡献率法下，不仅可以计算出综合保本销售额和综合保利销售额，而且可以在此基础上按销售额比重将其分解，计算出每一品种的保本销售额和保利销售额；用每种产品的保本销售额和保利销售额分别除以各产品的销售单价，就可以求出各自的保本销售量和保利销售量。

【例 3-13】

某企业的固定成本总额为 28000 元，该企业生产和销售甲、乙、丙三种产品，基础数据如表 3-1 所示。

表 3-1　基础数据

项目	甲	乙	丙
销售量（件）	3000	500	2000
销售价格（元/件）	10	20	30
单位变动成本（元/件）	8	12	21

要求：计算该企业甲、乙、丙三种产品的保本销售量。

解：（1）计算各种产品的边际贡献率：

$$甲 = （10 - 8）÷ 10 = 20\%$$
$$乙 = （20 - 12）÷ 20 = 40\%$$
$$丙 = （30 - 21）÷ 30 = 30\%$$

（2）计算全部产品的销售总额：

$$销售总额 = 3000 × 10 + 500 × 20 + 2000 × 30 = 100000（元）$$

（3）计算各种产品的销售额比重：

$$甲产品的销售额比重 = （3000 × 10 ÷ 100000）× 100\% = 30\%$$
$$乙产品的销售额比重 = （500 × 20 ÷ 100000）× 100\% = 10\%$$
$$丙产品的销售额比重 = （2000 × 30 ÷ 100000）× 100\% = 60\%$$

（4）计算该企业的综合边际贡献率：

$$综合边际贡献率 = 20\% × 30\% + 40\% × 10\% + 30\% × 60\% = 28\%$$

（5）计算综合保本销售额：

$$28000 ÷ 28\% = 100000（元）$$

（6）计算各种产品的保本销售额：

$$甲 = 100000 \times 30\% = 30000（元）$$
$$乙 = 100000 \times 10\% = 10000（元）$$
$$丙 = 100000 \times 60\% = 60000（元）$$

（7）计算各种产品的保本销售量：

$$甲 = 30000 \div 10 = 3000（件）$$
$$乙 = 10000 \div 20 = 500（件）$$
$$丙 = 60000 \div 30 = 2000（件）$$

【例 3-14】

承例 3-13，若目标利润为 56000 元，计算甲、乙、丙三种产品的保利销售量。

解：（1）计算综合保利销售额：

$$（28000 + 56000）\div 28\% = 300000（元）$$

（2）计算各种产品的保利销售额：

$$甲 = 300000 \times 30\% = 90000（元）$$
$$乙 = 300000 \times 10\% = 30000（元）$$
$$丙 = 300000 \times 60\% = 180000（元）$$

（3）计算各种产品的保利销售量：

$$甲 = 90000 \div 10 = 9000（件）$$
$$乙 = 30000 \div 20 = 1500（件）$$
$$丙 = 180000 \div 30 = 6000（件）$$

2. 边际贡献率总和法

边际贡献率总和法是在计算每种产品为企业创造的边际贡献率的基础上，再求所有产品的边际贡献率之和，即可得到综合边际贡献率。计算公式为：

$$某种产品为企业创造的边际贡献率 = \frac{该产品创造的边际贡献}{企业全部产品销售收入之和} \times 100\%$$

$$综合边际贡献率 = \sum 每种产品为企业创造的边际贡献率$$

【例 3-15】

承例 3-13，计算出如表 3-2 所示的销售相关数据，进而计算该企业的综合保本销售额。

表 3-2 销售相关数据

项目	甲	乙	丙	合计
销售收入（元）	30000	10000	60000	100000
变动成本（元）	24000	6000	42000	72000

续表

项目	甲	乙	丙	合计
边际贡献（元）	6000	4000	18000	28000
边际贡献率（%）	6	4	18	

解：甲产品的边际贡献率＝（6000÷100000）×100%＝6%

乙产品的边际贡献率＝（4000÷100000）×100%＝4%

丙产品的边际贡献率＝（18000÷100000）×100%＝18%

综合边际贡献率＝6%＋4%＋18%＝28%

综合保本销售额＝28000÷28%＝100000（元）

此法适用于已知每种产品为企业创造的边际贡献率的情况，但该方法无法进一步确定每种产品的保本点等指标。

3. 边际贡献总额法

边际贡献总额法是根据一定条件下企业各种产品的边际贡献总额与销售收入总额之比来确定综合边际贡献率的方法。计算公式为：

$$综合边际贡献率 = \frac{全部产品边际贡献总额}{全部产品销售收入总额} \times 100\%$$

此方法比较简单，不需要了解每一品种的销售单价、单位变动成本和销售量资料，就可以计算出综合边际贡献率，但该方法无法进一步确定每种产品的保本点等指标。

【例3-16】

承例3-13，计算企业的综合边际贡献率。

解：综合边际贡献率＝（28000÷100000）×100%＝28%

显然，按此方法计算的综合边际贡献率与前两种计算方法得到的结果相同。

上述三种方法计算综合边际贡献率的方法实质上是一样的，只是分别适用于掌握资料详略不同的情况。尽管加权平均法要求掌握比其他两种方法更详细的资料，但它也因此能够提供比其他两种方法更为有用的信息，从而更具有实用性。由于在管理会计实务中，大多按加权平均法计算综合边际贡献率，故也有人将综合边际贡献率法直接称为加权平均法。

因为销售额比重会影响综合边际贡献率，所以销售额比重即品种结构因素也是影响多品种本-量-利关系的另一要素。在其他条件不变的情况下，企业应积极采取措施，努力提高边际贡献率较高的产品的销售额比重，降低边际贡献率较低的产品的销售额比重，从而提高企业的综合边际贡献率，达到降低企业保本额和保利额的目的。

【例 3-17】

销售结构变动对综合保本销售额的影响。

假定例 3-13 中，甲、乙、丙三种产品的销售额比重由原来的 30%、10%、60% 变为 20%、20%、60%，它们的边际贡献率和企业的固定成本均不变。

要求：计算销售结构变化后的综合保本销售额。

解：综合边际贡献率 = 20%×20%+40%×20%+30%×60% = 30%

综合保本销售额 = 28000÷30% = 93333（元）

可见，由于产品的品种结构变了，盈亏平衡点也变了。在甲、乙、丙三种产品中，乙产品的边际贡献率最高（40%），丙产品次之（30%），甲产品最低（20%）。在上述产品品种构成的变动中，边际贡献率最低的甲产品的销售额比重有所下降（由 30% 降到 20%），而边际贡献率最高的乙产品的销售额比重有所上升（由 10% 升到 20%），所以全部产品的综合边际贡献率也有所提高，盈亏平衡点也就相应地降低了。提高边际贡献率较高的产品在品种构成中的比重，从结果上看与提高产品的销售价格有相似之处（见图 3-2）。

3.3.2 联合单位法

联合单位法是指在事先掌握多品种之间客观存在的相对稳定的产销实物量比例的基础上，确定每一联合单位的销售单价和单位变动成本，在多品种条件下进行本-量-利分析的一种方法。

该方法适用于利用同一种原料加工成性质相近、产出结构比较稳定的联合产品的企业。如果企业生产的多个品种之间的实物产出量存在较稳定的数量关系，且所有产品的销路都很好，就可以用联合单位代表按实际实物量比例构成一组产品。如企业生产的甲、乙、丙三种产品的销售量比为 1∶2∶3，则一个联合单位就相当于 1 个甲、2 个乙和 3 个丙的集合，以这种销售量比可以计算出每一个联合单位的联合销售单价和联合单位变动成本，在此基础上计算出联合保本销售量和联合保利销售量。计算公式如下：

$$联合保本销售量 = \frac{固定成本总额}{联合销售单价 - 联合单位变动成本}$$

$$联合保利销售量 = \frac{固定成本总额 + 目标利润}{联合销售单价 - 联合单位变动成本}$$

上式中，联合销售单价等于一个联合单位的全部销售收入，联合单位变动成本等于一个联合单位的全部变动成本。

在此基础上，可计算出每种产品的保本销售量和保利销售量，公式为：

$$某种产品的保本销售量 = 联合保本销售量 × 该产品销售量比$$
$$某种产品的保利销售量 = 联合保利销售量 × 该产品销售量比$$

【例3-18】

某企业使用同种原料加工成性质相近、产出结构比较稳定的三种联合产品甲、乙、丙，固定成本总额为57000元，基础数据如表3-3所示。

表3-3　基础数据

品种	销售量（千克）	销售单价（元/千克）	单位变动成本（元/千克）
甲产品	10000	20	15
乙产品	4000	30	20
丙产品	2000	80	30

要求：请用联合单位法进行保本分析。

解：产品销售量比：甲：乙：丙 = 10000：4000：2000 = 10：4：2

联合销售单价 = 20×10+30×4+80×2 = 480（元/千克）

联合单位变动成本 = 15×10+20×4+30×2 = 290（元/千克）

联合保本销售量 = 57000÷（480－290）= 300（千克）

甲产品保本销售量 = 300×10 = 3000（千克）

甲产品保本销售额 = 3000×20 = 60000（元）

乙产品保本销售量 = 300×4 = 1200（千克）

乙产品保本销售额 = 1200×30 = 36000（元）

丙产品保本销售量 = 300×2 = 600（千克）

丙产品保本销售额 = 600×80 = 48000（元）

3.3.3　分算法

分算法是将企业固定成本按一定标准在各种产品之间进行分配，然后再对每一个品种分别进行本-量-利分析的方法。该方法适用于固定成本能在各种产品之间合理分配的多种产品生产企业。

在分配固定成本时，专属固定成本直接分配，共同固定成本选择适当分配标准（如销售额、产品重量、长度、体积、工时、边际贡献等）分配给各种产品。鉴于固定成本需要由边际贡献来补偿，故按照各种产品之间边际贡献比重分配固定成本较为合理。

【例3-19】

某企业生产甲、乙、丙三种产品，固定成本总额为58000元，基础数据如表3-4所示。

表 3-4 基础数据

品种	销售量（件）	销售单价（元/件）	单位变动成本（元/件）	边际贡献（元）
甲产品	5000	30	15	75000
乙产品	3000	20	10	30000
丙产品	2000	40	20	40000

要求：用分算法进行保本分析（假定固定成本按边际贡献的比重分配）。

解：边际贡献总额 = 75000 + 30000 + 40000 = 145000（元）

固定成本分配率 = 58000 ÷ 145000 = 0.4

甲产品应分配的固定成本 = 75000 × 0.4 = 30000（元）

乙产品应分配的固定成本 = 30000 × 0.4 = 12000（元）

丙产品应分配的固定成本 = 40000 × 0.4 = 16000（元）

甲产品的保本销售量 = 30000 ÷（30 - 15）= 2000（件）

甲产品的保本销售额 = 2000 × 30 = 60000（元）

同理，乙产品和丙产品的保本销售量分别为 1200 件和 800 件，保本销售额分别为 24000 元和 32000 元（计算过程略）。

3.3.4　主要品种法

主要品种法是指在特定条件下，通过在多种产品中确定一种主要品种，完成在多品种条件下进行本-量-利分析任务的一种方法，实质上是单一品种本-量-利分析方法。

在企业产品品种较多的情况下，如果存在一种产品能够向企业提供绝大多数边际贡献，而其他产品提供的边际贡献比重比较小，或为不足轻重的副产品，或发展前景不大，则该产品就可认定为主要品种。只要按该品种的有关资料进行分析，即可完成本-量-利分析的任务。

这种方法的依据在于主要品种必然是企业生产经营的重点，因此，固定成本应主要由该产品负担。分析结果可能会存在一些误差，但由于其他产品影响不大，可以忽略不计或适当加以调整。

【例 3-20】

承例 3-13，基础数据如表 3-5 所示。

表 3-5 基础数据

品种	销售收入		边际贡献		边际贡献率（%）
	金额（元）	比重（%）	金额（元）	比重（%）	
甲产品	30000	30	6000	21.4	20
乙产品	10000	10	4000	14.3	40

续表

品种	销售收入		边际贡献		边际贡献率
	金额（元）	比重（%）	金额（元）	比重（%）	（%）
丙产品	60000	60	18000	64.3	30
合计	100000	100	28000	100	

要求：

（1）如果分别以销售额和边际贡献率作为判断主要品种的标志，应当选择哪种产品作为主要品种；

（2）以边际贡献作为判断主要品种的标志，计算企业本期最保守的保本销售额。

解：（1）如果以销售额为判断标志，则丙产品为主要品种；如果以边际贡献率为判断标志，则乙产品为主要品种。

（2）以边际贡献作为判断主要品种的标志，应以丙产品为主要品种。

企业最保守的保本销售额 = 丙产品的保本销售额 = 28000÷30% = 93333（元）

以上 4 种在多品种条件下本-量-利分析的具体方法中，综合边际贡献率法一般要求资料齐备，产品结构相对稳定；而联合单位法、分算法和主要品种法都属于将多品种条件下的本-量-利分析转化或简化为单一品种条件下的本-量-利分析的形式，又有各自的运用条件。如联合单位法必须在有严格产出规律的联合产品生产企业中应用；而分算法要求能够客观地将固定成本在各产品之间进行分配；主要品种法要求各品种主次分明。在实际应用时，应根据具体情况，选择适合本企业特点的方法进行多品种本-量-利分析。

思考题

1. 本-量-利分析的基本假设包括哪些内容？请说明它们的具体含义。

2. 什么是盈亏平衡点？如何确定盈亏平衡点？

3. 边际贡献有哪几种表现形式，其计算公式如何？

4. 用盈亏平衡图分析销售价格、固定成本、单位变动成本的变化对盈亏平衡点的变化有什么影响？

5. 企业的经营安全如何确定？

6. 如何进行多品种条件下的本-量-利分析？

练习题

1. 某公司只生产和销售一种产品，2020 年的单位变动成本为 18 元/件，变动成本总额为 54000 元，税前利润为 42000 元，若该公司 2021 年维持销售单价不变，变动成本率仍维持 2020 年的 60%。

要求：

（1）计算该公司 2021 年的保本销售量；

（2）若 2021 年的计划销售量比 2020 年提高 6%，可获得多少税前利润？

2. 已知：甲企业生产和销售某一种产品，基础数据如表 3-6 所示。

表 3-6　基础数据

单位：元

项目	金额
销售单价	40
单位变动成本	
直接材料	7
直接人工	6
变动制造费用	5

要求：

（1）若每年销售额为 78000 元时可以保本，计算当年的固定成本总额；

（2）如果其他因素保持不变，直接人工增加 30%，则销售单价应提高多少才能维持目前的边际贡献率？

3. 某玩具厂当期计划生产 A、B、C 三种玩具，售价分别为 20 元/件、15 元/件、10 元/件。单位变动成本分别为 12 元/件、9 元/件、5 元/件。计划销售量分别为 3000 件、2000 件、3000 件。三种玩具均通过同一生产线生产，固定成本总额为 40800 元。

要求：

（1）计算玩具厂的加权平均边际贡献率；

（2）计算各玩具的盈亏平衡点销售额；

（3）当固定成本总额上升 50% 后，计算各玩具的盈亏平衡点销售量；

（4）在第（3）问的条件下，若目标利润为 5000 元，计算玩具厂的销售额。

4. 某公司生产和销售 A 产品，有关数据如下：固定成本总额为 50000 元，单位变动成本为 20 元/件，产品销售单价为 45 元/件，销售量为 10000 件，实现利润 250000 元，计划 2022 年实现年度目标利润 400000 元。

要求：

（1）计算实现目标利润的销售量；

（2）计算固定成本、单位变动成本、销售单价、销售量的敏感系数。

5. 四家相互独立的公司的销售相关数据如表 3-7 所示，计算表中的空缺信息。

表 3-7　销售相关数据

项目	公司 1	公司 2	公司 3	公司 4
销售收入（元）	160000	200000		200000
变动成本总额（元）		155000		160000
边际贡献率（%）	30		30	
固定成本总额（元）		5000	80000	
利润（元）	10000		−5000	25000

案例分析

M 食品有限公司是集专业生产巧克力及巧克力制品、膨化系列食品于一身的中小型专业食品制造公司，具有专业的巧克力自动生产线、包装机、精磨设备等。公司秉承"品质为本，信誉至上"的宗旨，产品销售遍布全国各地及海外周边国家。M 公司明星产品是果仁巧克力，一盒巧克力的价格为 10.6 元。单位变动成本信息如表 3-8 所示。

表 3-8　单位变动成本信息

单位：元/盒

项目	单位变动成本	项目	单位变动成本
糖	0.35	其他原料	0.34
山核桃	0.7	包装物	0.76
黄油	1.85	销售佣金	0.2

固定制造费用为每年 32300 元，固定销售费用和固定管理费用总计每年 12500 元。M 公司去年共售出 35000 盒巧克力。

要求：

（1）每盒果仁巧克力的单位边际贡献为多少？边际贡献率为多少？

（2）为实现盈亏平衡，需售出多少盒巧克力？保本点销售额为多少？

（3）M 公司去年的营业利润为多少？

（4）安全边际额为多少？

（5）假设 M 公司将每盒巧克力的价格提高到 6.20 元，则销售量会下降到 31500 盒。新的保本点销售量为多少？M 公司是否应该提价？请阐明原因。

第4章 经营预测

学习目标

1. 了解并熟悉经营预测的内容与方法

2. 理解销售预测、成本预测、利润预测以及资金需要量预测之间的关系

3. 掌握并熟练应用销售预测、成本预测、利润预测以及资金需要量预测的方法

知识框架图

引导案例　　　　　　　　柯达与富士胶片的经营决策[①]

《礼记·中庸》中有一言"凡事预则立,不预则废",讲究做事前应该有准备。"预"是"预先"的意思,也可解释为"预测"。事前做准备,需要通过预测来实现,这个道理在企业的经营中同样适用。预测行业的发展,对调整企业的经营战略至关重要,不预测或者预测不准,给企业带来的影响常常是毁灭性的。

美国的柯达和日本的富士胶片,是胶片行业的两大巨头生产商。由于数码化风暴的巨大冲击,胶片市场需求大幅萎缩,两家公司的核心业务受到重创。但是,最终两家公司的命运却截然不同。2012年1月,柯达依据《美国联邦破产法》提出了破产保护申请,宣告经营破产。而同行的富士胶片2013年的利润却达到了6.35亿美元,在世界500强中排第437位。面对同样的行业危机,富士胶片的起死回生、绝地反击让人忍不住想要探究其中缘由。富士胶片的转型成功,得益于富士胶

引导案例补充
阅读资料

课程思政:思政
元素及融入点

[①] 资料来源:新浪财经、中国品牌网、《财富》杂志。

片 CEO 古森重隆的前瞻性预测。他的行业嗅觉非常灵敏，富有远见，且行动果断。在他上任 CEO 后不久，便预测公司的核心业务胶片市场未来将出现急剧萎缩，在公司经营状况尚可维持的状态下，他提前布局，极具前瞻性地推行了改革。面对数码技术的冲击，他丝毫没有迷恋胶片业务过去的辉煌，主动改变公司战略，依托已有的技术，选择了生物医药、化妆品、高性能材料等成长可能性较大的领域。这些改革举措彻底转变了企业内部的经营结构，化解了行业危机给企业带来的负面冲击。

4.1 经营预测概述

4.1.1 经营预测的概念

经营预测是指根据企业现有的经济条件和掌握的历史资料以及客观事物的内在联系，结合管理会计的一系列方法，对企业未来发展趋势及其经营状况进行预测。

4.1.2 经营预测的内容与方法

1. 经营预测的内容

（1）销售预测

销售预测是指对未来特定时间内，全部产品或特定产品的销售数量与销售金额的估计。销售预测是在充分考虑未来各种影响因素的基础上，结合本企业的销售实绩，通过一定的分析方法提出切实可行的销售目标。

（2）成本预测

成本预测是指运用一定的科学方法，对未来成本水平及其变化趋势做出科学的估计。通过成本预测，掌握未来的成本水平及其变动趋势，有助于降低决策的盲目性，使经营管理者易于选择最优方案，做出正确决策。

（3）利润预测

利润预测是指对公司未来某一时期可实现利润的预计和测算。它是依据影响公司利润变动的各种因素，预测公司将来所能达到的利润水平，或依据实现目标利润的要求，预测需要达到的销售量或销售额。

（4）资金需要量预测

资金需要量预测是指在销售预测、利润预测和成本预测的基础上，根据企业未来发展目标并考虑影响资金的各项因素，运用专门的方法推测出企业在未来一定时期内所需要的资金数额、来源渠道、运用方向及其效果的过程。

2. 经营预测的方法

以预测方法是否可以应用数学方法对各种信息进行科学的加工处理，建立相应的数学模型为主要区别，经营预测的基本方法大体上可归纳为定性分析法和定量分析法两大类。

（1）定性分析法（Qualitative Analysis Method）

定性分析法亦称"非数量分析法"。它是一种直观性的预测方法，主要依靠预测人员的丰富实践经验以及主观的判断和分析能力（必须建立在预测者的智慧和广博的科学基础知识

定性与定量
分析方法比较

之上），在不用或少量应用计算的情况下，就能推断事物的性质和发展趋势的分析方法。

（2）定量分析法（Quantitative Analysis Method）

定量分析法亦称"数量分析法"。它主要是应用现代数学方法（包括运筹学、概率论和微积分等）和各种现代化计算工具对与预测对象有关的各种经济信息进行科学的加工处理，并建立预测分析的数学模型，充分揭示各有关变量之间的规律性联系，最终还要对计算结果做出结论的一种分析方法。

4.1.3　经营预测的基本步骤

第一步是确定预测目标。需要明确对什么进行预测，并达到什么目的。第二步是在预测目标确定的基础上，收集、整理和分析资料。第三步是选择预测方法。由于目的不同使用的预测方法也不同，因此，对于不同的对象和内容应采用不同的预测方法。第四步是进行实际预测。根据预测模型及掌握的有关信息，进行定性、定量的预测分析和判断。第五步是检查验证。经过一段时间的实际操作，需要对上一阶段的预测结果进行验证和分析评价。第六步是修正预测结果。通常单独使用定性、定量方法预测，会受到方法的局限，为了使预测结果更接近实际，需要修正补充。第七步是根据得到的预测结论出具预测报告。

4.2　销售预测

4.2.1　销售预测概述

销售预测作为企业经营预测的起点，是成本预测、利润预测、资金需要量预测的前提，处于先导地位。由于市场竞争激烈，企业能否生存取决于企业能否生产出满足市场需求的产品。销售预测可以为企业生产经营提供可靠的信息和数据，通过

"以销定产"的模式，企业可以避免积压产品，减少资金占用。销售预测对企业的经营决策意义重大。

4.2.2 定性预测方法

1. 判断分析法

判断分析法是指销售人员根据自己的经验对销售情况进行预估，然后由销售经理加以综合，从而对企业总体销售情况进行预测的一种方法。由于销售人员常年处在市场一线，熟悉客户对产品的需求情况，根据销售人员的自身经验得出的预测数据往往与实际情况比较接近；另外，采用这种方法，企业给各销售人员分配的销售任务与其能力可能更加适配，不会出现过高或者过低的情况，能更好地提高其积极性，激励他们完成各自的销售任务。但是，受不可预见因素的影响，销售人员的预测可能也会出现偏差，因此还需要对销售人员的预测进行修正。

【例 4-1】

甲公司有两名销售人员和一名销售经理，每个预测者预测的销售量以及相对应的概率情况如表 4-1 所示。

表 4-1 预测者预测的销售量以及相对应的概率情况

预测者	销售量（件）	概率
销售员 1 预测		
最大销售量	500	0.2
中间销售量	300	0.5
最低销售量	200	0.3
销售员 2 预测		
最大销售量	600	0.3
中间销售量	400	0.6
最低销售量	200	0.1
销售经理预测		
最大销售量	550	0.2
中间销售量	350	0.6
最低销售量	200	0.2

先将每个预测者预测销售量的期望值计算出来，再赋予权重用加权平均法加以综合，得到最终预测结果，每个预测者预测销售量的期望值如下：

销售员 1 预测销售量的期望值 = 500 × 0.2 + 300 × 0.5 + 200 × 0.3 = 310(件)

销售员 2 预测销售量的期望值 = 600 × 0.3 + 400 × 0.6 + 200 × 0.1 = 440(件)

销售经理预测销售量的期望值 = 550 × 0.2 + 350 × 0.6 + 200 × 0.2 = 360(件)

由于销售经理经验更加丰富,因此,假设其预测更加准确,赋予其预测的权重为 0.6,其他销售人员预测的权重均为 0.2,综合预测结果为:

综合预测销售量 = 360 × 0.6 + 310 × 0.2 + 440 × 0.2 = 366(件)

2. 调查分析法

调查分析法是指企业通过对代表性顾客的消费意向的调查,了解客户需求的变化趋势,进行销售预测的一种方法。面对竞争日益激烈的现实情况,企业最终的销售量取决于客户的购买力,企业的销售预测应该与客户需求挂钩。因此,客户的消费意向是销售预测中非常重要的信息。通过调查分析,企业可以了解客户的爱好、购买习惯、财务状况以及客户未来对本企业产品的购买量,这些数据均有助于企业进行销售预测。

【例 4-2】

乙公司是一家生产并销售空调的企业,根据调查资料可测算出市场潜量以及乙公司的空调销售潜量,调查结果如表 4-2 所示。

表 4-2　乙公司空调销售潜量调查结果

家庭组别 (按年收入划分)	家庭户数 (户)	每户年均购买额(元)	市场潜量 (万元)	乙公司最高市场占有率(%)	乙公司销售潜量 (万元)
10 万元以下	100000	100	1000	30	300
10 万~20 万元	15000	200	300	25	75
20 万~30 万元	5000	300	150	20	30
30 万元及以上	1000	500	50	10	5
合计	121000	—	1500	—	410

3. 市场汇总法

市场汇总法是指在预测各个分市场的需求潜量的基础上,汇总得到市场总需求潜量,再用本企业的市场占有率乘以市场总需求潜量,得到企业的销售预测数据的一种方法。

【例 4-3】

丙公司是一家销售小汽车的企业,市场占有率为 30%。小汽车各个分市场的需求潜量数据如表 4-3 所示,请用市场汇总法预测丙公司的小汽车销售潜量。

表 4-3 小汽车各个分市场的需求潜量数据

分市场	家庭户数（户）	每户年均购买额（元）	市场潜量（万元）
东北市场	50000	8000	40000
西南市场	30000	5000	15000
东南市场	40000	6000	24000
西北市场	10000	4000	4000
合计	130000	—	83000

丙公司的小汽车销售潜量 = 83000 × 30% = 24900(万元)

4.2.3 定量预测方法

1. 趋势预测分析法

（1）算术平均法

算术平均法是指以某产品在过去若干期间的实际销售量或销售额的简单算术平均值作为该产品未来期间内销售量或销售额预测值的一种预测方法。

其计算公式如下：

$$Y = \frac{\sum_{i=1}^{n} X_i}{n} \tag{4-1}$$

式（4-1）中 Y 为平均数，n 为期数，X_i 为第 i 期销售量或销售额。

算术平均法的优点是计算简单，只要知道过去若干期的数据，简单算术平均处理后便可得到结果。此法的缺点是，未考虑若干历史期间数据的权重，如果数据不再延续历史期间的变化趋势，此法则不再适用。

【例 4-4】

甲公司 2020 年 1~6 月 A 产品的销售量如表 4-4 所示。要求用算术平均法预测甲公司 A 产品 2020 年 7 月的销售量。

表 4-4 甲公司 2020 年 1~6 月 A 产品的销售量

单位：件

月份	1	2	3	4	5	6
销售量	1000	800	850	1100	1050	900

按照式（4-1）计算，可得 A 产品 2020 年 7 月的销售量为：

$$(1000 + 800 + 850 + 1100 + 1050 + 900)/6 = 950(件)$$

（2）移动平均法

移动平均法是指从企业历史时期的实际销售资料中选取一组与未来期间相关的若干期间进行平均计算，以其平均值作为该产品未来期间销售量或销售额的预测值的一种方法。

其计算公式如下：

$$Y = \frac{X_i + X_{i-1} + \cdots + X_{i-m+1}}{m} \qquad (4-2)$$

式（4-2）中 Y 为移动平均数，m 为分段期间数，X_i 为第 i 期销售量或销售额。

移动平均法考虑了历史数据与预测值之间的相关关系，强调近期数据对预测值的影响。但是，由于计算只选取了部分数据，代表性较差，并且未考虑选取的数据对预测值的影响程度，这一点与算术平均法的缺点相同。

【例 4-5】

甲公司 2020 年 1~6 月 A 产品的销售量如表 4-4 所示。假设 A 产品 2020 年 7 月的销售量与 4~6 月的销售量相关，要求用移动平均法预测甲公司 A 产品 2020 年 7 月的销售量。

按照式（4-2）计算，可得 A 产品 2020 年 7 月的销售量为：

$$(1100 + 1050 + 900)/3 = 1017(件)$$

（3）加权平均法

加权平均法是指将若干历史时期的销售量或销售额作为观察值，按照各个观察值与预测值的相关程度对每个观察值赋予权重，计算加权平均数，将加权平均数作为未来期间销售量或销售额的预测值的一种方法。

其计算公式如下：

$$Y_t = \sum_{i=1}^{n} w_i X_i \qquad (4-3)$$

式（4-3）中 Y_t 为加权平均数，n 为期数，w_i 为第 i 期销售量或销售额的权重，X_i 为第 i 期销售量或销售额。

第 i 期销售量或销售额的权重 w_i 应该满足下面两个条件。

第一，全部期数的权重之和为 1。第二，为了使预测值更接近近期的观察值，要将近期观察值的权重规定得大一些，远期观察值的权重规定得小一些，即 $w_1 \leqslant w_2 \leqslant \cdots \leqslant w_n$。

加权平均法考虑了历史数据的增减变动趋势，在一定程度上弥补了算术平均法将各期观察值的权重视作等同的不足。

【例 4-6】

甲公司 2020 年 1~6 月 A 产品的销售量如表 4-4 所示。假设 2020 年 1~6 月 A 产品的销售量的权重分别为 0.1、0.1、0.1、0.2、0.2、0.3，要求用加权平均法预测甲公司 A 产品 2020 年 7 月的销售量。

按照式（4-3）计算，可得 A 产品 2020 年 7 月的销售量为：

$$1000 \times 0.1 + 800 \times 0.1 + 850 \times 0.1 + 1100 \times 0.2 + 1050 \times 0.2 + 900 \times 0.3 = 965(件)$$

（4）指数平滑法

指数平滑法是指将某产品上一期的销售量或销售额的预测值和实际值的指数平滑平均数作为本期销售量或销售额预测值一种方法。指数平滑法的实质是加权平均法的一种变化。

其计算公式如下：

$$Y_t = aX_{t-1} + (1 - a)y_{t-1} \tag{4-4}$$

式（4-4）中，Y_t 为 t 期的销售量或销售额的预测值，X_{t-1} 为 $t-1$ 期的销售量或销售额的实际值，y_{t-1} 为 $t-1$ 期的销售量或销售额的预测值，a 是指数平滑系数，是大于 0 小于 1 的常数。

指数平滑法考虑了每一期销售量或销售额的预测值和实际值，数据使用更全面。另外，指数平滑系数可以根据上期实际值对本期预测值影响程度的大小自由设定，比较灵活。

【例 4-7】

甲公司 2020 年 1~6 月 A 产品的销售量如表 4-4 所示。假设 a 为 0.4，1 月 A 产品的销售量的预测值为 1100 件，要求用指数平滑法计算甲公司 A 产品 2~7 月销售量的预测值。预测值计算如表 4-5 所示。

表 4-5　预测值计算

单位：件

月份	aX_{t-1}	$(1-a)y_{t-1}$	Y_t
1	—	—	1100
2	0.4×1000	0.6×1100	1060
3	0.4×800	0.6×1060	956
4	0.4×850	0.6×956	914
5	0.4×1100	0.6×914	988
6	0.4×1050	0.6×988	1013
7	0.4×900	0.6×1013	968

2. 因果预测分析法

影响产品销售的因素是多方面的，既有企业外部因素，也有企业内部因素。既有客观因素，又有主观因素。在这些因素中，有些因素对产品销售起决定性作用或与产品销售存在某种函数关系，只要找到与产品销售（因变量）相关的因素（自变量）以及它们之间的函数关系，就可以利用这种函数关系进行产品的销售预测，这种销售预测方法就是因果预测分析法。常用的因果预测分析法包括回归直线法、对数直线法以及多元回归分析法。

（1）回归直线法

回归直线法假定预测期销售量同影响因素呈线性关系。为简化分析，先假定影响因素只有一个，则回归直线方程可以写成：$y = a + bx$。将回归直线方程按照最小二乘法进行回归分析，估计出常数项 a 与系数 b 的值，求出 a 与 b 的值后，结合自变量 x 的预计销售量或销售额，代入公式 $y = a + bx$，即可求得预测对象 y 的预计销售量或销售额。

估计常数项 a 与系数 b 的值时，可以用联立方程组求解。

首先对公式 $y = a + bx$ 两边累加变形得到第一个方程 $\sum y = na + b \sum x$，其中 n 为分段期间数，再对公式 $y = a + bx$ 两边同乘 x 之后累加变形得到第二个方程 $\sum xy = a \sum x + b \sum x^2$。联立两个方程，代入相关数据，即可解得常数项 a 与系数 b 的值。

【例 4-8】

乙公司的主营业务是生产和销售空调压缩机，而影响空调压缩机销售量的主要因素是空调的销售量。2015~2020 年全国空调的实际销售量和乙公司空调压缩机的实际销售量历史数据如表 4-6 所示。

表 4-6　历史数据

项目	2015 年	2016 年	2017 年	2018 年	2019 年	2020 年
全国空调的实际销售量（十万台）	200	250	300	350	400	500
乙公司空调压缩机的实际销售量（十万台）	5	10	15	20	25	30

假设 2021 年全国空调的销售量为 5500 万台，采用回归直线法预测 2021 年乙公司空调压缩机的销售量。

第一步，根据题意，设回归直线方程 $y = a + bx$，y 为压缩机实际销售量，x 为空调实际销售量，a 为空调对压缩机的年需要量，b 为每销售十万台空调对压缩机的需要量。

第二步，根据给定资料编制计算表，如表 4-7 所示。

表 4-7 计算表

年份	空调实际销售量 x （十万台）	压缩机实际销售量 y （十万台）	xy	x^2
2015	200	5	1000	40000
2016	250	10	2500	62500
2017	300	15	4500	90000
2018	350	20	7000	122500
2019	400	25	10000	160000
2020	500	30	15000	250000
$n=6$	$\sum x = 2000$	$\sum y = 105$	$\sum xy = 40000$	$\sum x^2 = 725000$

第三步，将表 4-7 中数据代入联立方程组，即可得出 a 和 b 的值：

$$\begin{cases} \sum y = na + b \sum x \\ \sum xy = a \sum x + b \sum x^2 \end{cases}$$

$$\begin{cases} 105 = 6a + 2000b \\ 40000 = 2000a + 725000b \end{cases}$$

$$a = -11.07, b = 0.086$$

第四步，将 a 与 b 的值代入公式 $y = a + bx$，得出 2021 年乙公司压缩机预计销售量为：$y = a + bx = -11.07 + 0.086 \times 5500 = 461.93$（万台）。

（2）对数直线法

由于因素关系符合 $y = ab^x$ 的形式，可用对数直线法求解。

第一步，对 $y = ab^x$ 两边取对数可将之转化为：$\ln(y) = \ln(a) + x\ln(b)$。

第二步，设 $Y = \ln(y)$，$A = \ln(a)$，$B = \ln(b)$，将方程 $\ln(y) = \ln(a) + x\ln(b)$ 转化为方程 $Y = A + xB$。

第三步，用回归直线法解出 A、B 的值，即可求解出方程式 $y = ab^x$。

（3）多元回归分析法

多元回归分析法（Multiple Regression Analysis）是指在相关变量中将其中一个变量视为因变量，其他一个或多个变量视为自变量，建立多个变量之间线性或非线性的数量关系式并对样本数据进行分析的统计分析方法。多元线性方程可以写成 $y = a + \sum b_i x_i$。

3. 季节预测分析法

季节预测分析法，也称季节指数分析法，是一种依据价格的季节性变动建立数学模型对产品的市场潜量进行预测的方法。季节性变动是指社会经济现象由于受到自然条件、生产条件和生活习惯等因素的影响，随着季节的转变而呈现的周期性变动。例如某些产品的销售量具有季节性变动的特点。价格的季节性变动的特点是有规律的，每年重复出现，其表现为逐年同月（或季）有相同的变化方向和大致相同的变化幅度。

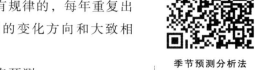

季节预测分析法
补充例题

季节预测分析法可以使用如下模型来预测：

$$y_t = f(T_t, S_j) \tag{4-5}$$

其中，y_t 为销售量；T_t 为长期趋势因子；S_j 为季节因子。

季节预测分析法的步骤主要包括三步。

第一步，计算预测对象的长期趋势因子 T_t。

第二步，计算预测对象的季节因子 S_j。

第三步，结合长期趋势因子和季节因子进行最终预测。如果因子是相互独立的，可用加法模型 $y_t = f(t) + S_j$ 预测；如果因子不是相互独立的，可用乘法模型 $y_t = f(t) \times S_j$ 预测。

这里所说的季节可以是季度、月份、周、日等。S 以一定的周期循环取值。例如，y_t 代表某企业每个月某产品的销售量，则周期循环为 12；如果代表每季度的销售量，则周期循环为 4。

4. 购买力指数法

购买力指数法也称多因素指数法，是指借助与区域购买力有关的各种指数（如区域购买力占全国总购买力的百分比，该区域个人可支配收入占全国个人可支配收入的百分比，该区域零售额占全国零售额总量的百分比，以及居住在该区域的人口占全国总人口的百分比等）来估计其市场潜量的方法。

用购买力指数法进行销售预测主要分以下三步。

第一步，根据各因素对购买力影响的大小，给每一个因素分别规定相应的权数或比重。

第二步，求出各地区的购买力指数。

第三步，将公司计划销售总额按各地区的购买力指数分配给各个地区市场。

【例 4-9】

丙公司在东北市场、西南市场、东南市场、西北市场这四个分市场均设有销售点，丙公司生产的洗衣机均通过这些销售点销往全国。丙公司 2021 年洗衣机的全国计划销售总额已确定为 200000000 元，采用购买力指数法计算丙公司在各个分市场的销售潜量。各个分市场的相关数据如表 4-8 所示。

表 4-8 各个分市场的相关数据

分市场	个人可支配收入 （百万元）	零售额 （百万元）	人口 （百万人）
东北市场	100000	70000	500
西南市场	60000	50000	300
东南市场	80000	60000	400
西北市场	30000	20000	100
合计	270000	200000	1300

第一步，根据各因素对购买力影响的大小，给每一个因素分别规定相应的权数或比重。

假设购买力指数的模型如下：

$$B_i = 0.5y_i + 0.3r_i + 0.2p_i$$

式中：B_i 是指某地区购买力指数；y_i 是指某地区个人可支配收入占全国个人可支配收入的百分比；r_i 是指某地区零售额占全国零售额总量的百分比；p_i 是指某地区人口占全国总人口的百分比。

第二步，求出各地区的购买力指数。首先计算出表 4-8 中各项目占各项目合计的百分比，然后再将数据代入计算购买力指数的模型，即可计算出各个分市场的购买力指数，计算结果如表 4-9 所示。

表 4-9 各个分市场购买力指数计算结果

分市场	个人可支配收入 百分比 $y_i(\%)$	零售额百分比 $r_i(\%)$	人口百分比 $p_i(\%)$	购买力指数
东北市场	37.04	35	38.46	0.3671
西南市场	22.22	25	23.08	0.2323
东南市场	29.63	30	30.77	0.2997
西北市场	11.11	10	7.69	0.1009
合计	100	100	100	1

第三步，将丙公司洗衣机计划销售总额 200000000 元按各个分市场的购买力指数分配给各个分市场，计算出各个分市场的洗衣机销售潜量。

各个分市场的洗衣机销售潜量如下：

东北市场洗衣机销售潜量 $= 200000000 \times 0.3671 = 73420000$（元）

西南市场洗衣机销售潜量 $= 200000000 \times 0.2323 = 46460000$（元）

东南市场洗衣机销售潜量 $= 200000000 \times 0.2997 = 59940000$（元）

西北市场洗衣机销售潜量 $= 200000000 \times 0.1009 = 20180000$（元）

各个分市场的销售潜量很大程度上决定了公司在该市场进行销售和广告促销活动的力度。因此，丙公司可将计算出的各个分市场的洗衣机销售潜量作为分配给各个分市场销售推广以及广告投入预算多少等的重要依据。

4.3　成本预测

4.3.1　成本预测概述

在"以销定产"的模式下，企业进行销售预测之后，接下来该考虑的就是生产环节。在生产这一环节，产品的成本是重要研究对象。由于市场竞争激烈，产品价格往往由市场决定，企业的利润在很大程度上取决于成本的节约。因此，企业应该采取一定的预测方法预测产品的成本数额及其变化。在保证产品质量的前提下，尽量降低成本，实现企业利润最大化。

对于一般的企业来说，成本预测主要包括成本变动趋势预测和目标成本预测。成本预测的程序主要分为以下几个步骤。

第一步，确定成本的预测对象和预测期限。

第二步，收集和分析历史数据。

第三步，建立预测模型。

第四步，分析评价。

第五步，修正预测数值并确定目标成本。

4.3.2　成本变动趋势预测

成本变动趋势预测是指根据成本的历史数据，按照成本的性态并运用数学的方法，来预测计划年度可能实现的成本水平。成本变动趋势预测是成本预测的重要内容。要做好成本预测，首先就应做好成本变动趋势预测，以便掌握成本增减变动的基本规律。预测成本变动趋势的具体方法有很多，这里只介绍常用的高低点法和回归直线法这两种分析方法。

1. 高低点法

高低点法是以成本性态为基础，根据成本分为固定成本和变动成本这一特点以及成本的历史数据，将某一时期的最高业务量和最低业务量的成本进行对比，从而确定成本预测方程式的一种分析方法。运用高低点法的具体步骤参见第 2 章。

【例 4-10】

乙公司的主营业务是生产和销售空调压缩机，连续 5 年的成本资料如表 4-10 所示。现要求用高低点法预测乙公司空调压缩机 2020 年产量为 300 万台时的成本总额。

表 4-10　乙公司连续 5 年的成本资料

年份	总产量(万台)	总成本(亿元)
2015	50	10
2016	100	20
2017	150	30
2018	200	40
2019	250	35

根据表 4-10 找出总产量及其相对应的总成本的最高点和最低点，计算求得：

$$b = (y_1 - y_2)/(x_1 - x_2)$$
$$= (35 - 10)/(250 - 50)$$
$$= 0.125(亿元／万台)$$
$$a = 10 - 0.125 \times 50 = 3.75(亿元)$$

故预测成本总额为：

$$y = a + bx = 3.75 + 0.125 \times 300 = 41.25(亿元)$$

高低点法是一种简便的预测方法，但由于仅使用了个别成本资料，故难以精确反映成本变动的整体趋势。

2. 回归直线法

采用回归直线法预测成本，其实就是运用数理统计中的线性回归原理，根据若干期的资料，将给定的产量以及成本数据拟合成线性模型，确定成本预测回归方程式，根据预测的产量来预测成本的一种方法。

回归直线法最常用的估计方法是最小二乘法，具体计算过程如下。

第一步，假设产量和成本的回归方程式为 $y = a + bx$。

第二步，根据给定的产量和成本数据，估计 a 和 b 的拟合值，将它们代入 $y = a + bx$，得到产量和成本的拟合方程式。

第三步，将预测的产量 x 代入拟合方程式中，就可以得到预测成本 y。

【例 4-11】

乙公司的主营业务是生产和销售空调压缩机，连续 5 年的成本资料如表 4-10 所示。现要求用回归直线法预测乙公司空调压缩机 2020 年产量为 300 万台时的成本总额。

根据表 4-10 中的数据，计算所需项目，计算结果如表 4-11 所示。

表 4-11　计算结果

年份	总产量 x(万台)	总成本 y(亿元)	xy	x^2
2015	50	10	500	2500
2016	100	20	2000	10000
2017	150	30	4500	22500
2018	200	40	8000	40000
2019	250	35	8750	62500
$n = 5$	$\sum x = 750$	$\sum y = 135$	$\sum xy = 23750$	$\sum x^2 = 137500$

第一步，将表 4-11 中的数据代入下面的联立方程组，求解出 a 和 b 的值：

$$\begin{cases} \sum y = na + b \sum x \\ \sum xy = a \sum x + b \sum x^2 \end{cases}$$

$$\begin{cases} 135 = 5a + 750b \\ 23750 = 750a + 137500b \end{cases}$$

$$a = 6, b = 0.14$$

联立方程推导

第二步，将 a 与 b 的值代入公式 $y = a + bx$，得出 2020 年产量为 300 万台时的预测成本总额：

$$y = a + bx = 6 + 0.14 \times 300 = 48(亿元)$$

4.3.3　目标成本预测

目标成本是指企业为实现经营目标（通常是目标利润）所应控制的成本水平。目标成本代表了企业为实现经营目标应达到的成本水平，也代表了企业未来期间成本管理应实现的目标。制定企业目标成本一般要结合有关产品的销售量、销售价格和目标利润等因素。具体可按下列公式计算：

$$目标成本 = 预测销售收入 - 目标利润$$
$$= 预测销售价格 \times 预测销售量 - 目标利润$$
$$单位产品目标成本 = 预测销售价格 - 单位产品目标利润$$

采用上述公式由预测销售收入和目标利润倒推出企业的目标成本时，必须注意倒推出的企业目标成本不一定符合企业的实际情况，很可能受生产条件等因素的制约而难以实现。因此，企业可能需要根据实际情况对该目标成本进行调整。

【例 4-12】

乙公司的主营业务是生产和销售空调压缩机，连续 5 年的成本资料如表 4-10 所示。乙公司生产的空调压缩机，2020 年计划产销 300 万台，预测销售价格为 3000 元/台，乙公司的目标利润为 30 亿元。现要求计算确定 2020 年空调压缩机的单位目标成本。

$$
\begin{aligned}
单位产品目标成本 &= 预测销售价格 - 目标利润／预测销售量 \\
&= 3000 - 3000000000/3000000 \\
&= 2000(元／台)
\end{aligned}
$$

由此得到 2020 年空调压缩机的单位目标成本为 2000 元/台。

4.4　利润预测

4.4.1　利润预测概述

企业在对销售以及成本这些经营过程中的活动进行预测之后，便需要进行利润预测。利润预测作为经营预测中对经营结果的预测，是企业对未来一定时期内生产经营活动可能达到的利润水平和变化趋势所进行的科学预计和推测。

利润预测的方法主要有本-量-利分析法、直接预测法、相关比率法和经营杠杆系数法等。这里主要介绍直接预测法、相关比率法和经营杠杆系数法，而运用本-量-利分析法对企业目标利润的预测常见于本-量-利分析中的敏感性分析。

4.4.2　利润预测方法

1. 直接预测法

直接预测法是指利用利润的计算公式，通过预测利润计算公式当中的各个项目，然后得到预测利润的一种方法。利润计算公式的各个项目可以参照企业利润表的主要项目构成，包括营业收入、营业成本、各项费用以及收益等项目。

其计算公式为：

$$
\begin{aligned}
预测总利润 = \ &预测营业收入 - 预测营业成本 - 预测销售费用 - 预测管理费用 - \\
&预测研发费用 - 预测财务费用 + 预测其他收益 + 预测投资收益 + \\
&预测其他业务利润
\end{aligned}
$$

通常来说，企业的营业利润是总利润的主要构成部分。所以，更多的时候是预测企业的营业利润。

$$
\begin{aligned}
预测营业利润 &= 预测产品销售利润 + 预测其他业务利润 \\
&= 预测产品销售量 \times (预测销售价格 - 预测单位产品销售成本) + \\
&\quad 预测其他业务收入 - 预测其他业务成本
\end{aligned}
$$

【例 4-13】

丙公司生产三类产品,本期销售价格、单位产品销售成本及预测下期产品销售量的数据如表 4-12 所示。预测下期其他业务的资料为:其他业务收入为 30000 元,其他业务成本为 15000 元。根据资料预测丙公司下期的营业利润。

表 4-12　丙公司预测销售数据

单位:元/件,件

产品	本期销售价格	单位产品销售成本	预测下期产品销售量
品种 1	50	10	1000
品种 2	100	60	2000
品种 3	150	80	3000

第一步,预测各类产品的销售利润:

品种 1 销售利润 = 1000 × (50 - 10) = 40000(元)

品种 2 销售利润 = 2000 × (100 - 60) = 80000(元)

品种 3 销售利润 = 3000 × (150 - 80) = 210000(元)

产品销售利润 = 40000 + 80000 + 210000 = 330000(元)

第二步,预测其他业务利润:

其他业务利润 = 30000 - 15000 = 15000(元)

第三步,预测下期的营业利润:

营业利润 = 330000 + 15000 = 345000(元)

2. 相关比率法

相关比率法是指根据与预测利润有关的指标来预测目标利润的一种方法。常用的方法主要有销售额增长率法、资金利润率法以及利润增长率法。

(1)销售额增长率法

销售额增长率法是以基期实际销售利润与预计销售额增长率为依据计算目标利润的方法。该方法假定利润额与销售额同步增长。该方法的前提是,已经对产品在计划期的销售额做出预测或已对销售额的增长率做出预测。

其计算公式如下:

目标利润 = 基期销售利润 × (1 + 预计销售额增长率)

(2)资金利润率法

资金利润率法是根据企业预定的资金利润率,结合基期实际占用资金与未来计划投资额来确定目标利润的一种方法。

其计算公式如下：

$$目标利润 = （基期实际占用资金 + 计划投资额）× 预计资金利润率$$

（3）利润增长率法

利润增长率法是根据企业基期已达到的利润水平，结合过去连续若干年的利润增长率的变动趋势，以及影响利润的有关因素在未来可能发生的变动等情况确定一个相应的预计利润增长率，然后确定未来目标利润的一种方法。

其计算公式如下：

$$目标利润 = 基期利润 × （1 + 预计利润增长率）$$

【例4-14】

丙公司本年度实际销售利润为 33 万元，实际销售收入为 70 万元，假设下一年度计划销售收入为 140 万元。丙公司本年度全部资金占用额为 300 万元，为增加销售收入而扩大生产规模，追加投资 100 万元，预计资金利润率为 10%。丙公司本年度的实际利润总额为 60 万元，根据往年情况，预计利润增长率为 5%。

现要求根据资料，采用销售额增长率法、资金利润率法、利润增长率法分别计算下一年度丙公司的目标利润。

（1）采用销售额增长率法计算下一年度丙公司的目标利润：

$$目标利润 = 33 × （1 + 70/140） = 49.5（万元）$$

（2）采用资金利润率法计算下一年度丙公司的目标利润：

$$目标利润 = （300 + 100） × 10\% = 40（万元）$$

（3）采用利润增长率法计算下一年度丙公司的目标利润：

$$目标利润 = 60 × （1 + 5\%） = 63（万元）$$

3. 经营杠杆系数法

经营杠杆系数法
补充介绍

经营杠杆，又称营业杠杆或营运杠杆，反映销售量和息税前盈利的杠杆关系。通过公式推导，可以发现经营杠杆系数（DOL）就是指销售量对利润的敏感系数，其含义是销售量的一个较小的变动可以导致利润的较大变动，原因在于单位固定成本随着销售量增加呈边际递减的规律。

经营杠杆系数的计算公式为：

$$DOL = （EBIT + F）/EBIT$$

其中，*EBIT* 是指息税前利润，*F* 是指固定成本。

销售量对利润的敏感系数的计算公式为：

$$\frac{\Delta P/P}{\Delta V/V} = \frac{V \times (SP - VC)}{P} = \frac{P + FC}{P}$$

其中，*P* 是指利润，*V* 是指销售量，*SP* 是指销售价格，*VC* 是指单位变动成本，*FC* 是指固定成本。

4.5 资金需要量预测

4.5.1 资金需要量预测概述

由于企业的各个经营活动都离不开资金的支持，所以，在对销售、成本以及利润预测之后，企业还需要对资金需要量进行预测。

资金需要量预测是企业安排运营资金和筹集资金的重要依据。科学合理的资金需要量预测是企业优化资金配置，提高经济效益的重要手段。

资金需要量预测方法——资金习性预测法

资金需要量预测的方法主要包括资金增长趋势预测法、销售百分比法以及信息技术预测法。

4.5.2 资金增长趋势预测法

由于企业赖以生存的经济环境通常是处于变化的状态，所以，企业的资金增长趋势预测一般选用与影响资金变动因素相关的回归方法。影响资金总量变动的因素有很多，但从短期经营决策角度看，引起资金发生增减变动的最直接、最重要的因素是销售规模。在其他因素不变的情况下，销售收入增加，往往意味着企业生产规模扩大，从而需要更多的资金。因此，可以根据最小二乘法的原理，由历史若干期间销售收入和资金量的资料，确定反映销售收入同资金量之间相互关系的回归方程式，从而可以根据预测的销售收入来推算未来期间的资金需要量。回归直线法的原理以及分析方法在前面销售预测、成本预测中已经介绍过，这里直接通过例子介绍该方法的具体应用。

【例 4-15】

乙公司近 5 年的销售收入和资金需要量的基础数据如表 4-13 所示。如果乙公司 2020 年销售收入预测值为 55 亿元，试预测乙公司 2020 年的资金需要量。

表 4-13　基础数据

单位：亿元

年份	销售收入	资金需要量
2015	10	7
2016	20	12
2017	30	22
2018	40	27
2019	50	32

根据回归直线法的原理，对表 4-13 中的数据进行加工整理，计算结果如表 4-14 所示。

表 4-14　计算结果

年份	销售收入 x（亿元）	资金需要量 y（亿元）	xy	x^2
2015	10	7	70	100
2016	20	12	240	400
2017	30	22	660	900
2018	40	27	1080	1600
2019	50	32	1600	2500
$n=5$	$\sum x = 150$	$\sum y = 100$	$\sum xy = 3650$	$\sum x^2 = 5500$

第一步，将表 4-14 中数据代入下面的联立方程组，求解出 a 和 b 的值：

$$\begin{cases} \sum y = na + b \sum x \\ \sum xy = a \sum x + b \sum x^2 \end{cases}$$

$$\begin{cases} 100 = 5a + 150b \\ 3650 = 150a + 5500b \end{cases}$$

$$a = 0.5, b = 0.65$$

第二步，将 a 与 b 的值代入公式 $y=a+bx$，得出 2020 年销售收入预测值为 55 亿元时的预测资金需要量：

$$y = a + bx = 0.5 + 0.65 \times 55 = 36.25 （亿元）$$

4.5.3　销售百分比法

销售百分比法也被称为预计资产负债表法，其预测资金需要量的原理是，假定企业资金需要量的增长随销售规模的扩大而增加，根据资产负债表上各个项目与基期销售收入的比例关系，按照预测期销售收入的增长情况来预测资金需要量以及外部筹资需要量。

当企业的销售规模扩大时，要相应地增加流动资产；如果销售规模扩大较多，就必须增加长期资产。为取得扩大销售规模所需增加的资产，企业需要筹措资金。这些资金，一般来说一部分来自企业的留存收益，另一部分则通过向企业外部筹资取得。通常情况下，当销售增长率较高时，仅依靠留存收益是不能满足企业的资金需要的，即使获利良好的企业也需要进行外部筹资。因此，企业需要预先知道自己的筹资需求，提前安排筹资计划，否则就可能发生资金短缺的问题。

【例 4-16】

甲公司 2020 年的资产负债如表 4-15 所示。2020 年实现销售收入 500000 元。假设 2021 年销售收入增加到 600000 元。采用销售百分比法预测 2021 年资金需要量以及外部筹资需要量。假定 2021 年销售收入有 3% 用于留存收益。

表 4-15　甲公司 2020 年的资产负债表

单位：元

资产		负债与所有者权益	
货币资金	20000	应付账款	50000
应收账款	30000	应交税费	30000
存货	100000	短期负债	50000
预付账款	40000	长期负债	40000
固定资产	80000	实收资本	100000
无形资产	50000	留存收益	50000
合计	320000	合计	320000

第一步，将资产负债表中预计随销售变动而变动的项目分离出来。从表 4-15 中可以看出，较多的销售量不仅会增加货币资金、应收账款、占用金额较多的存货，而且会增加一部分固定资产。所以，在资产负债表中资产一端除预付账款、无形资产外，均属于与销售变动密切相关的项目；在负债与所有者权益这一端，应付账款、应交税费属于随销售增加而增加的负债项目，短期负债、长期负债、实收资本、留存收益等项目与销售量变动的关系并不紧密。

第二步，计算各敏感项目 2020 年的销售百分比。计算结果如表 4-16 所示。

表 4-16　2020 年销售百分比

单位：%

资产	销售百分比	负债与所有者权益	销售百分比
货币资金	4	应付账款	10
应收账款	6	应交税费	6
存货	20	短期负债	不变动

资产	销售百分比	负债与所有者权益	销售百分比
预付账款	不变动	长期负债	不变动
固定资产	16	实收资本	不变动
无形资产	不变动	留存收益	不变动
合计	46	合计	16

第三步，编制预计资产负债表。根据表 4-15 的数据和表 4-16 的计算数据，编制 2021 年预计资产负债表。具体方法是用 2021 年预计的销售收入 600000 元，乘以各个项目在 2020 年资产负债表上占销售收入的百分比，得到 2021 年的预计资产负债表，如表 4-17 所示。由此预测出 2021 年资金需要量以及外部筹资需要量。

表 4-17　2021 年预计资产负债表

项目	2020 年资产负债表（元）	2020 年销售百分比（%）	2021 年预计资产负债表（元）
资产			
货币资金	20000	4	24000
应收账款	30000	6	36000
存货	100000	20	120000
预付账款	40000	不变动	40000
固定资产	80000	16	96000
无形资产	50000	不变动	50000
资产合计	320000	46	366000
负债与所有者权益			
应付账款	50000	10	60000
应交税费	30000	6	36000
短期负债	50000	不变动	50000
长期负债	40000	不变动	40000
负债合计	170000	16	186000
实收资本	100000	不变动	100000
留存收益	50000	不变动	68000
负债与所有者权益合计	320000	16	354000
预测资金需要量			366000
可用资金总额			354000
外部筹资需要量			12000

表 4-17 中 2021 年的留存收益数据为 2020 年的留存收益 50000 元与 2021 年销售收入的 3% 计入的留存收益 18000 元之和，共计 68000 元。预测资金需要量为预计

资产合计数 366000 元。可用资金总额为预计负债与所有者权益合计数 354000 元。用预计资产合计数 366000 元减去可用资金总额 354000 元，即为企业外部筹资需要量 12000 元。

4.5.4　信息技术预测法

随着企业生产经营环境的不断变化，企业对信息挖掘的深度和广度正在不断地提高，传统的预测方法在应对信息高要求的变化方面愈加力不从心。应用传统的方法进行预测，其预测结果由于是在较为严格假设条件下获得的，可能与现实情况相差较远。事实上，影响资金需要量的因素有很多，如宏观的经济政策、中观的产业政策，甚至微观的信用、价格政策，等等。如果在预测时，需要考虑这些因素的影响，那么运用传统的预测方法是比较难预测出来的，往往需要借用一定的信息技术手段。

在企业的实际工作中，已大量借助信息技术手段来辅助工作。例如，最常见的 Office 办公软件，利用 Excel 电子表格辅助进行财务数据处理，还有一些大型企业，投资建立企业的财务预测系统，可以满足多种财务预测需求。

随着大数据挖掘、机器学习等新型人工智能技术的出现，企业进行财务预测的技术手段会发生较大的变化，甚至更新换代。信息技术的发展可以更好地帮助企业管理人员做出决策，根据市场变化，动态调整策略，降低企业经营风险。

思考题

1. 请简述经营预测的内容、步骤有哪些？
2. 请简述定量销售预测与定性销售预测方法的区别是什么？
3. 请简述成本预测的基本步骤有哪些？
4. 请简述利用经营杠杆系数法预测利润的原理是什么？
5. 请简述利用销售百分比法预测资金需要量的步骤有哪些？
6. 请简述销售预测、成本预测、利润预测以及资金需要量预测之间的关系是什么？

练习题

1. 某企业为一家生产并销售女装的服装企业，现根据往年销售数据，利用指数平滑法进行 2022 年的销售预测。已知指数平滑系数为 0.5，2020 年的实际销售量为 100 件，预计销售量比实际销售量多 20 件，2021 年实际销售量比预计销售量少 50 件，则该企业2022年预测销售量为多少件？

2. 某企业的主营业务是生产和销售小汽车发动机，连续 5 年的成本资料如表 4-18 所示。请运用高低点法预测该企业小汽车发动机 2022 年产量为 250 万台时的成本总额。

表 4-18　该企业连续 5 年的成本资料

年份	总产量（万台）	总成本（亿元）
2017	100	10
2018	120	15
2019	110	12
2020	200	35
2021	180	30

3. 某公司的主营业务是生产和销售汽车轮胎，而影响汽车轮胎销售量的主要因素是汽车的销售量。2015~2020 年全国汽车的实际销售量和该公司汽车轮胎的实际销售量数据如表 4-19 所示。

表 4-19　实际销售量数据

项目	2015 年	2016 年	2017 年	2018 年	2019 年	2020 年
轮胎销售量（万条）	5	15	30	25	20	18
汽车销售量（万辆）	2000	2500	3000	2800	2600	2400

假设 2021 年全国汽车的销售量预计为 3500 万辆，请采用因果预测分析法中的回归直线法预测 2021 年该公司轮胎的销售量。

4. 某公司某年的资产负债表如表 4-20 所示。本年度实现销售收入 500000 元。假设下一年度销售收入增加到 1000000 元。采用销售百分比法预测下一年度资金需要量以及外部筹资需要量。假定下一年度销售收入有 5% 用于留存收益。

表 4-20　资产负债表

单位：元

资产		负债与所有者权益	
货币资金	30000	应付账款	50000
应收账款	50000	应付票据	40000
存货	60000	长期负债	50000
预付账款	50000	实收资本	120000
固定资产	110000	留存收益	40000
合计	300000	合计	300000

案例分析

甲公司成立于 2002 年，是一家专注家电配件制造与销售的企业，历经数十载，甲公司积累了丰富的行业经验与管理经验。在制造方面，遵循"专业、经典、独特"的标准。甲公司始终坚持"技术立企"的核心理念，坚定执行"做高质量的好产品"战略，将不断提高技术创新能力和推出高质量的好产品作为其持续发展的核心竞争力。在科技创新方面，公司积极践行 ESG 发展理念，积极响应国家"双碳"战略，瞄准"健康、低碳、智能"的技术发展方向，加大研发投入，持续强化技术领先优势，深耕绿色智能产品，实现产品及技术的持续创新突破，确保产品的高竞争力。在管理方面，甲公司根据企业现有的经济条件和掌握的历史资料以及客观事物的内在联系，运用科学的方法预测分析企业的经营管理活动以辅助决策。

为更好地安排 2021 年的生产和销售等经营活动，甲公司现对其 2021 年的销售、成本、利润以及资金需要量进行预测。为简化分析，假设甲公司是生产和销售单一产品的企业，产销平衡，产品的销售价格为 20 元/件。2020 年甲公司产品的销售资料、成本资料以及资产负债表如表 4-21、表 4-22、表 4-23 所示。请根据资料进行预测。

（1）假设甲公司 2020 年 1~12 月产品销售量的权重分别为 0.02、0.02、0.03、0.03、0.05、0.05、0.1、0.1、0.1、0.15、0.15、0.2，要求用加权平均法预测产品 2021 年 1 月的销售量。

（2）利用上一步预测出的销售量，要求用高低点法预测 2021 年 1 月的成本。

（3）假设销售收入年增长率为 10%，利润与销售收入同步增长，预测 2021 年的利润。

（4）假设销售收入年增长率为 10%，2021 年销售收入的 1% 用于留存收益，预付账款、无形资产、短期负债、长期负债、实收资本、留存收益项目与销售变动的关系不紧密，预测外部筹资需要量。

表 4-21 2020 年甲公司产品的销售资料

单位：件

月份	销售量	月份	销售量
1	1000	7	4500
2	1200	8	5000
3	1500	9	3000
4	3000	10	2500
5	3500	11	2000
6	4000	12	1500

表 4-22　2020 年甲公司产品的成本资料

单位：件，元

月份	产量	成本
1	1000	10000
2	1200	12000
3	1500	15000
4	3000	30000
5	3500	28000
6	4000	32000
7	4500	36000
8	5000	40000
9	3000	30000
10	2500	25000
11	2000	20000
12	1500	15000

表 4-23　2020 年甲公司的资产负债表

单位：元

资产		负债与所有者权益	
货币资金	20000	应付账款	30000
应收账款	50000	应交税费	40000
存货	80000	短期负债	70000
预付账款	40000	长期负债	60000
固定资产	60000	实收资本	80000
无形资产	50000	留存收益	20000
合计	300000	合计	300000

第5章 经营决策

学习目标

1. 了解决策的含义、分类及其程序
2. 理解经营决策的定义、特点及决策时必须考虑的重要因素
3. 学会运用线性规划进行产品最优组合决策的分析
4. 掌握短期经营决策的常用方法
5. 掌握不同情况下生产决策的方法
6. 掌握确定最佳售价的方法

知识框架图

引导案例　　　　　　　　**日本丰田公司短期经营决策**[①]

　　日本丰田公司创立于 1937 年，汽车是其主要产品，经过 60 多年的发展，20 世纪 90 年代末丰田公司年产汽车 400 万辆左右，销往世界上 150 多个国家和地区。丰田公司是日本最大的汽车生产企业，也是仅次于通用公司和福特公司的世界第三大汽车生产企业。除了在日本拥有 10 家工厂外，丰田公司还在美国、澳大利亚、巴西等十几家国家设有装配厂。

引导案例思考题

　　自 20 世纪 70 年代起，汽车企业的市场环境发生了很大的变化。首先，原料价格不断上涨，在石油危机爆发以后，与汽车产品相关的各种原材料价格发生大幅度变化。但是，由于汽油涨价，汽车市场的厂家规模收缩，汽车的售价不能因原料价格的上涨而调高，因此企业的盈利水平降低。其次，市场向产品种类多、小批量的需求模式转

---

　　① 资料来源：丰田中国官方网站，http://www.toyota.com.cn/；〔美〕杰弗瑞·莱克《丰田模式：精益制造的 14 项管理原则》，李芳龄译，机械工业出版社，2016。

变，更多的消费者追求个人偏好的满足，大批量单品种的汽车生产开始向多品种化发展，以为消费者提供更多的选择。同时销售商为了减少存货，订货批量变小。小批量短期交货订单对汽车企业的生产现场管理提出了更高的要求。最后，随着时代的进步，消费者对产品质量的要求日益提高，安全性、社会性、产品责任等与质量相关的要求，使返修工作量增加。石油危机引起的一系列变化冲击着丰田公司的大批量生产体制。有的订货合同被取消了，不能取消的合同就尽量延后。在这种情况下，丰田公司积极调整生产，推行更加合理的生产方式，形成了独树一帜的生产管理模式。

在严格控制生产过程、降低成本以前，丰田公司为实现批量的经济性，超过订单规模确定生产批量，结果经常有一些产品储存于仓库。分析了大批量成本节约额与仓储费增加额后，丰田公司得出结论：大库存费用是所有不合理开支中最大的一项。在推行合理的生产方式后，丰田公司实行"适时适量地生产急需的产品"的生产方式。这种生产方式最大的特点在于，按销量定产量，向前确定各部件的生产批量。

变单品种大批量生产为多品种大批量生产以前，丰田公司的工厂内实行专用生产线制度，即"皇冠"有"皇冠"的生产线，"花冠"有"花冠"的生产线，有多少个品种就有多少种生产线。市场向多品种需求转化后，汽车的品种增加了，各品种的生产批量大小不同，为了既满足品种需求又满足经济批量的要求，丰田公司实行"生产线多用化"，各品种汽车的生产线更换使用或者串起来，使各生产线的品种和数量平均化。

消除任何形式的浪费。采用全自动生产线以后，生产线上许多员工的工作任务只是监视设备是否正常运转，工人的劳动强度和劳动内容都发生了变化。丰田公司为自动化生产线投入了大量资金，如果设备和技术费用增加不能同时带来人工费用减少，新技术设备的效率就很难体现。而实际上，生产线上存在"等待浪费"，即员工有相当多的时间是等待全自动设备的非正常现象的出现。为了减少"等待浪费"，丰田公司调整了员工配置比例，增加每个员工负责的设备台数，减少生产线上的员工。

在推行合理的生产方式过程中，所有的生产调整都以降低成本为标准，高效率、低成本生产加上严格的质量控制，为丰田公司提高国际竞争力奠定了基础。

5.1 决策的概述

本节介绍决策的含义、分类及程序。

5.1.1 决策的含义

决策是指决策者为了实现特定目标，在充分考虑各种可能的前提下，通过必要的计算、分析和判断，从可供选择的方案中选择并决定采用最优方案的过程。

5.1.2　决策的分类

企业的决策贯穿生产经营活动始终，为了全面认识决策内容，正确进行决策分析，可以根据不同的标准对决策进行分类。

1. 按照决策条件的肯定程度分类

按照决策条件的肯定程度可以把决策分为确定型决策、风险型决策和不确定型决策。

确定型决策是指与该类决策相关的各种因素都是确定的，每一种备选方案的相关条件都是已知的，且每一种方案只有一种确定的结果。在进行该类决策时，企业能掌握与决策方案相关的完整的、确定的信息，因此该类决策相对比较简单，且极易做出正确的选择。该类决策的选择标准是最大限度地达到预期目标，如利润最大化、成本最小化等。

风险型决策是指与该类决策相关的影响因素是不确定的，每一种备选方案的相关条件虽然已知，但其发生呈一定的概率分布，导致每一个方案的执行都会出现两种或两种以上的结果。该类决策方案的结果通常不可能完全符合实际情况，决策带有一定的风险性。

不确定型决策是指该类决策的影响因素呈现更大的不确定性，虽然每一种备选方案的相关条件已知，但其发生的概率需由决策者根据自身的经验做出判断，很难采用系统的方法做出正确的决策。该类决策较大地依赖决策者的知识、经验和分析判断的能力。

2. 按照决策项目的时间跨度分类

按照决策项目的时间跨度可以把决策分为短期决策和长期决策。

短期决策是指对企业经济效益的影响在一个运营年度或超过一年的一个运营周期内可以实现的生产经营决策，主要包括生产决策和定价决策等，如亏损产品停产或转产的决策、产品零部件自制或外购的决策等。这类决策的主要特点是不涉及大量资金的投入，投资时间短、见效快，是使企业能够充分利用现有资源以获取最大收益的短期经营决策；一般不需要考虑资金的时间价值，又称战术性决策。

决策分类

长期决策是指对企业经济效益的影响在较长时间内（一年以上）才能实现的决策，如固定资产新建决策、固定资产更新改造决策、新产品研发方案的决策等。这类决策的主要特点是资金投入量大，一般需要企业外部融资获取资金；多指投资时间较长、见效慢的资本性支出决策；需要考虑资金的时间价值，又称战略性决策。

5.1.3 决策的程序

决策是一个基于决策目标，收集相关信息，基于决策标准筛选备选方案，做出最优方案选择的过程。因此，需要按照一定的决策分析步骤有条不紊地进行，通常按以下程序进行。

1. 明确经营问题

具体经营目标的确定应以解决某一经营问题为基础，需要企业在充分分析外部环境或企业内部经营现状的基础上，发现企业经营过程中存在的问题，为进一步改善经营管理、做出经营决策创造条件。

2. 确定决策目标

以解决具体的经营问题为基础，确定决策目标。决策目标的确定便于界定决策的标准，是评价后续备选方案的主要依据和准绳。确定决策目标时需要注意：目标的具体化、目标的可量化、目标的系统化。

3. 设计备选方案

在确定决策目标之后，应考虑现实与可能性，有针对性地制定各种可能实现决策目标的备选方案。备选方案的设计需要在充分利用现有经济资源的基础上，解放思想、集思广益，经过反复斟酌与修改，最终才能形成成熟的备选方案。

4. 收集相关决策信息

在制定出备选方案之后，需要广泛收集与决策相关的信息，如收入、成本、费用、价格等资料。从多种渠道获取相关信息，以保证信息的可靠性，进而保证决策的准确性，此外，在信息收集时需要注意信息的筛选，以保证其与决策的相关性。

5. 评价各备选方案的可行性

利用从多种渠道收集的多样化的相关信息，采用定性和定量的方式对各个备选方案进行分析评价。在评价时一般从技术、经济和客观条件等方面评价方案的先进性、合理性和可行性，从而保证评价的可靠性。

6. 做出最优方案选择

在对各方案进行综合比较分析、权衡利弊的基础上，从中选出能够实现决策目标、有效解决经营问题的最佳方案，该最佳方案是相对而言的。

7. 组织实施方案，跟踪反馈

实施最佳方案是决策分析过程的延伸，组织实施方案的过程是一个不断发现问题、反馈问题、修改方案的过程，使决策过程延伸为决策—实施—反馈—再决策—再实施的动态过程，前期的信息可以为后续的决策提供有用的资料。

5.2　短期经营决策必须考虑的重要因素

本节主要介绍进行短期经营决策时必须考虑的几个重要因素，包括生产能力、相关业务量、相关收入和相关成本等。

5.2.1　生产能力

生产能力是指在一个周期内（一般为一年），在既定的生产技术条件下，企业参与生产的全部固定资产所能生产的产品数量或能够加工处理原材料的数量。它是反映企业生产可能性和加工能力的一个重要指标。

根据对企业产能的利用程度，可以将其划分为以下几种形式。

1. 最大产能

最大产能是指企业在不追加资金投入的条件下，参与生产的全部固定资产所能生产的最大产量或能够加工处理原材料的最大数量，它是产能的上限。

2. 正常产能

正常产能是指企业在充分考虑市场环境、企业市场竞争能力、自身生产能力、各种资源状况及管理水平等条件下，按照企业年度生产规划，应该达到的产能。

3. 剩余产能

剩余产能具体分为绝对剩余产能和相对剩余产能。

（1）绝对剩余产能是指按照企业年度生产规划，被企业所拥有但未被利用的那部分生产能力，即企业最大产能与正常产能之间的差额。

（2）相对剩余产能是指受到外部市场环境或需求变化的影响，企业的生产经营规模小于正常产能而闲置的那部分产能。

4. 追加产能

追加产能是指企业根据生产经营的需要，通过追加资金投入等方式增加现有生产能力，使其超过最大产能的那部分新增产能。

根据所追加产能的持续性分为临时性追加产能和永久性追加产能。

（1）临时性追加产能是指通过经营租赁固定资产的方式而增加的产能。

（2）永久性追加产能是指通过追加固定资产投资而增加的产能。永久性追加产能会改变企业未来经营期的最大产能。

5.2.2　相关业务量

相关业务量是指在短期经营决策中与特定决策内容相关且必须纳入决策分析的

产量或销量。相关业务量一般通过影响相关收入、相关成本等因素影响决策方案的选择。在生产决策中，是否接受低价追加订货的决策和半成品是否深加工的决策，都需要基于相关业务量进行相关收入和相关成本的分析进而才能做出准确的经营决策。因此，相关业务量的分析与判断是短期经营决策的基础和关键。

5.2.3　相关收入

相关收入是指在经营决策中与特定决策方案相关且必须予以考虑的收入。判断是否为相关收入，应以经营决策方案为基础，若某项收入是基于该经营决策方案而产生的，则该收入为相关收入。以该经营决策方案中的单价和相关销量为基础计算相关收入。与之对应的是无关收入，无关收入则是无论该经营决策方案是否发生，均会发生的某项收入。在短期经营决策中，只能考虑相关收入，不能考虑无关收入，否则将会导致决策失误。

5.2.4　相关成本

相关成本是指在经营决策中与特定决策方案相关，必须予以考虑的成本。判断是否为相关成本，要以经营决策方案为基础，如果某项成本只与某个经营决策方案相关，若该方案执行则某项成本发生，若该方案不执行则某项成本不发生，那么该成本即为相关成本。相关成本包括机会成本、差量成本、边际成本、付现成本、专属成本、可避免成本等。

1. 机会成本

机会成本来源于经济学，它的存在以经济资源的稀缺性和多种选择机会为基础，经济资源存在多种用途，由于资源的稀缺性，仅能用于有限的方案，因此，选择其中的某一方案而放弃其他方案可能获利的机会，即以次优方案的可能收益作为最优方案的"损失"。机会成本是经营决策中的相关成本，可以更加全面地评价方案的优劣。

2. 差量成本

差量成本是指在若干备选方案中，由于不同方案之间产能利用程度的差异，造成的不同方案之间成本的差异。

3. 边际成本

在经济学中，边际成本是指产品的产量变化趋于无限小所引起的产品成本的变动。在管理会计中，边际成本是指当业务量或产量增加或减少一个最小经济单位（一台、一个、一件、一批或一组等）时，所引起的成本的变化量。

4. 付现成本

付现成本是指现在或未来的任何经营决策都能够影响并改变其发生额的成本。

5. 专属成本

专属成本是指若企业同时执行多个经营决策方案，那些能够明确其归属于哪一个决策方案的固定成本或混合成本。

6. 可避免成本

可避免成本是指在短期经营决策中并不是一定要发生的那部分成本。某类成本是否可避免，主要取决于决策者的决策，如酌量性成本属于可避免成本。

5.3　短期经营决策的常用方法

本节主要介绍 4 种短期经营决策的常用方法，包括边际贡献分析法、差量分析法、成本无差别点分析法和概率分析法。

5.3.1　边际贡献分析法

边际贡献分析法是指计算备选方案的边际贡献并比较其大小，从中选择最优方案的决策方法。边际贡献是指销售收入扣除变动成本后的余额。企业的全部成本按照成本习性分为变动成本和固定成本，其中固定成本在一定生产量范围内不随产量的变化而变化，决策者无法改变其金额的大小，因此属于不相关成本，在决策时不予考虑（追加的专属固定成本除外）；而变动成本随产量的变化而变化，因此在计算收益时，变动成本属于相关成本，以边际贡献为标准进行决策。应用边际贡献分析法进行方案评价时，以单位边际贡献数值为基础，计算并比较各备选方案的边际贡献总额，从而选出最优方案。其原则为边际贡献总额最大的方案为最优方案。

【例 5-1】

某企业的现有生产能力为 20000 个机器工时（简称"机时"），该生产能力既可以生产甲产品，也可以生产乙产品，甲产品的定额工时为 20 时/件，乙产品的定额工时为 16 时/件，甲、乙两种产品的预期销售单价、单位变动成本和单位边际贡献如表 5-1 所示。

表 5-1　甲、乙两种产品的预期销售单价、单位变动成本和单位边际贡献

单位：元/件

项目	甲产品	乙产品
销售单价	400	250
单位变动成本	320	180
单位边际贡献	80	70

试根据以上资料做出生产甲产品还是乙产品的决策。

利用边际贡献分析法进行评价，过程如下所示。

（1）计算生产甲产品的边际贡献总额：

$$（20000 \div 20）\times 80 = 80000（元）$$

（2）计算生产乙产品的边际贡献总额：

$$（20000 \div 16）\times 70 = 87500（元）$$

（3）生产甲产品与生产乙产品的边际贡献总额的差额：

$$80000 - 87500 = -7500（元）$$

根据上述分析结果，生产乙产品比生产甲产品多获利7500元，因此，应当选择生产乙产品的方案。

5.3.2　差量分析法

差量分析法是指在互斥方案的决策过程中，通过计算不同方案之间的差量并进行对比，得出最优方案的一种决策方法。在运用差量分析法时，应先明确以下几个概念。

（1）差量是指两个备选方案同类指标间的数量差异。

（2）差量收入是指两个备选方案预期收入间的数量差异。

（3）差量成本是指两个备选方案预期成本间的数量差异。

（4）差量损益是指两个备选方案差量收入与差量成本间的数量差异。具体而言，当差量收入大于差量成本，其数量差异为差量收益；当差量收入小于差量成本，其数量差异为差量损失。

应用差量分析法评价方案的原则：如果差量损益指标为正，即为差量收益，则前一个方案优于后一个方案；如果差量损益指标为负，即为差量损失，则后一个方案优于前一个方案。

总体而言，差量分析法只考虑不同方案之间收入或成本的差额部分，极大简化了决策过程，提高了决策效率，因此，常被应用于不涉及专属成本和机会成本的单一方案或多个互斥方案的决策，如亏损产品决策等。

【例5-2】

某企业现有生产条件既可以生产甲产品，也可以生产乙产品，甲、乙两种产品的预期销售量、销售单价和单位变动成本如表5-2所示。

表 5-2　甲、乙两种产品的预期销售量、销售单价和单位变动成本

项目	甲产品	乙产品
销售量(件)	1200	800
销售单价(元/件)	11	15
单位变动成本(元/件)	5	7

试根据以上资料做出生产甲产品还是乙产品的决策。

利用差量分析法进行评价，过程如下所示。

（1）计算差量收入：

$$\text{生产甲产品与乙产品的差量收入} = 1200 \times 11 - 800 \times 15 = 1200(\text{元})$$

（2）计算差量成本：

$$\text{生产甲产品与乙产品的差量成本} = 1200 \times 5 - 800 \times 7 = 400(\text{元})$$

（3）计算差量损益：

$$\text{生产甲产品与乙产品的差量损益} = 1200 - 400 = 800(\text{元})$$

根据上述分析结果，生产甲产品比生产乙产品多获利 800 元，因此应该选择生产甲产品。

5.3.3　成本无差别点分析法

成本无差别点分析法是基于成本性态分析的一种经营决策方法。成本性态分析是指在某一业务量上两个备选方案的总成本相等，但当业务量高于或低于该业务量时，各备选方案则具有不同的业务量优势区域。成本性态分析法是基于各备选方案的业务量优势区域进行最优方案选择的一种决策方法。

设 x 为成本无差别点业务量；a_1、a_2 分别为方案 1、方案 2 的固定成本总额；b_1、b_2 分别为方案 1、方案 2 的单位变动成本；y_1、y_2 分别为方案 1、方案 2 的总成本，则：

$$y_1 = a_1 + b_1 x$$
$$y_2 = a_2 + b_2 x$$

当处于成本无差别点时，两个方案的总成本相等，即：

$$y_1 = y_2$$

则：

$$a_1 + b_1 x = a_2 + b_2 x$$

变形得：

$$x = (a_1 - a_2)/(b_2 - b_1)$$

由此可得：

$$成本无差别点 = \frac{自制增加的专属固定成本}{单位购买价格 - 自制单位变动成本}$$

由此，整个业务量被分成两个区域：$0\sim x$ 和 $x\sim\infty$。其中 x 为成本无差别点，具体如图 5-1 所示。在成本无差别点上，方案 1 和方案 2 的总成本相等。当业务量在 $0\sim x$ 时，方案 1 的总成本较低；当业务量在 $x\sim\infty$ 时，方案 2 的总成本较低。

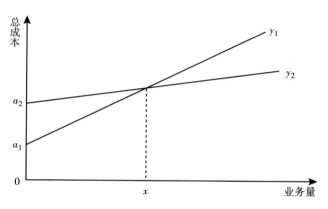

图 5-1　成本无差别点分析法

【例 5-3】

某企业从外部购进零部件 10000 件，每件价格 35 元。如果自制该类零部件，还需要另行租用一台设备，年租金为 50000 元，其他相关数据如表 5-3 所示。

表 5-3　自制零部件的相关成本数据

项目	单位变动成本（元/件）	总成本（元）
直接人工	10	100000
直接材料	7	70000
变动制造费用	5	50000
固定制造费用	4	40000
专属固定成本	3	30000
总计	29	290000

试根据以上资料做出自制零部件还是外购零部件的决策。

根据已知资料，在自制零部件的相关成本中，固定制造费用是企业现有厂房设备的折旧费等，无论企业选择自制还是外购零部件都会发生的成本，属于不相关成本。

使用成本无差别点法进行决策，先确定成本无差别点，即外购总成本与自制总成本相等的业务量。设 x 为产销量，y_1、y_2 分别表示外购总成本与自制总成本，则：

$$y_1 = 35x$$
$$y_2 = 50000 + 25x$$

令 $y_1 = y_2$，则：

$$35x = 50000 + 25x$$

解得：

$$x = 5000（件）$$

因此，成本无差别点为 5000 件，当零部件的需要量超过 5000 件时，企业应选择自制零部件；当零部件的需求量少于 5000 件时，企业应选择外购零部件。

5.3.4　概率分析法

前三种方法都是在备选方案的有关条件已知或确定的情况下做出的决策，但现实中，企业决策时常常面临较多的不确定性，无法采用前三种方法进行决策分析，因此需要采用概率分析法进行决策。

概率分析法是对企业经营过程中的相关因素，如产品的销售量、变动成本等，在一定范围内的变动程度进行估计，从而考虑影响决策的诸多现象，使决策更加趋近于实际情况。应用概率分析法进行决策时，可按照以下步骤进行。

（1）确定与决策结果相关的变量。

（2）确定每个变量的变化范围。

（3）依据决策者的假设或者历史资料，确定每个变量的概率。

（4）计算各个变量相应的联合概率。

（5）将不同联合概率下的结果进行汇总，获得预期值。

【例 5-4】

某企业在进行销售利润决策时，对 A 产品的销售量、变动成本、固定成本进行综合测算：A 产品的预计销售单价为 120 元/件，预计销售量为 90 件或 110 件，其概率分别为 40%和 60%；预计单位变动成本为 25 元/件和 35 元/件，其概率分别为 50%和 50%，预计固定成本总额为 1500 元和 2500 元，其概率分别为 70%和 30%。

由于影响利润的相关因素具有不确定性，因此需要采用概率分析法进行决策。需要将影响销售利润的相关变量包括销售单价、销售量、单位变动成本、固定成本进行组合，计算其销售利润的预期值。

以组合销售单价 120 元/件、销售量 90 件、单位变动成本 25 元/件、固定成本

1500 元为例，计算其可实现的利润：

$$利润 = 销售单价 \times 销售量 - (单位变动成本 \times 销售量 + 固定成本)$$
$$= 120 \times 90 - (25 \times 90 + 1500)$$
$$= 7050(元)$$

根据各影响因素的概率，计算其联合概率：

$$40\% \times 50\% \times 70\% = 14\%$$

在此条件下利润的预期值为：

$$7050 \times 14\% = 987(元)$$

同理，对其他各种可能的组合进行计算，将所有预期值汇总计算出的利润预期值为 7380 元，计算汇总结果如表 5-4 所示。

表 5-4　计算汇总结果

销售量（件）	单位变动成本（元/件）	固定成本（元）	事件组合	利润（元）	联合概率（%）	预期值（元）
90 P=40% / 110 P=60%	25 P=50% / 35 P=50%	1500 P=70% / 2500 P=30%	1	7050	14	987
			2	6050	6	363
			3	6150	14	861
			4	5150	6	309
			5	8950	21	1879.5
			6	7950	9	715.5
			7	7850	21	1648.5
			8	6850	9	616.5
利润预期值（元）				7380		

5.4　生产决策

本节分别介绍品种决策、产品最优组合决策和产品组织决策，其中重点介绍品种决策的几种具体情况，包括新产品开发的品种决策、亏损产品的决策、零部件自制与外购的决策、半成品（或联产品）是否深加工的决策、是否接受低价追加订货的决策等。

5.4.1　品种决策

品种决策主要解决生产什么产品，如生产哪种新产品、亏损产品是否需要停产、零部件是自制还是外购、半成品（或联产品）是否需要深加工、是否接受低价追加订货等。

1. 新产品开发的品种决策

如果企业有剩余的生产能力可供使用，或者可以利用过时产品空出的生产能力，在有几种新产品可供选择时，一般采用边际贡献分析法进行决策。

（1）如果企业还有剩余的生产能力可以使用，有几种新产品可供选择，同时这几种新产品都不需要增加专属固定成本，此时应选择边际贡献总额最多的方案。

【例 5-5】

某企业现在有甲、乙两种新产品可投入生产，但由于企业现有生产能力有限，只能投入生产其中一种新产品，甲、乙两种新产品的相关资料如表 5-5 所示。

表 5-5　甲、乙两种新产品的相关资料

新产品	销售量(件)	售价(元/件)	单位变动成本(元/件)	固定成本总额(元)
甲	400	65	35	8500
乙	500	50	25	8500

计算甲、乙两种新产品的边际贡献总额并进行比较（见表 5-6），以此为标准做出决策。

表 5-6　甲、乙两种新产品的边际贡献总额

项目	甲产品	乙产品
销售量(件)	400	500
售价(元/件)	65	50
单位变动成本(元/件)	35	25
单位边际贡献(元/件)	30	25
边际贡献总额(元)	12000	12500

根据表 5-6 的计算结果，在固定成本总额不变的情况下，乙产品的边际贡献总额比甲产品的边际贡献总额多 500 元，因此，生产乙产品优于生产甲产品。

（2）如果企业还有剩余的生产能力可以使用，有几种新产品可供选择，同时方案存在专属固定成本，首先应计算备选方案剩余边际贡献总额（边际贡献总额减专属固定成本），然后比较不同备选方案的剩余边际贡献总额，进行择优决策。

【例 5-6】

如果例 5-5 中甲产品有专属固定成本（如专用设备的折旧）2000 元，乙产品有专属固定成本 4000 元，则相关分析如表 5-7 所示。

表 5-7　甲、乙两种新产品的剩余边际贡献总额

项目	甲产品	乙产品
边际贡献总额（元）	12000	12500
专属固定成本（元）	2000	4000
剩余边际贡献总额（元）	10000	8500

在此情况下，乙产品的剩余边际贡献总额比甲产品少 1500 元，因此生产甲产品优于乙产品。

（3）如果企业的某项资源（如原材料、人工工时、机器工时等）受限，可以通过计算、比较各备选方案的单位边际贡献进行择优决策，根据边际贡献总额同样也能做出正确的决策。

【例 5-7】

某企业现有设备的生产能力是 50000 个机器工时，利用程度为 75%。现准备利用剩余生产能力开发新产品丙或丁，相关资料如表 5-8 所示。同时在生产丙产品时，需要增加专属设备成本 2000 元。在丙、丁产品市场销售不受限的情况下，采用边际贡献分析法进行方案选择。

表 5-8　丙、丁两种新产品的相关资料

项目	丙产品	丁产品
单位产品定额工时（时/件）	4	5
销售价格（元/件）	60	55
单位变动成本（元/件）	30	20

该企业现有剩余机器工时 12500 小时，根据已知数据编制分析表，如表 5-9 所示。

表 5-9　丙、丁两种新产品的边际贡献总额

项目	丙产品	丁产品
最大产量（件）	12500/4 = 3125	12500/5 = 2500
销售价格（元/件）	60	55
单位变动成本（元/件）	30	20
单位边际贡献（元/件）	30	35
专属固定成本（元）	2000	
边际贡献总额（元）	93750	87500
剩余边际贡献总额（元）	91750	
单位产品定额工时（时/件）	4	5
单位工时边际贡献（元/时）	7.34	7

从计算结果可知，开发新产品丙更有利。丙产品的剩余边际贡献总额为 91750 元，比丁产品的边际贡献总额多 4250 元；丙产品的单位工时边际贡献为 7.34 元/时，比丁产品多 0.34 元/时。因此，无论从边际贡献总额（或剩余边际贡献总额）来判断，还是从单位工时边际贡献来判断，均为生产丙产品的方案最优。

此外，尽管丙产品的单位边际贡献低于丁产品，但由于受其产量的影响，其边际贡献总额（或剩余边际贡献总额）仍较大。因此，单位边际贡献的大小不是进行择优决策的唯一标准。

（4）由于边际贡献总额的大小既取决于单位边际贡献的大小，又受其产量的影响，因此，应该选择边际贡献总额最大的方案。这是因为单位边际贡献最大的产品未必边际贡献总额最大。

2. 亏损产品的决策

当企业的一种产品处于亏损状态时，决策者应当考虑是否停止生产该类产品。一般认为，停止生产亏损产品可以提高企业的整体利润水平。但当亏损产品停产仅减少与之相关的变动成本而不影响企业的固定成本时，亏损产品是否停产、停产能否增加企业利润等问题需要具体问题具体分析。

【例 5-8】

假设某企业本年度共生产甲、乙、丙三种产品，相关具体资料如表 5-10 所示。

表 5-10　甲、乙、丙三种产品的相关资料

项目	甲产品	乙产品	丙产品
产销量（件）	3000	2000	4000
销售单价（元/件）	60	80	100
单位变动成本（元/件）	35	65	85
单位产品生产工时（时/件）	20	25	10
固定成本（元）	150000（按照产品生产工时分配）		

请运用边际贡献分析法做出有关亏损产品是否停产或转产的决策。

根据已知数据，计算甲、乙、丙三种产品的边际贡献和营业利润，如表 5-11 所示。

表 5-11　甲、乙、丙三种产品的边际贡献和营业利润

单位：元

项目	甲产品	乙产品	丙产品	合计
销售收入	180000	160000	400000	740000
变动成本	105000	130000	340000	575000
边际贡献	75000	30000	60000	165000
固定成本	60000	50000	40000	150000
营业利润	15000	-20000	20000	15000

相关计算如下：

$$甲产品生产工时 = 3000 \times 20 = 60000（小时）$$
$$乙产品生产工时 = 2000 \times 25 = 50000（小时）$$
$$丙产品生产工时 = 4000 \times 10 = 40000（小时）$$
$$固定成本分配率 = \frac{150000}{60000 + 50000 + 40000} = 1（元／时）$$
$$甲产品负担的固定成本 = 60000 \times 1 = 60000（元）$$
$$乙产品负担的固定成本 = 50000 \times 1 = 50000（元）$$
$$丙产品负担的固定成本 = 40000 \times 1 = 40000（元）$$

从表 5-11 可知，乙产品亏损 20000 元，从增加企业利润的角度来看，似乎应该停产，但采用边际贡献分析法进行决策，乙产品的边际贡献总额为 30000 元，造成该产品亏损的原因是承担了 50000 元的固定成本。如果盲目停产乙产品，不但不能增加企业的利润，反而会损失更多的利润，损失额度等于该亏损产品能够提供的边际贡献总额，具体结果如表 5-12 所示。

表 5-12　甲、丙两种产品的边际贡献和营业利润

单位：元

项目	甲产品	丙产品	合计
销售收入	180000	400000	580000
变动成本	105000	340000	445000
边际贡献	75000	60000	135000
固定成本	90000	60000	150000
营业利润	−15000	0	−15000

采用差量分析法比较继续生产乙产品与停止生产乙产品两个方案，具体结果如表 5-13 所示。

表 5-13　差量分析结果

单位：元

项目	继续生产乙产品	停止生产乙产品	差量
销售收入总额	740000	580000	160000
变动成本总额	575000	445000	130000
边际贡献总额	165000	135000	30000
固定成本总额	150000	150000	0
营业利润总额	15000	−15000	30000

由此可知，停止生产乙产品，不仅没有增加企业的营业利润总额，反而会降低企业的营业利润总额至 −15000 元，减少了 30000 元，刚好是乙产品的边际贡献总额。

综上分析，当亏损产品的生产能力无法转移时，若亏损产品能提供边际贡献，则应当继续生产该产品；当亏损产品的生产能力可以转移时，可将亏损产品的闲置生产能力转向其他产品，只有转产的产品创造的边际贡献总额大于亏损产品的边际贡献总额，才可以进行转产，相反，若转产产品的边际贡献总额小于亏损产品的边际贡献总额，则应继续生产该亏损产品。

亏损产品是否应当停产的决策需要考虑诸多因素，一般应注意以下几点。

（1）如果亏损产品能够提供边际贡献，弥补一部分固定成本，除特殊情况外，一般不应停产。但如果亏损产品不能提供边际贡献，通常应考虑停产。

（2）亏损产品能够提供边际贡献，并不意味着该亏损产品一定要继续生产。如果存在更加有利可图的机会，能够使企业获得更多的边际贡献，那么亏损产品应该停产。

【例 5-9】

承例 5-8，若某企业停止生产乙产品后可转产丁产品，其销售单价为 200 元/件，单位变动成本为 130 元/件，通过市场销售预测，丁产品一年的销售量为 800 件，丁产品的单位产品生产工时为 62.5 时/件。转产丁产品需要追加机器设备投资 15000 元。是否应当停产乙产品进而转产丁产品？

在转产决策中，只要转产丁产品提供的边际贡献总额（或剩余边际贡献总额）大于亏损乙产品提供的边际贡献总额，就可以做出转产的决策。丁产品剩余边际贡献总额计算如下：

$$丁产品的销售收入 = 200 \times 800 = 160000(元)$$
$$丁产品的变动成本 = 130 \times 800 = 104000(元)$$
$$丁产品的边际贡献总额 = 160000 - 104000 = 56000(元)$$
$$丁产品的专属固定成本 = 15000(元)$$
$$丁产品的剩余边际贡献总额 = 56000 - 15000 = 41000(元)$$

根据计算可知，丁产品提供的剩余边际贡献总额比乙产品提供的边际贡献总额多 11000 元，说明转产丁产品比继续生产乙产品更加有利可图，此时企业利润总额将增加至 26000 元，增加利润 11000 元，具体结果如表 5-14 所示。

表 5-14　差量分析结果

单位：元

项目	转产丁产品	继续生产乙产品	差量
销售收入总额	740000	740000	0
变动成本总额	549000	575000	-26000
边际贡献总额	191000	165000	26000
固定成本总额	165000	150000	15000
专属固定成本	15000		
营业利润总额	26000	15000	11000

（3）在生产、销售条件允许的情况下，企业大力发展能够提供边际贡献的亏损产品，也会扭亏为盈，并增加企业的利润。

【例5-10】

承例5-8，若该企业乙产品的销售收入由160000元提高到320000元，假设固定成本的分配比例不变，企业将盈利45000元，其中乙产品盈利10000元，具体结果如表5-15所示。

表5-15　甲、乙、丙三种产品的盈亏计算结果

单位：元

项目	甲产品	乙产品	丙产品	合计
销售收入	180000	320000	400000	900000
变动成本	105000	260000	340000	705000
边际贡献	75000	60000	60000	195000
固定成本	60000	50000	40000	150000
营业利润	15000	10000	20000	45000

（4）对不提供边际贡献的亏损产品，不能不加区别地予以停产。首先，应努力降低成本，以期转亏为盈；其次，可以在市场允许的条件下通过适当增加销售价格来扭亏为盈；最后，应考虑企业的产品结构和社会效益。

总之，对于亏损产品的决策涉及的因素较多，需要从不同的角度设计方案并进行择优决策。

3. 零部件自制与外购的决策

当企业自身对零部件具备加工能力时，会出现所需零部件是自制还是外购的决策选择。由于所需零部件的数量不受自制还是外购选择的影响，因此只需要考虑自制和外购的成本问题，在相同数量、质量和及时供货的情况下，选择成本较低的方案。

（1）外购不减少固定成本时的决策。若企业既可以从市场上买到所需的零部件，也可以自己生产该类零部件，且产品质量相当，此时会考虑零部件自制还是外购。在自制与外购的决策中，企业生产该零部件的能力不能转移，若自制单位变动成本大于购买价格，应当选择外购；若自制单位变动成本小于购买价格，应当选择自制。

【例5-11】

某公司生产某种产品需要A零部件10000件，A零部件若选择自制，其单位成本为65元/件，包括单位变动成本40元/件，单位固定成本25元/件，且该生产能力不能转移，市场上该零部件的售价为45元/件。试问该企业应当选择自制还是外购？

由于该公司生产A零部件的能力不能转移，且自制零部件的单位变动成本40

元/件小于外购零部件的单位价格 45 元/件，因此应当选择自制。

（2）自制增加固定成本时的决策。企业所需的零部件既可以外购，又可以自制，但是若企业选择自制，会额外增加一部分专属固定成本（如购置专用设备），此时，自制方案的单位成本不仅包括单位变动成本、单位固定成本，还包括单位专属固定成本。因此在决策中，若自制单位成本大于购买价格，则选择外购；若自制单位成本小于购买价格，则选择自制。

【例 5-12】

某公司生产某种产品需要 A 零部件 2000 件，以前一直通过外购来满足对该零部件的需求，购买价格为 10 元/件。现在公司有一部分不能转移的生产能力可用于生产该零部件，但需要增加专属固定成本 2500 元，自制单位变动成本为 8 元/件。试问该公司应该选择自制还是外购？

解：设外购增量成本为 y_1，自制增量成本为 y_2，该零部件的年需要量为 x，则：

$$外购增量成本\ y_1 = 10x$$
$$自制增量成本\ y_2 = 2500 + 8x$$

外购增量成本与自制增量成本相等时的零部件年需要量，即成本无差别点为：

$$x = 1250(件)$$

因此，成本无差别点的计算公式为：

$$成本无差别点 = \frac{自制增加的专属固定成本}{单位购买价格 - 自制单位变动成本}$$

若零部件年需要量大于 1250 件时，外购增量成本大于自制增量成本，企业应当选择自制；若零部件年需要量小于 1250 件时，外购增量成本小于自制增量成本，企业应当选择外购。

（3）外购时有租金收入时的决策。当企业所需零部件既可以外购也可以自制，并且自制所用的企业生产能力可以转移时，通过出租剩余生产能力可以获得租金收入，在进行自制方案与外购方案的选择时，必须将该租金收入作为自制方案的机会成本予以考虑。当自制方案的变动成本与租金收入之和大于外购成本时，企业应当选择外购；反之则应选择自制。

【例 5-13】

某企业每年因生产需要 A 零部件 1500 件，该零部件企业既可以自制获得，也可以通过外购获得，若企业自制，自制单位变动成本为 20 元/件；若企业外购，外购的单位价格为 28 元/件，同时企业可将生产该零部件的生产能力予以出租，每年的租金收入为 9000 元。该企业应该选择自制还是外购？

该决策的计算评价结果（自制与外购方案的增量成本）如表 5-16 所示。

表 5-16　自制与外购方案的增量成本对比结果

单位：元

项目	自制增量成本	外购增量成本
外购成本		28×1500＝42000
自制变动成本	20×1500＝30000	
租金收入	9000	
合　计	39000	42000
差量	42000－39000＝3000	

由计算结果可知，企业应当选择自制方案，自制比外购减少成本 3000 元。

4. 半成品（或联产品）是否深加工的决策

半成品是否进一步
加工的计算公式

某些企业所生产的产品，既可以直接对外出售，也可以经过加工后出售。例如企业生产的牛肉，它可以直接对外出售，也可以进一步加工成牛肉罐头、牛肉干等产品后出售。此类企业面临进行直接对外出售还是深加工出售的方案选择。

在此类决策中，进一步加工前的半成品所产生的所有成本都属于沉没成本，企业无论是否进行深加工，这些成本都已经发生且不能改变，因此属于不相关成本；相关成本只包括因需要进一步加工所追加的成本。该类决策通常采用差量分析法。

【例 5-14】

某企业生产 A 半成品 10000 件，销售单价为 60 元/件，单位变动成本为 30 元/件，全年固定成本总额为 25000 元。若 A 半成品进一步加工为 B 产品，每件产品需要追加变动成本 20 元，B 产品的销售单价为 90 元/件。

（1）若该企业具备进一步加工 10000 件 A 半成品的能力，该生产能力不能转移，且需要追加专属固定成本 60000 元。该企业应该选择进一步加工还是直接出售？

根据已知资料对两种决策进行差量分析，结果如表 5-17 所示。

表 5-17　差量分析结果

单位：元

项目	进一步加工	直接出售	差量
相关收入	90×10000＝900000	60×10000＝600000	300000
相关成本	260000	0	260000
变动成本	20×10000＝200000		
专属固定成本	60000		
差量损益			40000

由表 5-17 可知，进一步加工会使企业增加收益 40000 元，企业应当进一步加工 A 半成品。

（2）若该企业只具备进一步加工 8000 件 A 半成品的能力，该生产能力可用于对外承揽加工业务，预计一年可获得收益 85000 元。该企业应该选择进一步加工还是直接出售？

根据已知资料对两种决策进行差量分析，结果如表 5-18 所示。

表 5-18　差量分析结果

单位：元

项目	进一步加工	直接出售	差量
相关收入	90×8000 = 720000	60×8000 = 480000	240000
相关成本	245000	0	245000
变动成本	20×8000 = 160000		
机会成本	85000		
差量损益			−5000

由表 5-18 可知，进一步加工会使企业降低收益 5000 元，企业应该选择直接出售 A 半成品。

5. 是否接受低价追加订货的决策

当企业还有一定的剩余生产能力可以利用时，如果其他企业要求以低于正常价格甚至低于计划产品的平均单位成本的特殊定价追加订货，企业是否可以考虑接受这种条件苛刻的追加订货要求？应该具体情况具体分析。

（1）若追加订货不影响本期正常销售任务的完成，利用企业剩余生产能力就可以完成追加的订货，不需要追加专属成本，且在剩余生产能力不能转移的情况下，只要特殊订货单价大于该产品的单位变动成本，就可以接受该追加订货。

（2）若该订货要求需要追加专属成本，其他条件同（1），则接受该追加订货方案的条件是该方案的边际贡献大于追加的专属成本。

（3）若企业相关的剩余生产能力可以转移，其他条件同（1），则应该将转移该生产能力的可能收益作为追加订货方案的机会成本，当追加订货创造的边际贡献大于机会成本时，则可以接受订货。

（4）若追加订货影响企业的正常销售，即剩余生产能力不能满足全部的追加订货，从而会减少正常的销售量，其他条件同（1），则应该将因此而减少的正常边际贡献作为追加订货方案的机会成本。当追加订货的边际贡献可以弥补这部分的机会成本时，则可以接受订货。

【例 5-15】

甲企业本年度计划生产甲产品 1500 件，销售单价为 50 元/件。甲产品的成本构成资料如表 5-19 所示。

表 5-19 甲产品的成本构成资料

单位：元/件，元

项目	单位成本	总成本
直接材料	15	22500
直接人工	10	15000
变动制造费用	5	7500
固定制造费用	10	15000
单位产品成本	40	60000

4 月，乙企业向甲企业订购 500 件甲产品，特殊订货价格为 35 元/件。就以下各不相关的方案做出是否接受追加订货的决策。

（1）甲企业最大生产能力为 2000 件，且剩余生产能力不能转移，追加订货不需要专属成本。

（2）甲企业最大生产能力为 1800 件，且剩余生产能力不能转移，追加订货不需要专属成本。

（3）甲企业最大生产能力为 2000 件，且剩余生产能力不能转移，但追加订货需要增加专用设备，该设备价值 1000 元。

（4）甲企业最大生产能力为 1920 件，剩余生产能力可以转移，若对外出租可获得租金收入 300 元，追加订货需要 800 元专属成本。

解：各方案的具体决策过程如下。

（1）在方案（1）中，甲产品的单位变动成本为 30 元/件（15+10+5），特殊订货价格为 35 元/件，特殊订货价格大于单位变动成本，可额外获得 2500 元的利润，可以接受追加订货。

（2）在方案（2）条件下的计算结果如表 5-20 所示。

表 5-20 接受与拒绝追加订货的计算结果

单位：元

项目	接受追加订货	拒绝追加订货
销售收入	82500	75000
正常订货收入	1300×50＝65000	1500×50＝75000
追加订货收入	500×35＝17500	

续表

项目	接受追加订货	拒绝追加订货
总成本	69000	60000
变动成本	1800×30 = 54000	1500×30 = 45000
固定成本	15000	15000
利润	13500	15000

接受追加订货的利润为 13500 元，拒绝追加订货的利润为 15000，接受比拒绝少获得 1500 元的利润，所以企业不应当接受追加订货。

（3）在方案（3）条件下的差量分析结果如表 5-21 所示。

表 5-21　差量分析结果

单位：元

项目	接受追加订货	拒绝追加订货	差量
相关收入	500×35 = 17500	0	17500
相关成本	16000	0	16000
变动成本	500×30 = 15000		
专属成本	1000		
差量损益			1500

接受追加订货可多获得 1500 元利润，应当接受追加订货。

（4）在方案（4）条件下的相关损益分析结果如表 5-22 所示。

表 5-22　相关损益分析结果

单位：元

项目	接受追加订货	拒绝追加订货并出租
相关收入	500×35 = 17500	300
相关成本	17400	
变动成本	420×30 = 12600	
专属成本	800	
机会成本	80×50 = 4000	
相关损益	100	300

接受追加订货的相关损益比拒绝追加订货的相关损益少 200 元，所以不应该接受追加订货。

5.4.2　产品最优组合决策

企业的资源是有限的，对于生产多种产品的企业，需要考虑如何将有限的资源进行充分的分配利用。由于企业的生产能力受到机器设备能力、原材料供应、动力供给、厂房规模、劳动力数量等多种因素的限制，因此，企业需要合理安排有限的资源，使各种产品达到最优组合，从而实现最佳经济效益。

【例5-16】

某企业有甲、乙两个生产部门，现有生产能力分别为47400机时和72000机时。甲、乙两个生产部门可加工生产A、B两种产品，相关资料如表5-23所示。

表5-23　企业生产能力情况

产品	单位产品所需生产能力（时/件）		产品订货量（件）	单位产品利润（元/件）
	甲部门	乙部门		
A	30	8	1500	20
B	6	24	3000	18

根据以上资料，企业应该怎样分配A、B两种产品的产量，才能既充分利用企业现有的生产能力，又能使企业利润达到最大化。

该决策可以采用两种方法进行分析。

1. 逐次测试法

逐次测试法是指根据有关资料，分别计算不同产品组合情况下的利润总额。现对例5-16采用逐次测试法求得最优产品组合。

第一次测试。根据表5-23无法判断A、B两种产品的数量分别为多少是最优的，可以假设先确定A产品的产量，如果各部门还有剩余的生产能力，再用于生产B产品，根据其结果再进行调整测试，具体安排及结果如表5-24所示。

表5-24　第一次测试情况

产品	产量（件）	所用机时		利润（元）
		甲部门	乙部门	
A	1500	45000	12000	30000
B	400	2400	9600	7200
合计	1900	47400	21600	37200
可用机时		47400	72000	
剩余机时		0	50400	

第一次测试的结果表明优先确定A产品1500件，然后再确定B产品400件，甲部门没有剩余生产能力，但乙部门还剩50400机时的生产能力，说明没有充分利用企业现有的生产能力，需要进行第二次测试。

第二次测试。第二次测试首先安排 B 产品的产量，若还有剩余生产能力，再安排 A 产品的生产，根据测试结果进行调整。具体结果如表 5-25 所示。

表 5-25　第二次测试情况

产品	产量（件）	所用机时		利润（元）
		甲部门	乙部门	
A	0	0	0	0
B	3000	18000	72000	54000
合计	3000	18000	72000	54000
可用机时		47400	72000	
剩余机时		29400	0	

第二次测试结果表明先安排 B 产品的生产，乙部门的生产能力可以全部用完，因此没有剩余生产能力用于生产 A 产品，而甲部门还有 29400 机时的剩余生产能力。本次的结果比第一次的结果要理想，因为剩余生产能力从 50400 机时降低到 29400 机时，利润总额从 37200 元增加到 54000 元。但仍不是最理想的，需要进行第三次测试。

第三次测试。在第二次测试的基础上，为了使甲部门的 29400 机时的剩余生产能力得到充分利用，应适当减少 B 产品的生产，增加 A 产品的生产，需要具体确定减少和增加的额度，以用完剩余生产能力。从所获资料可知，乙部门少生产一件 B 产品可以匀出 24 个机时用于生产 3 件（24÷8）A 产品，增加利润 42 元（3×20-1×18）。

设 B 产品减少的产量为 x 件，则 A 产品可多生产 $3x$ 件，根据以上信息可知：

$$30 \times 3x + 6 \times (3000 - x) = 47400$$

解得：

$$x = 350（件）$$

表 5-26 的计算结果表明，该企业为了充分利用现有生产能力，使利润总额达到最大，应选择生产 A 产品 1050 件，B 产品 2650 件。

表 5-26　第三次测试情况

产品	产量（件）	所用机时		利润（元）
		甲部门	乙部门	
A	1050	31500	8400	21000
B	2650	15900	63600	47700
合计	3700	47400	72000	68700
可用机时		47400	72000	
剩余机时		0	0	

2. 线性规划图解法

线性规划是在满足线性不等式的约束条件下，使线性目标函数最优化的一种数学方法。如果只有两个变量，可以配合图解法确定目标函数的最优解。企业的类似决策如果采用线性规划图解法求解最优产品组合会更为简单和直观。现对例 5-16 采用线性规划图解法求得最优产品组合。

设 x 为 A 产品的产量，y 为 B 产品的产量，p 为可提供的利润，目标函数为：

$$p = 20x + 18y$$

两种产品的产量受以下条件的限制：

$$30x + 6y \leqslant 47400$$
$$8x + 24y \leqslant 72000$$
$$0 \leqslant x \leqslant 1500$$
$$0 \leqslant y \leqslant 3000$$

将组成约束条件的各个方程转化为等式并在直角坐标系中作图，如图 5-2 所示。

$$L_1 : y = 7900 - 5x$$
$$L_2 : x = 9000 - 3y$$
$$L_3 : x = 1500$$
$$L_4 : y = 3000$$

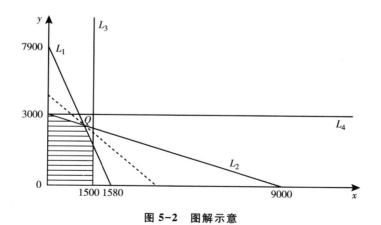

图 5-2 图解示意

图 5-2 中的 L_1、L_2、L_3、L_4 分别为上述各约束方程转化为等式后的直线，即 L_1 为甲部门的最高产量线，L_2 为乙部门的最高产量线，L_3 为 A 产品的最高订货量，L_4 为 B 产品的最高订货量，因此，满足上述约束条件的可行解一定位于图中阴影区域内。

要让目标函数 $p = 20x + 18y$ 达到最大，就要在阴影区域内寻找达到最大的点 (x, y)。

因为目标函数的斜率为 -1.1（$-\dfrac{20}{18}=-1.1$），所以可在图中做一个斜率为 -1.1 的平行线，该平行线为等利润线，如图 5-2 中的虚线所示。因此，最优解应是这一条等利润线中离原点最远、纵截距最大，又与阴影区域相交的一个点，位于该等利润线上又满足约束条件的点可在图中确定，即 L_1 和 L_2 的交点 Q。Q 点的坐标可以通过 L_1 和 L_2 的联立方程组求得：

$$\begin{cases} y = 7900 - 5x \\ x = 9000 - 3y \end{cases}$$

解得：

$$x = 1050, y = 2650$$
$$p = 20 \times 1050 + 18 \times 2650 = 68700（元）$$

可知生产 1050 件 A 产品，生产 2650 件 B 产品，既能使两个部门的生产能力得到充分利用，又能使企业的利润达到最大。

5.4.3　产品组织决策

1. 最优生产批量决策

企业全年总产量规模较大，通常采用分批的方式组织生产。在全年产量既定的情况下，生产批量与生产批次成反比，生产批量越大，生产批次越少。在不同生产批量或生产批次的情况下，收入并不一定存在差异，需要进行成本差异分析。在产品生产成本中，单位变动成本和固定制造费用与生产批量或生产批次不相关，与其相关的成本是生产准备成本和储存成本，最优生产批量是使生产准备成本和储存成本之和最小的生产批量。具体决策方法请见第 7 章。

2. 生产工艺决策

生产工艺是指加工制造产品或零部件所使用的机器、设备及加工方法的总称。同一种产品或零部件，通常可以采用不同的生产工艺进行加工。当采用某一种生产工艺时，可能固定成本较高，但单位变动成本较低；而采用另一种生产工艺时，可能固定成本较低，但单位变动成本较高。通常，生产规模较大时最好选择单位变动成本较低的生产工艺，该方案通常固定成本较高；生产规模较小时最好选择固定成本较低的生产工艺，该方案通常单位变动成本较高。如何确定界限是决策的关键问题。

【例 5-17】

某公司生产甲产品，有 A、B、C 三种方案可供选择，其成本资料如表 5-27 所示。

表 5-27　某公司的成本资料

单位：元，元/件

方案	专属固定成本	单位变动成本
A	1100	4
B	800	8
C	600	12

解：根据表 5-27，可以绘制图形，如图 5-3 所示。设 X_{AC}、X_{BC}、X_{AB} 三个成本无差别点的产量分别为 x_1、x_2、x_3，则有：

$$1100 + 4x_1 = 600 + 12x_1$$
$$x_1 = 62.5(件)$$
$$800 + 8x_2 = 600 + 12x_2$$
$$x_2 = 50(件)$$
$$1100 + 4x_3 = 800 + 8x_3$$
$$x_3 = 75(件)$$

因此，整个产量区域被划分为 0~50 件、50~62.5 件、62.5~75 件、75 件以上四个区域。由图 5-3 可以看出，当产品预计产量少于 50 件时，C 方案成本最低，为最优方案；当产品预计产量在 50~75 件时，B 方案成本最低，为最优方案；当产品预计产量大于 75 件时，A 方案成本最低，为最优方案。

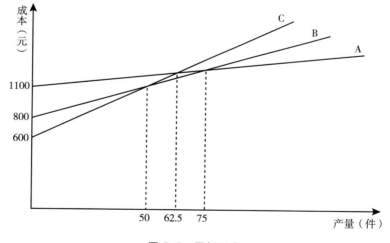

图 5-3　图解示意

3. 根据成本分配生产任务的决策

当一种零部件或产品可以由多种设备加工或由多个车间生产时，就存在由哪个设备或哪个车间加工最为有利的问题。在面临多种选择的情况下，根据相对成本或单位变动成本分配生产任务，往往可以降低生产费用。

（1）根据相对成本分配生产任务。实际工作中，有些零部件可以在不同类型、不同精密度的设备上生产，因此，在更换品种、变更生产计划的情况下，常常会用比较先进、比较大型或比较精密的设备加工技术要求较高的零部件，从而使相同的零部件在不同车间或设备上具有不同的单位成本。

为了保证企业在完成任务的同时降低生产成本，可以采用相对成本分析的方法，将各种零部件的生产任务分配给各个生产车间或设备，从而降低零部件的总成本。

所谓相对成本，是指当在一种设备上可以加工几种零部件时，以一种零部件的单位成本为基数（一般为1），将其他各种零部件的单位成本逐一与之相比较而得到的倍数。

【例 5-18】

某企业有甲、乙、丙三种零部件，原计划由 A 小组完成生产，成本较低。市场扩张使这三种零部件的需求量增大，因而必须将一部分生产任务交给 B 小组。A 小组的生产能力为 2500 工时，B 小组的生产能力为 1500 工时。基础数据资料如表 5-28 所示。

表 5-28　基础数据资料

零部件种类	单位成本（元/件）		计划产量（件）	需用工时	
	A 小组	B 小组		单位零部件（时/件）	总计（工时）
甲	52	60	220	3	660
乙	82	88	440	4	1760
丙	45	50	580	2	1160
合计					3580

分析时，首先应根据上述资料计算相对成本，如表 5-29 所示。

表 5-29　相对成本资料

零部件种类	以甲零部件的单位成本为基数		以乙零部件的单位成本为基数		以丙零部件的单位成本为基数		适宜的生产部门
	A 小组 ①	B 小组 ②	A 小组 ③	B 小组 ④	A 小组 ⑤	B 小组 ⑥	
甲	1	1	0.634	0.682	1.156	1.2	A 小组
乙	1.577	1.467	1	1	1.822	1.76	B 小组
丙	0.865	0.833	0.549	0.568	1	1	A、B 小组

相对成本的计算方法以表 5-29 中①栏和④栏为例，说明如下。

①栏中相对成本的计算：

$$\frac{52}{52} = 1; \frac{82}{52} = 1.577; \frac{45}{52} = 0.865$$

④栏中相对成本的计算：

$$\frac{60}{88} = 0.682; \frac{88}{88} = 1; \frac{50}{88} = 0.568$$

①栏的相对成本表示在 A 小组 1 件乙零部件的成本相当于 1.577 件甲零部件的成本，1 件丙零部件的成本相当于 0.865 件甲零部件的成本。

对相对成本资料进行逐行观察比较，以确定各种零部件的生产任务在 A、B 生产小组的分配情况。

第一行为甲零部件的相对成本，A 小组的 0.634<B 小组的 0.682，A 小组的 1.156<B 小组的 1.2，所以甲零部件的生产应该分配给 A 小组。

第二行为乙零部件的相对成本，A 小组的 1.577>B 小组的 1.467，A 小组的 1.822>B 小组的 1.76，因此乙零部件的生产应该分配给 B 小组。但是由于 A 小组的绝对成本低于 B 小组，所以如果 A 小组有剩余工时，应尽量用完。

第三行为丙零部件的相对成本，A 小组的 0.865>B 小组的 0.833，A 小组的 0.549<B 小组的 0.568，因此丙零部件交给 A、B 小组生产都可以，但由于 A 小组的绝对成本低于 B 小组，所以应当首先交给 A 小组进行生产。

根据以上分析，甲、乙、丙零部件的生产任务分配资料如表 5-30 所示。在生产任务分配资料的基础上进行成本计算，结果如表 5-31 所示。

表 5-30　生产任务分配资料

零部件种类	A 小组			B 小组			合计		
	产量（件）	单位工时（时/件）	需用工时（工时）	产量（件）	单位工时（时/件）	需用工时（工时）	产量（件）	单位工时（时/件）	需用工时（工时）
甲	220	3	660				220	3	660
乙	170	4	680	270	4	1080	440	4	1760
丙	580	2	1160				580	2	1160
合计			2500	合计		1080	合计		3580
生产能力			2500	生产能力		1500	生产能力		4000
剩余生产能力			0	剩余生产能力		420	剩余生产能力		420

表 5-31 成本计算结果

零部件种类	A 小组			B 小组			合计(元)
	产量(件)	单位成本(元/件)	总成本(元)	产量(件)	单位成本(元/件)	总成本(元)	
甲	220	52	11440				11440
乙	170	82	13940	270	88	23760	37700
丙	580	45	26100				26100
合计	—	—	51480	—	—	23760	75240

表 5-31 中的 75240 元是生产甲、乙、丙三种零部件在分配生产任务的各种方案中可能达到的最低总成本。在决策中,伴随着生产部门的增多,生产零部件种类的增加,采用相对成本分析法能够更加便捷地制定最优生产任务分配方案。

(2)根据单位变动成本分配生产任务。在实际生产中,针对同一种产品,各个车间的生产成本是存在差异的,若生产任务增加,同时各个生产车间存在剩余生产能力的情况下,就存在如何将增加的生产任务在各个生产车间进行分配的问题。为了达到总成本最低的目的,应以单位变动成本为判断标准,将增产的任务分配给单位变动成本最低的车间。

需要注意的是,不应以单位成本作为判断标准,将增产任务分配给单位成本最低的车间。因为按照完全成本法计算的单位成本中包括各车间的固定成本,其作为与决策无关的成本不应予以考虑,否则可能导致错误决策。

【例 5-19】

某企业的 A、B 两个车间生产同一种产品,上一年两车间各生产了 1600 件。本年度预计增产 1000 件,A、B 两个车间均有剩余生产能力。A、B 两个车间的相关资料如表 5-32 所示。

表 5-32 A、B 车间相关资料

项目	A 车间	B 车间	合计
产量(件)	1600	1600	3200
单位变动成本(元/件)	3	4	—
变动成本(元)	4800	6400	11200
固定成本(元)	6000	4000	10000
总成本(元)	10800	10400	21200
单位成本(元/件)	6.75	6.5	—

由表 5-32 可知，如果以单位成本作为增产任务的分配标准，则 B 车间应该承担增产任务（B 车间的单位成本 6.5 元/件＜A 车间的单位成本 6.75 元/件）。增产1000 件产品前后 B 车间的成本资料如表 5-33 所示。

表 5-33　增产 1000 件产品前后 B 车间的成本资料

项目	增产前	增产后	差额
产量（件）	1600	2600	1000
单位变动成本（元/件）	4	4	0
变动成本（元）	6400	10400	4000
固定成本（元）	4000	4000	0
总成本（元）	10400	14400	4000

如果以单位变动成本作为增产任务的分配标准，则 A 车间应承担增产任务（A车间的单位变动成本 3 元/件＜B 车间的单位变动成本 4 元/件）。增产 1000 件产品前后 A 车间的成本资料如表 5-34 所示。

表 5-34　增产 1000 件产品前后 A 车间的成本资料

项目	增产前	增产后	差额
产量（件）	1600	2600	1000
单位变动成本（元/件）	3	3	0
变动成本（元）	4800	7800	3000
固定成本（元）	6000	6000	0
总成本（元）	10800	13800	3000

从 A、B 两个车间增产 1000 件产品前后成本资料的对比中可以看出，B 车间增产 1000 件产品总成本需要增加 4000 元，A 车间增产 1000 件产品总成本需要增加3000 元，A 车间比 B 车间总成本增加量少 1000 元。所以应以单位变动成本的高低作为分配增产任务的标准，而不应以单位成本的高低作为标准，因为单位成本中的固定成本总额是固定不变的，属于无关成本。

5.5　定价决策

本节在简要介绍产品定价的影响因素、定价决策原理的基础上，重点介绍几种基本的产品定价方法，包括完全成本加成定价法、变动成本加成定价法、边际成本定价法、弹性定价法、反向定价法等。

5.5.1　产品定价的影响因素

产品价格的制定是否恰当，决定了产品能否被市场接受，也直接影响该产品的市场竞争地位和市场占有份额。通常影响价格制定的基本因素包括以下几个方面。

产品定价策略

1. 成本因素

成本是影响定价的最基本的因素。从长期看，产品价格应该等于总成本加合理利润，否则企业将无利可获，最终导致停产；从短期看，企业应该根据成本结构合理确定产品价格，产品价格必须高于平均变动成本，便于掌握盈亏，减少经营风险。

2. 需求因素

市场需求与价格的关系可以简单地用市场需求潜力与需求价格弹性来反映。市场需求潜力是指在一定的价格水平下，市场需求可能达到的最高水平；需求价格弹性是指在其他条件不变的情况下，产品需求量随价格变动而变动的程度，用需求量变动率与价格变动率的比值来表示。需求价格弹性比较大的商品，其价格调整对市场需求的影响比较大，相反，需求价格弹性比较小的商品，其价格调整对市场需求的影响比较小。

3. 商品的市场生命周期因素

商品的市场生命周期包括投入期、成长期、成熟期和衰退期。不同阶段的定价策略会有所不同。在投入期，商品价格既要补偿高成本，又要能被市场接受；在成长期和成熟期，产品的销售量较大，企业要扩大市场份额，必须稳定价格以利于市场开拓；在衰退期，一般采取降价策略，便于充分发挥产品的经济效益。

4. 竞争因素

产品竞争的激烈程度影响定价，竞争越激烈，对价格的影响越大。在完全竞争市场下，企业几乎没有定价的自主权；在不完全竞争市场下，竞争的强度主要取决于产品制造的难易程度和供求关系。由于竞争影响产品定价，企业要做好定价工作，需要充分了解竞争者的情况：主要竞争对手是谁，竞争能力如何，主要竞争者的具体定价策略是什么。

5. 政策法规因素

国家政策法规也影响产品定价。例如，国家一般对农产品实行补贴政策，而对烟、酒等行业有特殊的征税政策。政府如果取消对行业的限制，则行业产品的价格就完全由市场决定。

6. 科技因素

科学技术也必然影响产品的销售价格。随着科学技术的逐步发展并不断应用于生产中，新产品、新工艺、新材料层出不穷，旧产品、旧工艺、旧材料被逐渐取代，新的产业结构、竞争结构和消费结构逐步形成，如高清电视替代传统彩电。

7. 相关产品的销售量

某些行业产品的销售量常常取决于与之相关行业的产品销售量，如轮胎业与汽车业、水泥业与建筑业、纺织业与服装业等，后者的销售量必然影响前者的销售量，因此，前者的销售价格需要根据后者的相关资料制定。

5.5.2 以成本为导向的定价决策

成本是企业在生产、管理和销售产品时所发生的费用，是构成产品价格的基本因素。在管理会计中，从长期来看，产品定价必须足以弥补全部的成本，并且能保证企业必要的利润，因此，产品的定价可以采用以成本为基础的定价决策方法。

1. 完全成本加成定价法

完全成本加成定价法是以单位产品的制造成本为基数，加成部分为弥补销售及销售费用等非制造成本及这些非制造成本为企业提供的销售利润，即加成部分的内容包括非制造成本和合理利润。

$$产品单价 = 预计单位全部成本 \times (1 + 加成率)$$

【例 5-20】

某公司正在对其新产品进行定价决策，该产品预计年产量为 10000 件，预计成本资料如表 5-35 所示。

表 5-35　新产品的预计成本资料

单位：元

项目	单位产品成本	项目	单位产品成本
直接材料	8	固定制造费用	9
直接人工	6	变动销售及管理费用	2
变动制造费用	4	固定销售及管理费用	1

该公司研究确定，在产品成本的基础上加成 40% 作为新产品的目标销售价格。

解：新产品的预计单位全部成本 = 8+6+4+9+2+1 = 30 （元）

　　新产品的单价 = 30 × （1+40%） = 42 （元）

2. 变动成本加成定价法

变动成本加成定价法是以单位产品的变动成本为基数，加成部分要求弥补全部的固定成本，并为企业提供一定的销售利润。此时加成的内容包括全部固定成本和预期利润。

$$产品单价 = 预计单位变动成本 \times (1 + 加成率)$$

加成率一般是指在预计产量正常的情况下，边际贡献与变动成本的比值，具体计算公式为：

$$加成率 = \frac{边际贡献}{变动成本} = \frac{固定成本总额 + 预期利润}{变动成本总额} \times 100\%$$

【例 5-21】

某企业的新产品全年预计正常的产销量为 10000 件，单位变动成本为 8 元，其中，原材料为 4 元，直接人工为 2 元，变动制造费用为 1 元，变动销售及管理费用为 1 元，固定成本总额为 65000 元，预期利润为 35000 元，则其定价方法如下：

$$加成率 = \frac{65000 + 35000}{8 \times 10000} \times 100\% = 125\%$$

$$产品单价 = 8 \times (1 + 125\%) = 18(元)$$

3. 边际成本定价法

在供求规律中，企业可以通过降低产品价格实现增加销售量的目的，此时，销售收入在降价初期增长较快，随后逐渐转慢，即边际收入呈下降趋势。同时，随着销售量的增加，一些半变动成本乃至固定成本会逐渐增加，边际成本呈上升趋势。最终，边际成本将超过边际收入，使得降价带来的销售收入的增长为负。在利润最大化目标下，企业要选择使利润达到最大的价格与足额的销售量，定价原则为边际收入等于边际成本，边际利润等于零。

当成本变动不超出成本性态分析的相关范围，企业只需要确定随价格而变动的需求量，将价格降低、销售量增加所引起的收入的增加（边际收入）和增加的变动成本（边际成本）进行比较，选择使边际收入等于边际成本的价格作为产品的销售价格。

【例 5-22】

某公司所销售的甲产品的固定成本为 2000 元，变动成本为 8 元。根据产品试销和市场预测，相关资料如表 5-36 所示。

表 5-36　甲产品不同价格下的销售与成本资料

项目	金额									
销售价格（元/件）	100	94	88	82	76	70	64	58	52	46
销售量（件）	120	150	180	210	240	270	300	330	360	390
销售收入（元）	12000	14100	15840	17220	18240	18900	19200	19140	18720	17940
总成本（元）	2960	3200	3440	3680	3920	4160	4400	4640	4880	5120

要求：采用边际成本定价法确定最优价格，并对此加以分析。

解：（1）根据销售与成本资料，整理出边际成本定价法计算结果，如表5-37所示。

表5-37 边际成本定价法计算结果

销售量 （件）	销售价格 （元/件）	销售收入 （元）	边际收入 （元）	总成本 （元）	边际成本 （元）	边际利润 （元）	利润 （元）
120	100	12000	—	2960	—	—	9040
150	94	14100	2100	3200	240	1860	10900
180	88	15840	1740	3440	240	1500	12400
210	82	17220	1380	3680	240	1140	13540
240	76	18240	1020	3920	240	780	14320
270	70	18900	660	4160	240	420	14740
300	64	19200	300	4400	240	60	14800
330	58	19140	−60	4640	240	−300	14500
360	52	18720	−420	4880	240	−660	13840
390	46	17940	−780	5120	240	−1020	12820

计算结果表明，随着销售量的增加，边际收入不断下降，甚至出现负数，从而导致边际利润不断减少。当边际利润为负数时，企业的利润总额在此时不会是最高的。因此，甲产品的最优销售价格在58~64元/件。

（2）为了确定销售量的最佳区域，可以运用边际成本定价法将300~330件的销售量区域做进一步的细分，其计算结果如表5-38所示。

表5-38 300~330件销售量区域边际成本定价法计算结果

销售量 （件）	销售价格 （元/件）	销售收入 （元）	边际收入 （元）	总成本 （元）	边际成本 （元）	边际利润 （元）	利润 （元）
300	64	19200	25	4400	40	−15	14800
305	63	19215	15	4440	40	−25	14775
310	62	19220	5	4480	40	−35	14740
315	61	19215	−5	4520	40	−45	14695
320	60	19200	−15	4560	40	−55	14640
325	59	19175	−25	4600	40	−65	14575
330	58	19140	−35	4640	40	−75	14500

如表5-38所示，当产品销售量为300件、销售价格为64元/件时，边际收入最为接近边际成本，此时的利润总额最大，为14800元。因此，甲产品定价为64元/件为最优价格。

5.5.3　以市场需求为导向的定价决策

以成本为基础的定价决策方法，主要考虑企业的成本因素而基本不考虑需求情况，因而制定的产品价格从企业取得最大产销收入或利润的角度看，不一定是最优的价格。因此，必须考虑市场需求情况与价格弹性，分析销售收入、成本、利润与价格之间的关系，确定最优价格。

1. 弹性定价法

市场供求关系是影响企业产品价格的重要因素，因此，企业制定价格时最需要考虑的因素之一便是需求价格弹性。需求价格弹性是指需求量变动率与价格变动率的比值，反映价格变动引起需求量变动的方向和程度，以需求价格弹性系数来表示。需求价格弹性的大小取决于产品的需求程度、可替代性和费用占消费者收入的比值等。

需求价格弹性大小的计算公式：

$$E_p = \frac{\Delta Q / Q}{\Delta P / P}$$

其中，E_p 为需求价格弹性系数；Q 为基期需求量；ΔQ 为需求变动量；P 为基期单位产品价格；ΔP 为价格变动量。

企业可以根据其掌握的产品需求价格弹性，获得预期价格变动的最优方向和程度。

【例 5-23】

某企业预计甲产品的本年度生产和销售量为 30000 件，上年度产品的销售价格是 500 元/件，销售量是 25000 件，该产品的需求价格弹性约为 -4，计划单位产品价格掌握在什么水平对企业最有利？

解：设 P_1 为计划年度销售价格，Q_1 为计划年度销售量，则：

$$\Delta P = \frac{\Delta Q \times P}{Q \times E_p} = \frac{(Q_1 - Q) \times P}{Q \times E_p}$$

$$P_1 - P = \frac{(Q_1 - Q) \times P}{Q \times E_p}$$

移项得：

$$
\begin{aligned}
P_1 &= \frac{(Q_1 - Q) \times P}{Q \times E_p} + P \\
&= \frac{(30000 - 25000) \times 500}{25000 \times (-4)} + 500 \\
&= 475(元 / 件)
\end{aligned}
$$

因此，甲产品单位价格下降至 475 元/件时对该企业完成 30000 件产品的销售量最有利。

2. 反向定价法

企业可不以成本为定价依据，而在预测市场可接受的限度内，逆向预测和制定批发价格、出厂价格及生产成本。计算公式如下：

$$单位批发价格 = 市场可销零售价 - 批零差价$$

$$= \frac{市场可销零售价}{1 + 批零差价率}$$

$$单位出厂价格 = 批发价格 - 进销差价$$

$$= \frac{批发价格}{1 + 进销差价率}$$

$$单位生产成本 = 出厂价格 - 利润 - 税金$$

$$= \frac{出厂价格 \times (1 - 税率)}{1 + 利润率}$$

应用上述公式，关键在于确定市场可销零售价，其他资料可以根据市场同类商品的相关资料确定，总之，根据市场需求，按消费者愿意接受的水平确定。

【例 5-24】

某公司计划生产乙产品，根据市场调查，乙产品的市场单位零售价格为 30 元/件，批发环节的批零差价率一般为 20%，进销差价率为 10%，乙产品的销售税率为 8%，利润率要求达到 12%，则：

$$单位批发价格 = \frac{30}{1 + 20\%} = 25(元／件)$$

$$单位出厂价格 = \frac{25}{1 + 10\%} = 22.73(元／件)$$

$$单位生产成本 = \frac{22.73 \times (1 - 8\%)}{1 + 12\%} = 18.67(元／件)$$

反向定价法的实质是在价格确定的基础上遵循以销定产的原则，优点是既能适应市场的需求，促进销售，又能促使企业降低成本，提高产品竞争力；缺点是市场可销零售价难以预测。该方法适应于需求弹性大、品种更新快的商品价格的制定。

5.5.4 其他定价策略

1. 心理定价策略

心理定价策略主要是指零售企业针对消费者的消费心理而采取的定价策略。主要的方法有以下几种。

（1）尾数定价法。消费者购物时，对价格数字往往有这样一种心理倾向，即偏重于价格的整数，而忽视价格的尾数。例如，当某件商品的标价为 3.94 元与标价为

4 元的时候，虽然这两种标价只差 0.06 元，但有些消费者认为差别较大，这些消费者在购物时对价格数字的心理倾向会指导其购买行为。尾数定价法正是利用消费者的这一心理，采取非整数的定价形式，以达到吸引消费者、增加销售量的目的。用这种方法制定的价格，尾数多为 8、9。此种定价既能给消费者一个价格较低的印象，又能使消费者认为企业定价认真准确。一般适用于价值小、销售量大、购买次数多的中低档日用消费品。

（2）声望定价法。有名的商店出售的商品，其价格比一般商品要高；同类商品中，名牌商品要比非名牌商品的价格高。这种以商店或商品的声望作为商品定价依据的方法就是声望定价法。由于声望定价商品的购买者较多看重商品能否显示其身份和地位，因而常常采用整数高位定价，以满足购买者的心理需求。

（3）心理折扣定价法。心理折扣定价法是利用消费者求廉务实的心理特点而采取的降价促销措施。当某种商品的品牌、性能是广大消费者所不熟悉的，其市场接受程度较低时，采用心理折扣定价，即标明原价后再打折扣，向消费者宣传"原价是××元的商品，现在以××元出售"，会给消费者带来物美价廉的感觉，从而吸引消费者购买商品，这种定价方法对市场接受程度较低或者销路不太好的商品比较有效。

2. 折扣定价策略

折扣定价策略是指在一定条件下，以降低商品的销售价格来刺激消费者购买，从而扩大商品销售量的定价策略。具体有以下几种方式。

（1）数量折扣。根据消费者购买数量的多少给予一定的价格折扣。购买数量越多，折扣越大。这种方式鼓励消费者购买大量或几种商品。数量折扣分为累计和非累计数量折扣，非累计数量折扣规定一次性购买某种商品达到一定数量，就给予优惠，其目的是鼓励消费者一次性大量购买，便于企业大批量生产和销售，节约成本费用；累计数量折扣规定消费者在一定期限内，购买数量总和达到一定的数量或金额，可按总和的大小给予一定的折扣，其目的是鼓励消费者经常购买企业产品，成为企业的长期客户。

（2）现金折扣。按照消费者付款期限的长短确定其享受的价格折扣水平，其目的是鼓励消费者尽快偿还货款，加快企业资金周转速度。

（3）季节性折扣。根据商品的销售周期，在商品销售淡季给予价格折扣。其目的是鼓励消费者提早采购，减轻企业的仓储压力，加快企业的资金周转速度，充分发挥企业的生产能力。

思考题

1. 与决策有关的成本概念有哪些？

2. 经营决策分析常用的方法有哪些？

3. 产品定价有哪些方法？

4. 什么情况下产品定价采用成本加成定价法？什么情况下采用市场定价法？

练习题

1. 某企业可开发 A、B、C 三种产品，具体资料如表 5-39 所示。

表 5-39　A、B、C 三种产品的具体资料

项目	A	B	C
单位机器工时（时/件）	25	10	4
预计销售价格（元）	75	90	50
单位变动成本（元/件）	60	80	45

若企业的固定成本总额为 2000 元，用于新产品开发的机器工时最多为 1500 小时。

要求：

（1）企业应该做出生产何种产品的决策？

（2）若生产 B 产品和生产 C 产品都需要分别购置专属设备，其专属成本分别为 400 元和 1000 元，又应当怎样决策？

2. 某企业生产 A、B、C 三种产品，具体资料如表 5-40 所示。

表 5-40　A、B、C 三种产品的具体资料

项目	A	B	C
销售量（件）	1500	1000	600
销售价格（元/件）	30	80	50
单位变动成本（元/件）	15	50	40

若企业的固定成本总额为 20000 元，并按照产品销售金额的比例进行分摊。

要求：通过计算，说明企业的亏损产品是否应停产。

3. 某企业计划工作时间为 80000 小时，按照现有的生产任务，生产时间可剩余 25%，因此准备利用剩余生产时间开发新产品甲、乙或丙。新产品甲、乙、丙的相关资料如表 5-41 所示。

表 5-41　甲、乙、丙三种产品的相关资料

项目	甲	乙	丙
单位产品定额工时（时/件）	2	4	5
单位销售价格（元/件）	20	40	50
单位直接材料（元/件）	3	15	20
单位直接人工（元/件）	5	7	10
单位制造费用（元/件）	4	8	5

由于受设备现有生产能力的限制，在生产丙产品时，需要增加 6000 元的专属成本。

要求：在甲、乙、丙三种产品市场销售不受限制的情况下，企业应如何做出选择？

4. 某企业生产乙产品，每年的生产能力为 70000 件，单位销售价格为 600 元/件，产品的单位成本资料如表 5-42 所示。

表 5-42　乙产品的单位成本资料

单位：元/件

项目	单位成本
直接材料	120
直接人工	80
制造费用	180
变动制造费用	70
固定制造费用	110
合计	380

根据目前的生产情况，企业尚有 30% 的剩余生产能力，可继续接受订货。现有一客户要求再订购一批乙产品，定价为 300 元/件。

要求：针对以下情况进行决策。

（1）客户要订购 21000 件乙产品，且因其对这批订货有某些特殊要求，需另行购置一台 1000000 元的专用设备，是否接受该批订货？

（2）如果不接受该客户 21000 件乙产品的订货，剩余生产能力可用于为其他企业代加工某一零部件，可获得加工收入 300000 元，是否接受该订货？

（3）如果该批订货的数量为 24000 件，接受订货不需要增加专属设备，剩余的生产能力也不可转移，是否接受该批订货？

5. 某企业本年度计划生产甲产品 2500 件，销售价格为 200 元/件，单位变动成本为 150 元/件，现有另一企业向本企业发出订单，要求订货 600 件，订单报价为

180 元/件。

要求：针对以下几种情况分别做出是否接受此订货的决策。

（1）如果企业的最大生产能力为 3500 件，剩余生产能力不能转移，且追加订货不需要增加专属成本。

（2）如果企业的最大生产能力为 2700 件，且追加订货不需要增加专属成本。

（3）如果企业的最大生产能力为 3100 件，但追加订货需要购置专用设备，该设备价格为 3000 元；若不接受追加订货，则该部分生产能力可以出租，可得租金 6000 元。

（4）如果企业的最大生产能力为 2900 件，追加订货需要增加 3000 元的专属成本；若不接受追加订货，则该部分的生产能力可以承接零部件加工业务，预计可获得的边际贡献总额为 5000 元。

案例分析

麦肯锡公司在 20 世纪 90 年代对 2400 多家公司的一项研究显示，不同的定价策略对利润底线产生不同的影响：固定成本每减少 1%，利润可以提高 2.3%；产量每增加 1%，利润可以增加 3.3%；变动成本每降低 1%，利润可以增加 7.8%；价格每上升 1%，利润可以增加 11%。可见产品定价对利润变动最为敏感，但产品定价是非常复杂的，既不能因为价格过高而失去市场份额，又不能因为价格较低而失去利润。如果技术领先、紧贴客户需求和市场、产品或服务质量高，售价就高，与成本高低无关。

（1）产品的价格是由顾客认知决定的，几十年一贯采用的成本加毛利法已经不适用。

（2）以产品的边际利润贡献而不是毛利作为定价参考依据。固定成本由于分摊的随意性和不合理性（如果固定成本系沉没成本，分摊就毫无意义），容易误导决策。

（3）在实施产品扩张（即水平式扩张和垂直式扩张）策略时，必须考虑的是：着眼于提高产品线的总体利润而不是单个产品的利润（整体大于部分之和），因为产品之间有着很强且很明显的互补或替代关系。

（4）在提供多元化产品时，企业应根据产品线内各产品需求之间的关联性，对产品进行差别定价，避免同类相残。

应用上述资料，结合本章内容，讨论产品的定价决策在管理会计经营决策中的地位与重要性。

第6章　投资决策

学习目标

1. 了解投资的意义、分类
2. 掌握货币时间价值的计算
3. 掌握现金流量的计算方法
4. 掌握各种投资决策指标的计算方法并能正确运用
5. 熟练掌握无风险情况下的投资决策方法
6. 理解投资决策的敏感性分析

知识框架图

引导案例　　　　　　浙江苏泊尔股份有限公司的投资发展过程①

近几十年，全球家电市场暗潮涌动，不论是欧美市场还是亚洲市场都发生了翻天覆地的变化。我国家电企业经过多年的国际市场参与，形成了以美的、格力、海尔为代表的市值千亿元的企业和以苏泊尔、TCL为代表的市值百亿元的企业以及一系列具备自主研发能力的中小企业。目前我国是世界上最大的家用电器生产国之一。

浙江苏泊尔股份有限公司（简称"苏泊尔"）成立于1994年，目前是国内排名第一的小家电领导品牌，2004年于深圳证券交易所上市。通过不断发展壮大，苏泊尔的产品逐渐从厨房走向客厅，不断用智巧的产品提升消费者的生活品质，成为最受欢迎的大众家居品牌之一。截至2020年底，公司市值累计增加了40多倍，市盈率增长接近1倍。面对日益激烈

引导案例思考题

---

① 资料来源：浙江苏泊尔股份有限公司（股票代码：002032）年报资料、企查查关于苏泊尔的相关资料等。

的市场竞争，苏泊尔始终将保证产品质量居于公司发展的重要位置，也正是这样的精神使其在复杂多变的市场环境中能够基业长青。

苏泊尔为了应对不断变化的市场环境和激烈的市场竞争，在 2006~2017 年进行了四次股权激励，促使管理层提高企业投资效率，在此期间，企业进行了一系列投资行为。

2006 年，苏泊尔以 5643.32 万元人民币购买了浙江省玉环县珠港镇陈屿陈南村的 107495.16 平方米的国有土地使用权；投资 10000 万元设立浙江绍兴苏泊尔生活电器有限公司；投资 6521.39 万元，在绍兴袍江工业区独资或中外合资新建家电项目，成立绍兴苏泊尔；在越南租赁总面积为 77723 平方米的土地，共计租赁费 128.24 万美元，用于苏泊尔年产 790 万台炊具生产基地建设项目。

2017 年，苏泊尔以自有资金人民币 27400 万元收购上海赛博电器有限公司 100% 的股权；以人民币 767.29 万元购买浙江苏泊尔橡塑制品有限公司 6.77% 的股权；以人民币 47.96 万元购买武汉苏泊尔有限公司 3.47% 的股权；以人民币 1444.15 万元购买武汉苏泊尔压力锅有限公司 0.64% 的股权；以 38.25 万新加坡元，约合人民币 187 万元购买了控股股东 SEB INTERNATIONALE S.A.S 之全资子公司东南亚电器公司 51% 的股权；增加对绍兴厂区工程项目建设投资 992.01 万元，零星投资 1157.89 万元，在建工程共增加 2973.56 万元。

2018 年，苏泊尔以自有资金人民币 10000 万元对外投资设立全资子公司浙江福腾宝家居用品有限公司；以自有资金人民币 5000 万元对外投资设立全资子公司浙江绍兴苏泊尔家居用品有限公司；以自有资金对绍兴厂区项目建设增加投资 8503.31 万元，并对玉环福腾宝厂区项目建设增加投资 8270.17 万元。

6.1　投资决策基础

本节在简要介绍投资的意义和分类的基础上，基于长期投资决策的特点，重点介绍货币时间价值的计算及现金流量的构成、计算。

6.1.1　投资的意义和分类

1. 投资的意义

投资是指企业将财力投入一定对象，以期在未来获取一定收益的经济行为。在市场经济条件下，投资是企业实现价值增加的重要环节，决定筹集资金的投入、使用、收益，关系企业的存续与发展。

（1）投资是企业降低经营风险的重要方法

企业将筹集的资金投放到生产经营的关键环节，可以通过提升企业生产经营中的资源配置效率，形成更强的综合生产能力。企业为了降低经营风险，可以基于多元化经营视角，将资金投向多个行业、多种产品等，这些都有利于分散企业经营风险，实现盈利的稳定性。

（2）投资是企业存续与发展的必要手段

企业进入竞争时代，面临科技创新压力，无论是企业想实现生存与发展，维持简单再生产还是扩大再生产，都必须通过投资实现。要保证简单再生产的顺利进行，企业需要根据市场需求、市场份额的变动及竞争环境的变化，及时更新现有的机器设备，对其产品和生产工艺进行改进，提高企业的科技创新投入，提高资源的使用效率；企业要实现扩大再生产，需要增加机器设备、扩建厂房、增加员工人数、提升员工素质等。因此，企业的生存与发展离不开企业有形的、无形的资金投入，需要依托投资行为实现其可持续发展。

（3）投资是企业实现经营管理目标的基本前提

企业经营管理的目标是实现企业价值的持续增加，这便需要企业通过投资行为来实现。资金只有在运动中才能实现价值增加，因此企业需要将资金投放到各个项目、各种资产，才能增加利润、降低风险，实现价值创造。

2. 投资的分类

企业投资行为按照与生产经营的关系、投资期限、投资方向、投资领域等的不同存在多种类型。全面理解和掌握各种投资的类型及特征，有利于准确地研究投资行为，进行投资管理。

（1）直接投资与间接投资

按投资与企业生产经营的关系来划分。直接投资是指投资主体将货币资金直接投入投资项目，形成生产经营性资产，以便获取收益的一种投资。企业的经营特征影响直接投资的规模，一般非金融类企业的直接投资比重较大。间接投资又称证券投资，是指投资主体用资金购买各类债券或公司股票等金融资产，以期获取利息或股利等收益的投资。相较于直接投资，间接投资的投资主体一般只能获取一定的投资收益，不能干预被投资对象对其投入资金的具体使用及经营管理；但间接投资的资本运作较为灵活，可以随时进行交易，获取其他投资收益。

（2）短期投资与长期投资

按投资期限或投资回收期的长短来划分。长期投资是指投资回收期在一年以上的各种投资，包括对企业厂房、机器设备、无形资产和长期金融资产等的投资。长期投资的资金投入量大，投资回收期长，短期变现能力差，因此其投资风险与投资收益均较高。短期投资又称流动资产投资，是指预期在一年以内收回投资的各种投资业务，包括企业的各类流动资产、短期证券等投资。短期投资的资金周转速度快、资产流动性强、风险低，但从长期看，其收益低于长期投资。

（3）对内投资与对外投资

按投资的方向不同来划分。对内投资是指投资主体将资金投到企业内部用于购置生产经营过程中所需的各类资产的投资。对外投资是指投资主体通过向其他单位投入货币资金、有价证券、实物资产、无形资产等资产，实现投资的行为。因此，对内投资属于直接投资，对外投资主要是间接投资，当对外投资的规模较大，实现对被投资单位的控制时，对外投资则为直接投资。

（4）生产性投资与非生产性投资

按投资的领域不同来划分。生产性投资是指投资主体将资金用于生产、建设等物质生产领域，能够增加企业的生产能力或产出生产资料的投资，包括固定资产投资和流动资产投资。非生产性投资是指投资主体将资金用于非物质生产领域，不能增加企业的生产能力，但能形成社会消费或服务能力，满足社会的物质文化生活需求的投资。

6.1.2 货币时间价值

1. 货币时间价值的概念

货币时间价值是客观存在的经济范畴，是市场经济条件下理财活动必须考虑的一个基本因素。货币时间价值原理准确地揭示了不同时间点的资金之间的转换关系。企业的任何财务活动都是在特定的时间点上发生的，货币资金存在时间价值，因此在决策分析时必须考虑不同时期的财务收支，以准确判断资金的使用效果。

货币时间价值存在两种表现形式：相对数和绝对数。相对数为时间价值率，是指扣除风险报酬和通货膨胀补偿后的平均报酬率；绝对数为时间价值额，是指资金在生产经营中产生的实际价值增加额度，即一定额度的资金与时间价值率的乘积。

2. 货币时间价值的计算

货币时间价值的计算方式主要有：复利终值和复利现值、年金终值和年金现值。

（1）复利终值的计算

复利终值是指一定数量的资金，在未来若干期之后，按照复利计算的包含本息的未来价值。复利终值的计算公式为：

$$F = P \times (1+i)^n = P \times (F/P, i, n)$$

式中，F 为复利终值，P 为复利现值，$(1+i)^n$ 是 1 元的复利终值，复利终值系数用 $(F/P, i, n)$ 表示，其中 i 表示利率，n 表示计息期数，根据复利终值系数表（参见附录）可得。

【例 6-1】

将 10000 元存入银行，期限为 5 年，银行存款利息率为 6%，5 年后的复利终值为：

$$F = 10000 \times (1 + 6\%)^5 = 10000 \times (F/P, 6\%, 5) = 10000 \times 1.338 = 13380(元)$$

（2）复利现值的计算

复利现值是指在未来某一时点的一定数量的资金，按照复利折算到现在时点的价值，相当于为了取得未来一定数量的本息和，现在需要的本金。复利现值的计算公式为：

$$P = F \times (1 + i)^{-n} = F \times \frac{1}{(1+i)^n} = F \times (P/F, i, n)$$

式中，P 为复利现值，F 为复利终值，$(1+i)^{-n}$ 是 1 元的复利现值，复利现值系数用 $PVIF_{i,n}$ 或 $(P/F, i, n)$ 表示，其中 i 表示利率，n 表示计息期数，根据复利现值系数表（参见附录）可得。

【例 6-2】

若计划在 4 年之后取得 5000 元，银行存款利息率为 6%，现在应存入银行的金额为：

$$P = 5000 \times (1 + 6\%)^{-4} = 5000 \times \frac{1}{(1+6\%)^4}$$
$$= 5000 \times (P/F, 6\%, 4) = 5000 \times 0.792 = 3960(元)$$

（3）后付年金

年金是指在一定时期内，每期以相同额度收付的款项。如利息、保险费、租金等都是年金的具体表现形式。后付年金是指在一定时期内，每期期末发生的等额资金收付的年金，是现实经济中最为常见的一种年金，又称普通年金。

1）后付年金终值的计算

后付年金终值是指在一定时期内，每期期末发生的等额收付款的复利终值之和，相当于零存整取的本息之和。

假设每期等额收入或支出的金额为 A，收支期限为 n，利率为 i，求复利终值 F，后付年金终值的计算如图 6-1 所示。

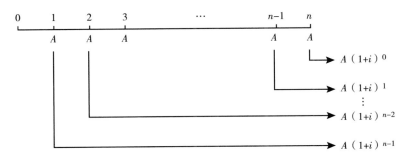

图 6-1　后付年金终值计算

由图 6-1 可知，后付年金终值的计算公式为：

$$F = A(1 + i)^0 + A(1 + i)^1 + \cdots + A(1 + i)^{n-2} + A(1 + i)^{n-1}$$
$$= A[(1 + i)^0 + (1 + i)^1 + \cdots + (1 + i)^{n-2} + (1 + i)^{n-1}]$$
$$= A \cdot \frac{(1 + i)^n - 1}{i}$$

式中，$\frac{(1+i)^n - 1}{i}$ 称为 "后付年金终值系数"，可通过直接查阅年金终值系数表（参见附录）得到，通常写为 $FVIFA_{i,n}$ 或 $(F/A, i, n)$，因此后付年金终值的计算公式也可以表示为：

$$F = A \cdot FVIFA_{i,n} = A \cdot (F/A, i, n)$$

2）后付年金现值的计算

后付年金现值是指在一定时期内，每期期末发生的等额收付款的复利现值之和。

假设每期等额收入或支出的金额为 A，收支期限为 n，利率为 i，求复利现值 P，后付年金现值的计算如图 6-2 所示。

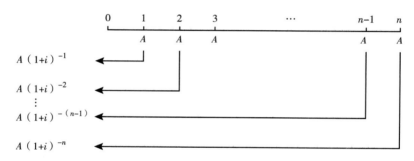

图 6-2 后付年金现值计算

由图 6-2 可知，后付年金现值的计算公式为：

$$P = A(1 + i)^{-1} + A(1 + i)^{-2} + \cdots + A(1 + i)^{-(n-1)} + A(1 + i)^{-n}$$
$$= A[(1 + i)^{-1} + (1 + i)^{-2} + \cdots + (1 + i)^{-(n-1)} + (1 + i)^{-n}]$$
$$= A \cdot \frac{1 - (1 + i)^{-n}}{i}$$

式中，$\frac{1 - (1+i)^{-n}}{i}$ 称为 "后付年金现值系数"，可通过直接查阅年金现值系数表（参见附录）得到，通常写为 $PVIFA_{i,n}$ 或 $(P/A, i, n)$，因此后付年金现值的计算公式也可以表示为：

$$P = A \cdot PVIFA_{i,n} = A \cdot (P/A, i, n)$$

（4）先付年金

先付年金是指在一定时期内，每期期初发生的等额资金收付的款项。先付年金与后付年金的区别在于等额收付款发生的时点不同，后付年金收付款发生的时点在每期的期末，而先付年金则发生在每期的期初。

n 期先付年金与 n 期后付年金的关系如图 6-3 所示。

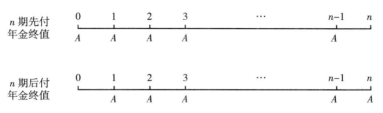

图 6-3　n 期先付年金与后付年金的关系

1）先付年金终值的计算

先付年金终值的计算如图 6-4 所示。

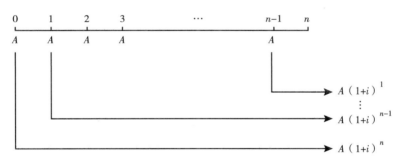

图 6-4　先付年金终值计算

与后付年金终值相比，先付年金终值多了一个第 1 期期初支付的年金终值，少了一个第 n 期期末支付的年金终值，因此，先付年金终值在后付年金终值计算公式的基础上进行如下推导：

$$F = A \times \frac{(1+i)^n - 1}{i} + A \times (1+i)^n - A$$

$$= A \times \left[\frac{(1+i)^{n+1} - 1}{i} - 1 \right]$$

式中，$\dfrac{(1+i)^{n+1}-1}{i}-1$ 称为"先付年金终值系数"，是在后付年金终值系数的基础上期数值加 1、系数值减 1 得到的，通常写为 $FVIFA_{i,n+1}-1$ 或 $\big[$（F/A，i，$n+$

1）-1]，因此先付年金终值的计算公式也可以表示为：

$$F = A \cdot (FVIFA_{i,n+1} - 1) = A \cdot [(F/A, i, n + 1) - 1]$$

2）先付年金现值的计算

先付年金现值的计算如图 6-5 所示。

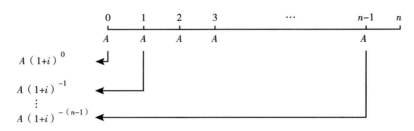

图 6-5　先付年金现值计算

与后付年金现值相比，先付年金现值多了一个第 1 期期初支付的年金现值，少了一个第 n 期期末支付的年金现值，因此，先付年金现值在后付年金现值计算公式的基础上进行如下推导：

$$P = A \times \frac{1 - (1 + i)^{-n}}{i} + A - A \times (1 + i)^{-n}$$

$$= A \times \left[\frac{1 - (1 + i)^{-(n-1)}}{i} + 1 \right]$$

式中，$\dfrac{1 - (1+i)^{-(n-1)}}{i} + 1$ 为"先付年金现值系数"，是在后付年金现值系数的基础上期数值减 1、系数值加 1 得到的，通常写为 $PVIFA_{i,n-1}+1$ 或 [（P/A, i, $n-1$）+1]，因此先付年金现值的计算公式也可以表示为：

$$P = A \cdot (PVIFA_{i,n-1} + 1) = A \cdot [(P/A, i, n - 1) + 1]$$

（5）递延年金现值的计算

递延年金是指在最初若干期没有发生款项收付的情况下，随后的若干期发生等额的系列款项收付的年金。

假设前期有 m 期没有款项收付，随后有 n 期发生等额的款项收付，递延年金如图 6-6 所示。

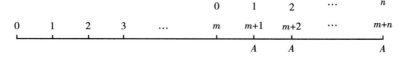

图 6-6　递延年金

由图 6-6 可知，递延年金现值为后 n 期按后付年金折现至 m 期期末，再复利一次性折现 m 期至第 1 期期初的现值。计算公式如下：

$$P = A \times (P/A, i, n) \times (P/F, i, m)$$

或者先计算 $m+n$ 期的后付年金现值，再减去 m 期的后付年金现值，即为递延 m 期的 n 期的年金现值。计算公式如下：

$$P = A \times (P/A, i, m + n) - A \times (P/A, i, m)$$

（6）永续年金现值的计算

永续年金是指无限期等额收付的年金，它没有终止时间，所以没有终值。永续年金现值可以作为普通年金的特殊形式，是一种期限趋于无穷的普通年金。永续年金现值的计算在普通年金现值的基础上进行如下推导：

$$P = \lim_{n \to \infty} A \cdot \frac{1 - (1 + i)^{-n}}{i} = A \cdot \frac{1}{i}$$

6.1.3　投资决策中的现金流量

1. 现金流量的概念

现金流量是指在长期投资中，与某一特定的项目相关的现金流入和现金流出的资金数量。它是计算长期投资决策指标的主要依据，是评价投资项目是否可行或进行投资项目选择的基础数据。现金流量包括现金流入量、现金流出量和现金净流量，其中，现金净流量=现金流入量-现金流出量。

现金流量
相关性判断

2. 现金流量的构成

在投资决策中，现金流量一般由如下三部分构成。

（1）初始现金流量

初始现金流量是指投资项目在建设阶段发生的现金流量，一般包括以下几方面的内容。

1）固定资产投资

固定资产投资包括固定资产的购置成本或建造成本、运输成本、保险费和安装成本等，主要为现金流出。

2）垫支营运资金

垫支营运资金是指投资项目在开始运营时，引起的流动资金的变动，包括流动资产的变动和流动负债的变动，如现金、原材料、产品等流动资产的投资产生的现金流出。

3）其他费用

其他费用是指与长期投资相关的费用，如员工培训费、谈判费、注册费等带来的现金流出。

4）原有固定资产的变价收入

原有固定资产的变价收入主要发生在固定资产更新时，处置原有固定资产产生的现金流入。

（2）营业现金流量

营业现金流量是指在项目建成投入使用后，在其寿命期内由正常的生产经营所产生的现金流入量、现金流出量及现金净流量。现金流入量一般是指年度内由营业收入带来的现金流入的数量；现金流出量一般是指年度内由付现的营业成本和所得税带来的现金流出的数量。

（3）终结期现金流量

终结现金流量是指在投资项目寿命终结时所发生的现金流量，包括固定资产残值或变价收入，一般为现金流入；项目初始阶段垫支的营运资金的回收，一般为现金流入；停止使用的土地变价收入，一般为现金流入；等等。

3. 现金净流量的计算

（1）初始期现金净流量的计算

$$初始期现金净流量 = 现金流入量 - 现金流出量$$
$$= - 固定资产投资 - 垫支营运资金$$

（2）营业期现金净流量的计算

$$营业期现金净流量 = 营业收入 - 付现成本 - 所得税$$
$$= 税后利润 + 非付现成本$$
$$= 税后收入 - 税后付现成本 + 非付现成本 \times T$$

营业期现金净流量简化公式的证明

式中，T 表示企业所得税税率，非付现成本一般为折旧，所以非付现成本 $\times T$ 表示折旧税盾。

（3）终结期现金净流量的计算

$$终结期现金净流量 = 最后一年营业现金流量 + 固定资产残值收入 + 垫支营运资金回收$$

4. 投资决策中采用现金流量的原因

企业在项目投资决策中，采用现金流量作为其评价的基础，而不采用会计利润作为其评价基础的原因体现在以下两点。

（1）采用现金流量有利于考虑货币时间价值对投资决策的影响

企业的投资项目属于长期投资，寿命期较长，需要考虑资金的时间价值。因此为了做出准确的投资决策，需要基于投资项目，分析在项目期内各时点发生的所有现金流量，并考虑货币时间价值进行决策。而会计利润是以权责发生制为基础，基于一定时期内发生的所有经济活动，计算收入、成本、费用，不以现金流量的实际收支为标准，不能考虑资金的时间价值。

（2）采用现金流量使投资决策更加客观准确

课程思政：以现金
流量为基础
进行决策

在长期投资决策中，以项目为基础，分析项目在寿命期内发生的所有相关现金流量，以此为基础对项目进行分析判断，较为客观、准确，人为因素的影响较小；而会计利润虽然是以会计准则和会计制度为基础进行经济活动数据的核算，但财务人员拥有一定的自由裁量权，人为因素影响较大，此外，管理层权力也会影响会计信息质量，若存在人为操纵的行为，就会影响会计利润的客观准确性。

6.2 长期投资决策评价指标

本节主要介绍长期投资决策评价指标的概念、计算方法、决策规则及其决策的优缺点，包括静态投资决策指标和动态投资决策指标。

6.2.1 长期投资决策评价指标概述

1. 长期投资决策评价指标的概念

长期投资决策评价指标是指用于筛选和比较长期投资项目的可行性或优劣，以此为基础对项目进行定量分析，从而做出准确决策的量化指标。

2. 长期投资决策评价指标的分类

长期投资决策评价指标按照不同的标准有以下几种分类。

（1）按是否考虑货币时间价值分类

是否考虑货币时间价值是指在投资决策指标的计算中，是否利用了货币时间价值的计算形式，即是否运用折现方法计算复利现值或年金现值。在该分类标准下，长期投资决策指标可分为静态投资决策指标和动态投资决策指标。其中，静态投资决策指标是指不考虑货币时间价值影响的指标，又称非折现评价指标，具体包括投资回收期、投资报酬率等。而动态投资决策指标则是在指标计算中，必须考虑货币时间价值，对基础数据进行折现，又称折现评价指标，具体包括净现值、获利指数、内部报酬率等。

（2）按指标的数量特征分类

按数量特征的不同，长期投资决策评价指标可分为绝对量指标和相对量指标。绝对量指标主要包括以时间长度计量的投资回收期和以价值量计量的净现值等。相对量指标包括投资报酬率、获利指数、内部报酬率等。

（3）按指标的性质分类

按指标性质的不同，长期投资决策评价指标可分为正向指标和反向指标。正向指标是指在一定范围内数值越大越好的指标，包括投资报酬率、净现值、获利指数、内部报酬率。反向指标是指在一定范围内数值越小越好的指标，包括投资回收期等。

（4）按指标的重要程度分类

按指标在决策中的重要程度不同，长期投资决策评价指标可分为主要指标、次要指标和辅助指标三大类。净现值和内部报酬率为主要指标，投资回收期为次要指标，投资报酬率为辅助指标。

6.2.2　静态投资决策指标

静态投资决策指标不考虑货币的时间价值，不同时点的相同货币量是等价的，包括投资回收期、投资报酬率等指标。

1. 投资回收期

投资回收期是指以投资项目经营产生的现金净流量补偿固定资产原始投资总额（即初始投资额）所需的时间。该指标一般以年为计量单位，用 PP 表示。

（1）投资回收期的计算

1）当各年的营业现金净流量相等时，不包括建设期的投资回收期的计算公式为：

$$PP = \frac{固定资产原始投资总额}{每年的营业现金净流量}$$

2）当各年的营业现金净流量不相等时，不包括建设期的投资回收期的计算步骤如下。

第一，从营业期的第一年开始计算营业期的累计现金净流量；

第二，将累计现金净流量与固定资产原始投资总额进行比较，若在第 T 年，累计现金净流量＝固定资产原始投资总额，则 T 为不包括建设期的投资回收期，否则，进行下一步；

第三，若在第 T 年，首次出现累计现金净流量＞固定资产原始投资总额，则表示项目回收期为大于 $T-1$，小于 T 的时间长度，投资回收期的具体计算公式为：

$$PP = (T - 1) + \frac{固定资产原始投资总额 - 第(T-1)年累计现金净流量}{第\ T\ 年现金净流量}$$

【例 6-3】

某企业预计进行项目投资，有甲、乙、丙三个项目可供选择，请按照投资回收期指标进行投资决策。具体资料见表 6-1。

表 6-1 甲、乙、丙三个项目的现金流量表

单位：万元，年

时间	甲项目		乙项目		丙项目	
	净收益	现金净流量	净收益	现金净流量	净收益	现金净流量
0		−15000		−15000		−15000
1	4000	6000	6000	8000	2000	4000
2	4000	6000	6000	8000	4000	6000
3	4000	6000	2000	4000	5000	7000
4	4000	6000			6000	8000

根据投资回收期的计算方法可以采用列表的方式进行，如表 6-2 所示。

表 6-2 甲、乙、丙三个项目投资回收期计算

单位：万元，年

项目	时间	现金净流量	累计现金净流量	未收回投资额	投资收回时间
甲项目	0	−15000		15000	
	1	6000	6000	9000	1
	2	6000	12000	3000	1
	3	6000	18000	0	0.5
	4	6000	24000	0	0
	合计投资回收期 = 1+1+0.5 = 2.5				
乙项目	0	−15000		15000	
	1	8000	8000	7000	1
	2	8000	16000	0	0.875
	3	4000	20000	0	0
	合计投资回收期 = 1+0.875 = 1.875				
丙项目	0	−15000		15000	
	1	4000	4000	11000	1
	2	6000	10000	5000	1
	3	7000	17000	0	0.71
	4	8000	25000	0	0
	合计投资回收期 = 1+1+0.71 = 2.71				

根据投资回收期的计算方法可以采用公式的方式计算，具体计算如下。

甲项目的投资回收期：

$$PP_{\text{甲}} = \frac{\text{固定资产原始投资总额}}{\text{每年的营业现金净流量}} = \frac{15000}{6000} = 2.5(\text{年})$$

由表 6-2 可知，乙项目逐年累加营业期的现金净流量，在第 2 年时，首次出现累计现金净流量（16000 万元）>固定资产原始投资总额（15000 万元），则表示项目投资回收期为大于 1 年，小于 2 年的时间长度，乙项目的投资回收期：

$$PP_{\text{乙}} = (T - 1) + \frac{\text{固定资产原始投资总额} - \text{第}(T-1)\text{年累计现金净流量}}{\text{第 } T \text{ 年现金净流量}}$$

$$= 1 + \frac{15000 - 8000}{8000}$$

$$= 1.875(\text{年})$$

由表 6-2 可知，丙项目逐年累加营业期的现金净流量，在第 3 年时，首次出现累计现金净流量（17000 万元）>固定资产原始投资总额（15000 万元），则表示项目投资回收期为大于 2 年，小于 3 年的时间长度，丙项目的投资回收期：

$$PP_{\text{丙}} = (T - 1) + \frac{\text{固定资产原始投资总额} - \text{第}(T-1)\text{年累计现金净流量}}{\text{第 } T \text{ 年现金净流量}}$$

$$= 2 + \frac{15000 - 10000}{7000}$$

$$= 2.71(\text{年})$$

由表 6-2 及公式计算可知，乙项目的投资回收期最短，能最快地收回固定资产原始投资总额；其次是甲项目；最后是丙项目。

（2）投资回收期的决策规则

投资回收期是按照收回固定资产原始投资总额所需的时间长短来判断投资决策的一种方法。因此，该指标数值越小，表明回收期越短，项目越有利。

（3）投资回收期的优缺点

投资回收期指标能直观反映项目收回固定资产原始投资总额所需的时间，计算较为简便，且容易理解，但它没有考虑货币时间价值的影响，也没有考虑投资回收期之后的收益情况，使得以此指标为基础进行项目筛选时，容易重视短期收益，忽视长期收益，从而放弃收益分布在后期的项目。

2. 投资报酬率

投资报酬率是指年均利润与初始投资总额的比例。

（1）投资报酬率的计算

投资报酬率的计算公式：

$$\text{投资报酬率} = \frac{\text{年均利润}}{\text{初始投资额}} \times 100\%$$

根据表 6-1 的资料，甲、乙、丙三个项目的投资报酬率分别为：

$$投资报酬率（甲）= \frac{4000}{15000} \times 100\% = 26.67\%$$

$$投资报酬率（乙）= \frac{(6000 + 6000 + 2000)/3}{15000} \times 100\% = 31.11\%$$

$$投资报酬率（丙）= \frac{(2000 + 4000 + 5000 + 6000)/4}{15000} \times 100\% = 28.33\%$$

乙项目的投资报酬率最高；其次是丙项目；最后是甲项目。

（2）投资报酬率的决策规则

投资报酬率的高低用相对数表示，反映项目收回投资的速度。使用该指标进行决策需要先确定项目的必要报酬率，比较投资报酬率与必要报酬率，若投资报酬率≥必要报酬率，则项目可行，且存在多个备选项目时，选择投资报酬率最大的项目；若投资报酬率<必要报酬率，则项目不可行。

（3）投资报酬率的优缺点

投资报酬率指标是非贴现现金流量指标，是正向指标，其计算过程较为简单，易于掌握，且该指标不受建设期长短和投资方式的影响，能反映投资项目的收益水平；但该指标没有考虑货币时间价值的影响，分子与分母的时间特征不同，分母是时点指标，分子是时期指标，数据统计口径不一致，不具有可比性，无法直接使用现金流量数据。

6.2.3　动态投资决策指标

动态投资决策指标的特点是考虑未来时期的现金流量和货币的时间价值，不同时点的相同货币量是不等价的，需要折算到同一时点进行比较分析。动态投资决策的指标包括净现值、获利指数、内部报酬率等。

1. 净现值

净现值是指在项目的使用寿命期内，按照一定的折现率计算的各年现金净流量的现值之和，用 NPV 表示。

（1）净现值的计算

净现值的计算公式为：

$$NPV = \sum_{t=0}^{n} 项目寿命期内各年现金净流量的现值$$

$$= \sum_{t=1}^{n} 项目营业现金净流量的现值 - \sum_{t=1}^{n} 初始投资额的现值$$

$$= \sum_{t=1}^{n} \frac{NCF_t}{(1+i)^t} - \sum_{t=1}^{n} \frac{C_t}{(1+i)^t}$$

预定折现率的
确定方法

式中，NCF_t 表示第 t 年的营业现金净流量，i 表示预定的折现率，t 表示时间，C_t 表示第 t 年的初始投资额。

若在投资项目寿命期内，建设期为 0 年，各年的营业现金净流量相同，净现值公式为：

$$NPV = NCF_t \cdot PVIFA_{i,n} - C_0 = NCF_t \cdot (P/A,i,n) - C_0$$

若在投资项目寿命期内，建设期为 0 年，各年的营业现金净流量不同，净现值公式为：

$$NPV = \sum_{t=1}^{n} NCF_t \cdot PVIF_{i,t} - C_0 = \sum_{t=1}^{n} NCF_t \cdot (P/F,i,t) - C_0$$

根据表 6-1 的资料，假设预定的折现率 $i=10\%$，则甲、乙、丙三个项目的净现值分别为：

$$
\begin{aligned}
NPV_{甲} &= 6000 \times (P/A,10\%,4) - 15000 \\
&= 6000 \times 3.169 - 15000 \\
&= 4014（万元） \\
NPV_{乙} &= 8000 \times (P/A,10\%,2) + 4000 \times (P/F,10\%,3) - 15000 \\
&= 8000 \times 1.735 + 4000 \times 0.751 - 15000 \\
&= 1884（万元） \\
NPV_{丙} &= 4000 \times PVIF_{10\%,1} + 6000 \times PVIF_{10\%,2} + 7000 \times PVIF_{10\%,3} + 8000 \times PVIF_{10\%,4} - 15000 \\
&= 4000 \times 0.909 + 6000 \times 0.826 + 7000 \times 0.751 + 8000 \times 0.683 - 15000 \\
&= 4313（万元）
\end{aligned}
$$

甲项目的净现值为 4014 万元，乙项目的净现值为 1884 万元，丙项目的净现值为 4313 万元，三个项目的净现值均大于 0，表明这三个项目都可行。进一步比较三个项目的优劣，甲项目与丙项目的初始投资额相同且使用寿命相同，可以直接比较两个项目的优劣，$NPV_{丙} > NPV_{甲}$，丙项目优于甲项目；乙项目的使用寿命与甲、丙两个项目不同，需要转化成相同的时间长度再进行比较。

（2）净现值的决策规则

根据投资项目净现值的大小决定项目是否可行。按照一定的折现率计算的净现值指标，如果净现值大于 0，说明投资项目产生的现金流入量的现值大于现金流出量的现值，项目的投资报酬率大于预定的报酬率，项目可行；如果净现值等于 0，说明投资项目产生的现金流入量的现值与现金流出量的现值相等，项目的投资报酬率等于预定的报酬率，项目可行；如果净现值小于 0，说明投资项目产生的现金流入量的现值小于现金流出量的现值，项目的投资报酬率小于预定的报酬率，项目不可行。

（3）净现值的优缺点

净现值是贴现现金流量指标，属于正向的绝对值指标，在投资决策中被广泛应用。该评价指标的优点是考虑了货币时间价值因素，利用项目寿命期内的所有现金净流量进行全面分析判断；其缺点在于预定的折现率存在主观性，不能反映投资项目可能达到的实际报酬率水平。

2. 获利指数

获利指数是指在项目寿命期内，项目投入使用后的现金净流量的现值之和与初始阶段现金净流量的现值之和的比值，用 PI 表示。

（1）获利指数的计算

获利指数的计算公式为：

$$PI = \frac{\sum_{t=1}^{n} 项目营业现金净流量的现值}{\sum_{t=1}^{n} 初始投资额的现值}$$

$$= \frac{\sum_{t=1}^{n} \dfrac{NCF_t}{(1+i)^t}}{\sum_{t=1}^{n} \dfrac{C_t}{(1+i)^t}}$$

根据表 6-1 的资料，假设预定的折现率 $i = 10\%$，则甲、乙、丙三个项目的获利指数分别为：

$$PI_甲 = \frac{6000 \times (P/A, 10\%, 4)}{15000}$$

$$= \frac{6000 \times 3.169}{15000}$$

$$= 1.268$$

$$PI_乙 = \frac{8000 \times (P/A, 10\%, 2) + 4000 \times (P/F, 10\%, 3)}{15000}$$

$$= \frac{8000 \times 1.735 + 4000 \times 0.751}{15000}$$

$$= 1.126$$

$$PI_丙 = \frac{4000 \times PVIF_{10\%,1} + 6000 \times PVIF_{10\%,2} + 7000 \times PVIF_{10\%,3} + 8000 \times PVIF_{10\%,4}}{15000}$$

$$= \frac{4000 \times 0.909 + 6000 \times 0.826 + 7000 \times 0.751 + 8000 \times 0.683}{15000}$$

$$= 1.288$$

甲、乙、丙三个项目的获利指数 PI 均大于 1，说明三个项目的投资报酬率大于预定的折现率，三个项目都可行，且三个项目中，丙项目的获利指数最大，优于甲、乙两个项目。

（2）获利指数的决策规则

获利指数是贴现现金流量指标，属于正向的相对数指标，该投资决策指标的决策标准：如果获利指数 PI 大于 1，说明项目的投资报酬率超过预定的折现率，净现值 NPV 大于 0，项目可行；如果获利指数 PI 等于 1，说明项目的投资报酬率等于预定的折现率，净现值 NPV 等于 0，项目可行；如果获利指数 PI 小于 1，说明项目的投资报酬率小于预定的折现率，净现值 NPV 小于 0，项目不可行。在多个投资项目的选择中，获利指数最大的项目最佳。

（3）获利指数的优缺点

获利指数是贴现现金流量指标，属于正向的相对数指标。获利指数的优点是考虑货币时间价值，且相对数指标便于对投资规模不同的项目进行比较分析；缺点是无法直接反映投资项目的实际报酬率水平。

3. 内部报酬率

内部报酬率是指在项目的使用寿命期内，使得各年现金净流量的现值之和等于 0 的折现率，也是所有的现金流入的现值之和与现金流出的现值之和相等时的折现率，即 NPV 等于 0 时的折现率，用 IRR 表示。

（1）内部报酬率的计算

内部报酬率的计算公式：

$$NPV = \sum_{t=1}^{n} \frac{NCF_t}{(1+k)^t} - \sum_{t=1}^{n} \frac{C_t}{(1+k)^t} = 0$$

$$\sum_{t=1}^{n} \frac{NCF_t}{(1+k)^t} = \sum_{t=1}^{n} \frac{C_t}{(1+k)^t}$$

式中，$NPV=0$ 的折现率 k 为项目的内部报酬率 IRR。

内部报酬率的具体计算分为以下两种情况。

其一，如果投资项目投入使用后每年的现金净流量相等，则具体计算步骤如下。

第一，计算投资项目的年金现值系数 $PVIFA_{k,n}$。

假设建设期为 0，$NCF_t = NCF$，则：

$$NPV = \sum_{t=1}^{n} \frac{NCF_t}{(1+k)^t} - \sum_{t=1}^{n} \frac{C_t}{(1+k)^t} = 0$$

$$NCF \cdot PVIFA_{k,n} - C_0 = 0$$

$$PVIFA_{k,n} = \frac{C_0}{NCF}$$

第二，查年金现值系数表（参见附录），在期数为 n 的数据栏中，分别找到大于 $PVIFA_{k,n}$ 对应的复利年金现值系数 $PVIFA_{k_1,n}$、折现率 k_1 和小于 $PVIFA_{k,n}$ 对应的复利年金现值系数 $PVIFA_{k_2,n}$、折现率 k_2。

第三，采用内插法计算投资项目的内部报酬率 $IRR = k$。

$$\frac{IRR - k_2}{k_1 - k_2} = \frac{PVIFA_{k,n} - PVIFA_{k_2,n}}{PVIFA_{k_1,n} - PVIFA_{k_2,n}}$$

$$IRR = \frac{PVIFA_{k,n} - PVIFA_{k_2,n}}{PVIFA_{k_1,n} - PVIFA_{k_2,n}} \cdot (k_1 - k_2) + k_2$$

其二，如果投资项目投入使用后每年的现金净流量不同，则具体计算步骤如下。

第一，首先预估一个折现率 k_1，并计算该投资项目的净现值 NPV_1。如果 NPV_1 等于 0，则折现率 k_1 为该项目的内部报酬率 IRR；如果 NPV_1 大于 0，则表示预估的折现率 k_1 小于该投资项目的内部报酬率，因此应选择较大的折现率 k_2，并计算该投资项目的净现值 NPV_2。

第二，采用内插法计算该投资项目的内部报酬率 IRR。根据步骤一的计算可得：

$$\frac{IRR - k_1}{k_2 - k_1} = \frac{NPV - NPV_1}{NPV_2 - NPV_1}$$

$$IRR = \frac{NPV - NPV_1}{NPV_2 - NPV_1} \cdot (k_2 - k_1) + k_1$$

根据表 6-1 的资料，分别计算甲、乙、丙三个项目的内部报酬率。

甲项目内部报酬率的计算步骤如下。

第一，甲项目投入使用后各年的现金净流量相等，$NCF = 6000$，假设建设期为 0，因此复利年金现值系数为：

$$PVIFA_{k,4} = \frac{15000}{6000} = 2.5$$

第二，查年金现值系数表，在期数为 4 的数据栏中，查找到大于 2.5 的年金现值系数 $PVIFA_{20\%,4}$ 为 2.588，小于 2.5 的年金现值系数 $PVIFA_{25\%,4}$ 为 2.361。

第三，采用内插法计算投资项目的内部报酬率 IRR：

$$IRR = \frac{2.5 - 2.588}{2.361 - 2.588} \times (25\% - 20\%) + 20\%$$

$$= 21.94\%$$

乙项目内部报酬率的计算步骤如下。

第一，乙项目投入使用后各年的现金净流量不相等，先预估折现率为 15%，计算净现值 NPV_1：

$$NPV_1 = 8000 \times (P/A, 15\%, 2) + 4000 \times (P/F, 15\%, 3) - 15000$$

$$= 8000 \times 1.625 + 4000 \times 0.658 - 15000$$

$$= 632(万元)$$

NPV_1 大于 0，说明折现率 15% 小于投资项目的内部报酬率，提高折现率至 20%，计算净现值 NPV_2：

$$NPV_2 = 8000 \times (P/A, 20\%, 2) + 4000 \times (P/F, 20\%, 3) - 15000$$
$$= 8000 \times 1.527 + 4000 \times 0.579 - 15000$$
$$= -468(万元)$$

第二，采用内插法计算该投资项目的内部报酬率 IRR：

$$IRR = \frac{0 - 632}{-468 - 632} \times (20\% - 15\%) + 15\%$$
$$= 17.87\%$$

丙项目内部报酬率的计算步骤如下。

第一，丙项目投入使用后各年的现金净流量不相等，先预估折现率为 20%，计算净现值 NPV_1：

$$NPV_1 = 4000 \times PVIF_{20\%,1} + 6000 \times PVIF_{20\%,2} + 7000 \times PVIF_{20\%,3} + 8000 \times PVIF_{20\%,4} - 15000$$
$$= 4000 \times 0.833 + 6000 \times 0.694 + 7000 \times 0.579 + 8000 \times 0.482 - 15000$$
$$= 405(万元)$$

NPV_1 大于 0，说明折现率 20% 小于投资项目的内部报酬率，提高折现率至 25%，计算净现值 NPV_2：

$$NPV_2 = 4000 \times PVIF_{25\%,1} + 6000 \times PVIF_{25\%,2} + 7000 \times PVIF_{25\%,3} + 8000 \times PVIF_{25\%,4} - 15000$$
$$= 4000 \times 0.800 + 6000 \times 0.640 + 7000 \times 0.512 + 8000 \times 0.410 - 15000$$
$$= -1096(万元)$$

第二，采用内插法计算该投资项目的内部报酬率 IRR：

$$IRR = \frac{0 - 405}{-1096 - 405} \times (25\% - 20\%) + 20\%$$
$$= 21.35\%$$

（2）内部报酬率的决策规则

当对某一项目进行可行性分析时，内部报酬率高于企业资本成本率或必要报酬率，则项目可行，否则不可行。当进行多个备选项目的互斥决策时，在内部报酬率高于企业资本成本率或必要报酬率的基础上，内部报酬率最高者最佳。用内部报酬率判断甲、乙、丙三个项目的可行性，若企业的必要报酬率为 20%，则项目甲、丙可行，项目乙不可行；若甲、丙二选一，则选甲项目。

（3）内部报酬率的优缺点

内部报酬率考虑了货币时间价值，反映了投资项目的真实报酬率，但计算过程比较复杂，尤其是投资项目投入使用后各年的现金净流量不相等时，需要进行测算才能使用内插法求得。

6.3　典型的长期投资决策

本节主要介绍固定资产新建的决策、固定资产更新的决策、固定资产最优更新期的决策及通货膨胀情况下的投资决策等。

6.3.1　固定资产新建的决策

企业在发展过程中伴随企业规模的不断扩大，需要基于固定资产新建项目进行投资决策。为了便于分析，假设固定资产新建项目的初始投资在年初进行；在寿命期内营业现金流量发生在年末；会计处理与税法处理相同，不需要考虑应纳税额的调整。

【例 6-4】

某企业拟投资新建一个固定资产项目，初始投资额为 1100 万元，建设期为 0 年，该项固定资产预计可使用 10 年，按照直线法计提折旧，使用期满净残值的变现价格为 100 万元。固定资产投入使用后，经营期需要在第 1 年年初垫支营运资金 150 万元。经营期第 1~6 年每年产品的营业收入为 800 万元，第 7~10 年每年产品的营业收入为 900 万元，固定资产投入使用后每年发生 200 万元的付现成本，经营期垫支的营运资金在第 10 年年末全额收回。企业的所得税税率为 30%，资本成本率为 10%。试用净现值指标评价分析该固定资产是否值得投资。

采用净现值指标进行项目可行性分析：

$$固定资产折旧额 = \frac{1100 - 100}{10} = 100（万元）$$

投资项目各年现金净流量计算如表 6-3 所示。

表 6-3　固定资产投资项目的现金流量表

单位：万元，年

项目	建设期	经营期									
	0	1	2	3	4	5	6	7	8	9	10
固定资产初始投资	−1100										
垫支营运资金	−150										150
固定资产残值变价收入											100

续表

项目	建设期	经营期									
	0	1	2	3	4	5	6	7	8	9	10
营业收入	0	800	800	800	800	800	800	900	900	900	900
付现成本	0	200	200	200	200	200	200	200	200	200	200
折旧额	0	100	100	100	100	100	100	100	100	100	100
税前利润		500	500	500	500	500	500	600	600	600	600
所得税		150	150	150	150	150	150	180	180	180	180
税后利润		350	350	350	350	350	350	420	420	420	420
营业现金净流量		450	450	450	450	450	450	520	520	520	520
现金流量合计	−1250	450	450	450	450	450	450	520	520	520	770

根据表 6-3 的现金流量的计算，项目的净现值为：

$$
\begin{aligned}
NPV &= 450 \times (P/A,10\%,6) + 520 \times (P/A,10\%,3) \times (P/F,10\%,6) + 770 \times (P/F,10\%,10) - 1250 \\
&= 450 \times 4.355 + 520 \times 2.486 \times 0.565 + 770 \times 0.386 - 1250 \\
&= 1737.36 (万元)
\end{aligned}
$$

该项目的净现值为正，因此该固定资产投资项目可行。

6.3.2 固定资产更新的决策

固定资产更新
决策新旧设备
净现值解析

固定资产更新是指由于技术或经济因素，旧设备不宜继续使用，需要更换新设备或者用先进的技术对旧设备进行局部修理改造。固定资产更新决策主要分析两个问题：一是决定是否更新设备，即继续使用旧设备还是使用新设备；二是若选择更新设备，该选择哪个更新方案。通常这两个问题在决策中需要综合考虑。

固定资产更新决策对企业现有生产能力的影响一般有两种情况：一种是设备更新不改变企业的现有生产能力，不会增加企业营业收入，更新时少量的现金流入为残值变价收入，属于支出的抵减；另一种是设备更新提高企业的现有生产能力，扩大企业的销售额，增加企业的营业收入，带来现金流入量的增加。因此需要针对上述两种情况分别进行分析。

【例 6-5】

某企业有一台购置于 4 年前的旧设备，因运行费用较高，企业考虑用一台效率更高的新设备替换旧设备。假设新设备不改变企业的现有生产能力，两个设备均采用直线法计提折旧，残值为原价的 10%，企业所得税税率为 30%，资本成本率为

10%，处置固定资产的清理费忽略不计。固定资产的会计使用年限与税法规定的使用年限与折旧方法相同。其他信息详见表 6-4，企业该继续使用旧设备还是更换新设备？

表 6-4　固定资产更新的相关数据

单位：元

项目	旧设备	新设备
原价	60000	80000
可用年限	10	10
已用年限	4	
尚可使用年限	6	10
预计固定资产残值变价收入	6000	8000
目前变现价值	36000	80000
每年付现成本	20000	18000
每年折旧额	5400	7200
每年折旧税盾	1620（5400×30%）	2160（7200×30%）

　　由于新设备不改变企业的现有生产能力，因此新、旧设备投入使用给企业带来的营业现金流入相同。投资决策需要比较两个设备的现金流出的现值，选择现金流出现值较低的方案。同时，由于新设备与旧设备的剩余使用年限不同，旧设备 6 年，新设备 10 年，不能直接比较现金流出的现值，因此在计算两个项目现金流出现值的基础上，采用固定资产年均成本法对设备更新问题进行决策。

年均净现值法
与年均成本法解析

　　旧设备的现金流量分析：

$$旧设备实际变价收入的现值 = 36000 + (38400 - 36000) \times 30\%$$
$$= 36720（元）$$

$$NPV_{1\sim5} = [20000 \times (1 - 30\%) - 5400 \times 30\%](P/A,10\%,5)$$
$$= 12380 \times 3.790$$
$$= 46920.2（元）$$

$$NPV_6 = [20000 \times (1 - 30\%) - 5400 \times 30\% - 6000](P/F,10\%,6)$$
$$= 6380 \times 0.565$$
$$= 3604.7（元）$$

$$旧设备现金流出现值之和 = 36720 + 46920.2 + 3604.7 = 87244.9（元）$$

$$旧设备年均成本 = \frac{现金流出的现值}{(P/A,10\%,6)} = \frac{87244.9}{4.355} = 20033.27（元）$$

新设备的现金流量分析：

$$新设备购置成本的现值 = 80000(元)$$

$$NPV_{1\sim9} = [18000 \times (1 - 30\%) - 7200 \times 30\%](P/A, 10\%, 9)$$

$$= 10440 \times 5.759$$

$$= 60123.96(元)$$

$$NPV_{10} = [18000 \times (1 - 30\%) - 7200 \times 30\% - 8000](P/F, 10\%, 10)$$

$$= 2440 \times 0.386$$

$$= 941.84(元)$$

$$新设备现金流出现值之和 = 80000 + 60123.96 + 941.84 = 141065.8(元)$$

$$新设备年均成本 = \frac{现金流出的现值}{(P/A, 10\%, 10)} = \frac{141065.8}{6.144} = 22959.93(元)$$

由于新设备的年均成本大于旧设备，因此不宜更新设备，应继续使用旧设备。

【例 6-6】

某企业有一台购置于 4 年前的旧设备，因运行费用较高，企业考虑用一台效率更高的新设备替换旧设备。假设新设备会改变企业的现有生产能力，两个设备均采用直线法计提折旧，残值为原价的 10%，企业所得税税率为 30%，资本成本率为 10%，处置固定资产的清理费忽略不计。固定资产的会计使用年限与税法规定的使用年限与折旧方法相同。其他信息详见表 6-5，企业该继续使用旧设备还是更换新设备？

表 6-5　固定资产更新的相关数据

单位：元

项目	旧设备	新设备
原价	60000	80000
可用年限	10	10
已用年限	4	
尚可使用年限	6	10
预计固定资产残值变价收入	6000	8000
目前变现价值	36000	80000
每年营业收入	50000	55000
每年付现成本	20000	18000
每年折旧额	5400	7200
每年折旧税盾	1620(5400×30%)	2160(7200×30%)

由于新设备改变企业的现有生产能力，因此新、旧设备投入使用给企业带来的营业现金流入不相同。因此投资决策需要综合考虑现金流入与现金流出的现值，在

此基础上比较两个设备的现值，选择净现值较高的方案。同时，由于新设备与旧设备的剩余使用年限不同，不能直接比较，需采用固定资产年均净现值法对设备更新问题进行决策。

旧设备的现金流量分析：

旧设备实际变价收入的现值 = 36000 + (38400 − 36000) × 30%
$$= 36720(元)$$

$$NPV_{1-5} = [50000 × (1 − 30\%) − 20000 × (1 − 30\%) + 5400 × 30\%](P/A,10\%,5)$$
$$= 22620 × 3.790$$
$$= 85729.8(元)$$

$$NPV_6 = [50000 × (1 − 30\%) − 20000 × (1 − 30\%) + 5400 × 30\% + 6000](P/F,10\%,6)$$
$$= 28620 × 0.565$$
$$= 16170.3(元)$$

旧设备净现值之和 = 85729.8 + 16170.3 − 36720 = 65180.1(元)

旧设备年均净现值 = $\dfrac{净现值之和}{(P/A,10\%,6)}$ = $\dfrac{65180.1}{4.355}$ = 14966.73(元)

新设备的现金流量分析：

新设备购置成本的现值 = 80000(元)

$$NPV_{1-9} = [55000 × (1 − 30\%) − 18000 × (1 − 30\%) + 7200 × 30\%](P/A,10\%,9)$$
$$= 28060 × 5.759$$
$$= 161597.54(元)$$

$$NPV_{10} = [55000 × (1 − 30\%) − 18000 × (1 − 30\%) + 7200 × 30\% + 8000](P/F,10\%,10)$$
$$= 36060 × 0.386$$
$$= 13919.16(元)$$

新设备净现值之和 = 161597.54 + 13919.16 − 80000 = 95516.7(元)

新设备年均净现值 = $\dfrac{新设备净现值之和}{(P/A,10\%,10)}$ = $\dfrac{95516.7}{6.144}$ = 15546.34(元)

由于新设备的年均净现值大于旧设备，因此应更新设备。

6.3.3 固定资产最优更新期的决策

固定资产最优更新期的决策就是选择最佳的更换旧设备时间的决策，此时该设备的年均成本最低。

与固定资产相关的总成本在生产设备更新前包括两大部分：一部分是运行费用，运行费用又包括设备的能源消耗费用及维护修理费用等，不仅运行费用会随使用年限的增加而增加，每年发生的费用也将随设备的不断老化而上升；另一部分是在使用年限内消耗的设备本身的价值，它的计算以设备在更新时能够按其账面价值变现为前提，即从数量关系上看，它是设备的购入价值与更新时的变现价值之差。因此生产设备在更新前的现值总成本为：

$$现值总成本 = C - \frac{S_n}{(1+i)^n} + \sum_{t=1}^{n} \frac{C_n}{(1+i)^t}$$

其中，C 为设备原值，S_n 为第 n 年的设备折余价值，C_n 为第 n 年设备的运行费用，n 为设备更新的年限，i 为设定的贴现率。

在考虑货币时间价值的基础上，设备的年均成本不再是总成本与年限的比值，而是将其看作以现值总成本为现值、期数为 n 的年金，即考虑货币时间价值时的每年现金流出现值为：

$$UAC = \left[C - \frac{S_n}{(1+i)^n} + \sum_{t=1}^{n} \frac{C_n}{(1+i)^t} \right] / (P/A, i, n)$$

式中，UAC 为设备的年均成本。

设备最优更新期决策也就是找出使上式的结果最小的年数 n，其方法通常是计算出若干个不同更新期的年均成本进行比较，从中找出最小的年均成本及其年限。

【例 6-7】

某设备的购买价格为 64000 元，预计使用年限为 10 年，无残值。资本成本率为 12%。其各年的折旧额、折余价值及运行费用如表 6-6 所示。

表 6-6　基础数据

单位：元，年

更新年限	1	2	3	4	5	6	7	8	9	10
折旧额	6400	6400	6400	6400	6400	6400	6400	6400	6400	6400
S_n	57600	51200	44800	38400	32000	25600	19200	12800	6400	0
C_n	10000	10000	10000	11000	11000	12000	13000	14000	15000	16000

根据上述资料，可计算出设备不同年限的年均成本，如表 6-7 所示。

表 6-7　设备不同年限的年均成本

更新年限（年）	1	2	3	4	5	6	7	8	9	10
折旧额（元）	6400	6400	6400	6400	6400	6400	6400	6400	6400	6400
$(1+12\%)^{-n}$	0.893	0.797	0.712	0.636	0.567	0.507	0.452	0.404	0.361	0.322
S_n（元）	57600	51200	44800	38400	32000	25600	19200	12800	6400	0
$S_n(1+12\%)^{-n}$	51437	40806	31898	24422	18144	12979	8678	5171	2310	0
C_n（元）	10000	10000	10000	11000	11000	12000	13000	14000	15000	16000
$C_n(1+12\%)^{-n}$（元）	8930	7970	7120	6996	6237	6084	5876	5656	5415	5152
$\Sigma C_n(1+12\%)^{-n}$（元）	8930	16900	24020	31016	37253	43337	49213	54869	60284	65436
现值总成本（元）	21493	40094	56122	70594	83109	94358	104535	113698	121974	129436
$(P/A, 12\%, n)$	0.892	1.690	2.401	3.037	3.604	4.111	4.563	4.967	5.328	5.650
年均成本（元）	24095	23724	23374	23245	23060	22953	22909	22891	22893	22909

比较表 6-7 中的年均成本可知，该设备运行到第 8 年的年均成本最低，因此，应该在设备使用 8 年后立即更新。

6.3.4　通货膨胀情况下的投资决策

与货币时间价值相反，通货膨胀的经济学意义是指货币的价值随着时间的推移而减少。如果既不考虑货币的时间价值，也没有通货膨胀因素的影响，那么 1 元的价值应该等于将来任何时间的 1 元。如果考虑货币时间价值，不考虑通货膨胀因素的影响，现在 1 元的价值会随着时间的推移而增加，即下一年 1 元的现在价值小于 1 元；反过来，如果不考虑货币时间价值，那么下一年 1 元的价值在通货膨胀因素的影响下，也会比现在 1 元的价值小，即它的购买力会下降。因此，不论是货币时间价值还是通货膨胀因素的影响，都会使将来 1 元的价值小于现在的 1 元价值。

通货膨胀一般用物价指数的增长百分比表示，即一年后购买相同货物所需的货币量较之现在需要的货币量所增加的百分比。

假设年通货膨胀率 f 为 6%，则表示在未来一定时期内，社会物价指数将按 6% 的比例增加。如果不考虑货币时间价值的影响，那么今后若干年内的货币价值用现值表示，其变动情况如表 6-8 所示。

表 6-8　物价与币值变动关系

年限（年）	0	1	2	3	4	…	n
物价水平	1	1.06	1.124	1.191	1.262	…	$(1+f)^n$
币值（元）	1	0.943	0.890	0.840	0.792	…	$(1+f)^{-n}$

表 6-8 中的"币值"实际是排除了通货膨胀影响后的货币的实际购买力。表 6-8 反映的是在没有货币时间价值作用的情况下，通货膨胀对货币价值的影响。但在实际经济工作中，通货膨胀因素与货币时间价值的影响一般是同时存在的，它们共同影响货币的价值，为了真实地反映货币的价值，就必须对这两个因素的综合影响进行研究。

定率通货膨胀是指在可预见的一定时期内，通货膨胀率保持在同一水平上，此时通货膨胀与货币时间价值对货币价值的共同影响可用下列公式计量：

$$1 + m = (1 + i)(1 + f)$$

式中，m 为两个因素的共同影响率，i 为货币时间价值的贴现率，f 为通货膨胀率。

假设 $i=12\%$，$f=6\%$，则：

$$m = (1 + 12\%)(1 + 6\%) - 1 = 18.72\%$$

【例 6-8】

某投资方案的现金净流量如表 6-9 所示，通货膨胀率为 6%，贴现率为 10%。用净现值法判断是否采用此方案。

表 6-9　基础数据

单位：元，年

年限	0	1	2	3	4	5
现金净流量	27000	8000	8000	8000	8000	8000

在不考虑通货膨胀的情况下，此方案的净现值为：

$$NPV_1 = 8000 \times (P/A, 10\%, 5) - 27000$$
$$= 8000 \times 3.790 - 27000$$
$$= 3320(元)$$

由于净现值大于零，故可采用此方案。

在考虑通货膨胀影响的情况下，该方案的净现值为：

$$NPV_2 = 8000 \times (1 + 6\%)^{-1} \times (1 + 10\%)^{-1} + 8000 \times (1 + 6\%)^{-2} \times (1 + 10\%)^{-2} +$$
$$8000 \times (1 + 6\%)^{-3} \times (1 + 10\%)^{-3} + 8000 \times (1 + 6\%)^{-4} \times (1 + 10\%)^{-4} +$$
$$8000 \times (1 + 6\%)^{-5} \times (1 + 10\%)^{-5} - 27000$$
$$= 8000 \times (P/A, 16\%, 5) - 27000$$
$$= 8000 \times 3.274 - 27000$$
$$= -808(元)$$

此时，净现值小于 0，所以应该放弃此方案，否则会损害企业价值。从计算可知，由于每年的通货膨胀率相同，通货膨胀对货币价值的影响与货币时间价值的计算方法一样，即时间对货币价值的影响用 $(1+i)^{-n}$ 来计算，而通货膨胀的影响用 $(1+f)^{-n}$ 来计算，它们之间的区别仅在于使用的百分比不同。

6.4　投资决策敏感性分析

本节分别介绍以净现值为基础和以内部报酬率为基础的投资决策敏感性分析。

6.4.1　投资决策敏感性分析的意义

投资决策敏感性分析是指通过分析预测有关因素变动对净现值和内部报酬率等主要投资决策评价指标的影响程度的一种敏感性分析方法。相关因素有现金净流量、固定资产使用年限等。投资决策敏感性分析有助于揭示有关因素的变动对评价指标的影响程度，进而确定敏感性因素，重点关注该因素。

6.4.2　以净现值为基础的敏感性分析

【例 6-9】

某企业拟投资一个项目，该项目的初始投资额为 400000 元，项目投入使用后预计每年产生 80000 元的现金净流量，预计使用年限为 8 年，预定的折现率为10%。

按照预定的 10% 的折现率，计算该方案的净现值：

$$
\begin{aligned}
NPV &= 80000 \times (P/A,10\%,8) - 400000 \\
&= 80000 \times 5.334 - 400000 \\
&= 26720(\text{元})
\end{aligned}
$$

该项目的净现值大于 0 说明投资该项目能增加企业价值，且项目的投资报酬率大于预定的折现率，项目可行。当项目各年的现金净流量或使用年限发生变化时，方案的可行性将受到影响。敏感性分析就是要分析现金净流量和使用年限这两个因素的最大变化范围，在该范围内，项目的投资报酬率大于预定的折现率。

（1）现金净流量的范围确定

若项目的使用年限为 8 年，项目现金净流量的下限是使得该方案的净现值为 0时的现金净流量。具体计算如下：

$$
\text{现金净流量的下限} = \frac{400000}{(P/A,10\%,8)} = \frac{400000}{5.334} = 74990.63(\text{元})
$$

因此，在使用年限不变的情况下，项目投入使用后的现金净流量变动至74990.63 元时，项目仍然可行；当现金净流量小于 74990.63 元时，项目的净现值将小于 0，投资该项目将损害企业的价值，项目的投资报酬率小于预定的折现率，此时项目不可行。

（2）项目使用年限的范围确定

若项目在使用年限内现金净流量始终为 80000 元，项目使用年限的下限是使得该方案的净现值为 0 时的使用年限。具体计算如下：

$$
NPV = 80000 \times (P/A,10\%,n) - 400000 = 0
$$

$$
(P/A,10\%,n) = \frac{400000}{80000} = 5
$$

采用内插法求得项目使用年限的下限。首先，查年金现值系数表，当折现率为10% 时，分别查找大于 5 和小于 5 的年金现值系数对应的年限：$(P/A, 10\%, 8) =$5.334，$(P/A, 10\%, 7) = 4.868$。其次，采用内插法计算求得 n：

$$n = \frac{5 - 4.868}{5.334 - 4.868} \times (8 - 7) + 7 = 0.28 + 7 = 7.28(年)$$

因此，在各年现金净流量不变的情况下，项目使用年限变动至 7.28 年时，项目仍然可行；当项目使用年限小于 7.28 年时，项目的净现值将小于 0，项目的投资报酬率小于预定的折现率，此时项目不可行。

敏感性系数是能够反映影响程度的指标。通过例 6-9 计算可知，现金净流量和项目使用年限都影响净现值，但无法通过计算来测算其对净现值的影响程度，因此无法测算其敏感性系数。

6.4.3　以内部报酬率为基础的敏感性分析

根据例 6-9 的资料，计算该项目的内部报酬率：

$$NPV = 80000 \times (P/A,i,8) - 400000 = 0$$

$$(P/A,i,8) = \frac{400000}{80000} = 5$$

采用内插法求得项目的内部报酬率。首先，查年金现值系数表，当项目使用年限为 8 时，分别查找大于 5 和小于 5 的年金现值系数对应的折现率：$(P/A，11\%，8) = 5.146$，$(P/A，12\%，8) = 4.967$。其次，采用内插法计算求得 IRR：

$$IRR = \frac{5 - 5.146}{4.967 - 5.146} \times (12\% - 11\%) + 11\% = 11.82\%$$

现金净流量和项目使用年限对内部报酬率的影响程度可用敏感系数表示。敏感系数是目标值的变动百分比与变量值的变动百分比的比值：

$$敏感系数 = \frac{目标值的变动百分比}{变量值的变动百分比}$$

敏感系数大，表明该变量对目标值的影响程度也大，即该变量为敏感因素。

根据例 6-9 的资料，现金净流量对内部报酬率的敏感系数为：

$$敏感系数_1 = \frac{(11.82\% - 10\%)/11.82\%}{(80000 - 74990.63)/80000}$$
$$= 2.46$$

项目使用年限对内部报酬率的敏感系数为：

$$敏感系数_2 = \frac{(11.82\% - 10\%)/11.82\%}{(8 - 7.28)/8}$$
$$= 1.71$$

从以上计算可知，项目使用年限的敏感系数小于现金净流量的敏感系数，说明项目使用年限的变化对内部报酬率的影响比现金净流量的影响小。敏感系数的数值表明,内部报酬率以 2.46 倍的速率随现金净流量的变化而变化,以 1.71 倍的速率随项目使用年限的变化而变化。由于两个因素的敏感系数皆大于 1,说明都属于敏感因素。

思考题

1. 什么是货币时间价值?在进行投资决策分析时,为什么要考虑货币的时间价值?

2. 管理会计项目投资决策的评价指标中,哪些指标可以直接利用现金流量信息进行计算?

3. 什么是净现值?该指标的计算方法有哪些?它与静态投资回收期有什么区别?分别适用于什么条件?

4. 什么是内部报酬率?该指标的计算方法有哪些?分别适用于什么条件?

5. 请分析净现值、内部报酬率、获利指数指标之间的关系。

6. 什么是投资决策敏感性分析?其意义是什么?

练习题

1. 某企业拟新建一项固定资产,为满足资产建设的需要,企业向银行借入 200 万元,于项目建设期期初一次性投入,借款利息率为 10%。该项目建设期为 2 年,并于期初投入 30 万元流动资金,流动资金来源于企业自有资金。项目使用年限为 10 年,期末残值为 20 万元,投入使用后的第 1~5 年每年可给企业增加息税前利润 10 万元,第 6~10 年每年可给企业增加息税前利润 15 万元。经营期前 4 年每年年末归还银行借款利息 22 万元,第 4 年年末一次性归还借款本金。

要求:

(1) 计算项目从初始到终结的年数;

(2) 计算建设期项目的折现率;

(3) 计算固定资产初始投资总额、垫支营运资金、终结期回收资金;

(4) 计算固定资产原值;

(5) 计算年折旧额;

(6) 计算建设期所得税前现金净流量;

(7) 计算经营期所得税前现金净流量。

2. 某企业拟投资一个项目,该企业投资项目要求的必要报酬率为 15%,其他相关资料如表 6-10 所示。

表 6-10　项目的相关数据

单位：万元，年

年限	0	1	2	3	4	5	6
现金净流量	−1000	300	300	300	400	400	400
15%的复利现值系数	1	0.870	0.756	0.658	0.572	0.497	0.432
累计现金净流量							
折现现金净流量							
累计折现现金净流量							

要求：

（1）填写表中的空白数字（结果保留两位小数）；

（2）说明该项目的初始投资额、项目计算期的构成情况和净现值；

（3）计算该项目的投资回收期（结果保留两位小数）；

（4）计算该项目的内部报酬率（结果保留两位小数）；

（5）根据净现值、内部报酬率指标对该项目的可行性做出评价。

3. 某企业预计新建一条生产线，固定资产原始投资总额为 300 万元，资金来源于自有资金。建设期为 1 年，全部资金于建设期期初一次性投入。该项目预计使用年限为 10 年，净残值为 50 万元。生产线投入使用后需垫支流动资金 40 万元，期末可收回，该生产线每年使企业增加营业收入 100 万元，增加付现成本 15 万元。企业按直线法计提固定资产折旧，所得税税率为 20%，资本成本率为 10%。

要求：

（1）计算该项目的年折旧额、税前利润、税后利润；

（2）计算该项目建设期和经营期各年的现金净流量；

（3）计算该项目的净现值并评价该项目的可行性；

（4）计算该项目的获利指数并评价该项目的可行性；

（5）计算该项目的内部报酬率并评价该项目的可行性。

4. 某企业 3 年前购入一台设备，原价 50000 元，期末残值为 5000 元，估计可使用 7 年。企业最近正在考虑是否用一种新设备来取代该旧设备，新设备售价为 65000 元，使用年限为 7 年，期末残值为 2000 元。若购入新设备，可使该企业每年的营业收入由目前的 40000 元增加到 60000 元，付现成本由目前的 16500 元增加到 25000 元。旧设备目前的市场售价为 30000 元，新、旧设备都采用直线法计提折旧，新、旧设备投入使用后都需要垫支营运资金 10000 元，企业的所得税税率为 25%，资本成本率为 16%。

要求：根据资料，采用净现值法做出继续使用旧设备还是更换新设备的决策。

案例分析

企业拟投资一新项目，目前有甲项目、乙项目可供选择，项目必要报酬率为10%，甲、乙两项目的相关信息如表 6-11、表 6-12 所示。

表 6-11　甲项目的现金流量表

单位：万元，年

项目计算期	建设期		经营期								
	0	1	2	3	4	5	…	8	9	10	11
固定资产余值											100
流动资金回收额											50
现金净流量	−1000	−50	400	400	400	400	…	200	200	200	350
累计现金净流量											
折现现金净流量											
累计折现现金净流量											

（1）填写该项目的累计现金净流量、折现现金净流量及累计折现现金净流量；

（2）该项目的初始投资额为_____；

（3）该项目的净现值为_____；

（4）该项目的内部报酬率为_____；

（5）该项目的投资回收期为_____。

表 6-12　乙项目的现金流量表

单位：万元，年

项目计算期	建设期		经营期								
	1	2	3	4	…	7	8	…	13	14	17
营业收入			800	800	…	800	500	…	500	500	500
回收流动资金											40
回收残值											200
固定资产原值	2000										
垫支营运资金		40									
付现营运成本			60	60	…	60	60	…	60	60	60
折旧额			120	120	…	120	120	…	120	120	120

续表

项目计算期	建设期		经营期								
	1	2	3	4	…	7	8	…	13	14	17
所得税			155	155	…	155	80		80	80	80
现金净流量			585	585		585	360		360	360	360
计算指标	税后:内部报酬率=					净现值($i=15\%$)=					

（1）计算表中的相关评价指标；

（2）根据现金净流量指标计算出的评价指标对该项目的可行性进行评价。

第7章 存货决策

学习目标

1. 了解与存货决策相关的各个成本的含义
2. 理解各个成本在不同情形下与存货决策的相关性
3. 掌握基本存货决策模型及其应用
4. 掌握存货决策模型的扩展，以解决不同状况下的存货决策问题
5. 掌握再订货点的确定方法
6. 理解适时制生产与零存货管理的理念

知识框架图

引导案例 　　　　李宁体育用品有限公司的存货管理与控制[①]

　　李宁体育用品有限公司成立于1990年，由著名体操运动员李宁先生创立，经过20多年的探索，已经逐步成为代表中国的、国际领先的运动品牌。李宁体育用品有限公司采取多品牌的发展战略，旗下分别有李宁品牌（LI-NING）、艾高品牌（AIGLE）、心动品牌（Z-DO）以及乐途品牌（LOTTO）。同时，李宁体育用品有限公司控股上海红双喜股份有限公司、全资收购凯胜体育用品有限公司。李宁体育用品有限公司自创立以来，迅速发展，拥有完整成熟的设计、研发、制造、销售、营销团队。2004年李宁体育用品有限公司于香港上市，之后6年业绩大幅度增长，2008年借北京奥运会东风，李宁体育用品有限公司抓住机遇迅速发展，2009年业绩更是达到83.87亿元人民币。截至2009年底，其店铺总数达到8156间，遍布中国1800多个城市，并且在国外也拥有多家

引导案例补充数据

---

　　① 资料来源：陆智敏、金梦《企业存货管理的研究——以运动品牌李宁为例》，《市场周刊》2019年第2期，第33~35页。

销售网点。但是从 2008 年北京奥运会浪潮过去之后，李宁体育用品有限公司出现了前所未有的亏损。

2015～2017 年，李宁体育用品有限公司库存量在不断攀升，存货占总资产的比值不断提高。高库存量意味着企业在存货管理方面存在缺陷。最主要的原因是其在制定发展策略时侧重于提高库存商品数量来保证销售连续性。与此同时，李宁体育用品有限公司的存货周转率相较于同类运动品牌也存在较低的情况。2009 年之后该公司门店数量迅速增加，为了避免出现因缺货而不能满足顾客需求的情况或者为了保证生产不会因为缺少原材料导致中断而大量购进货物，使得其日常资金被大量占用。李宁体育用品有限公司的业绩从顶峰滑落下来，究其原因，这与企业的高存货量有关。李宁体育用品有限公司也认识到了这个问题，2018 年以后，加强了存货管理与控制，存货占流动资产、总资产的比例也逐年下降。

企业存货管理的质量将直接影响企业资金流的安全，所以企业必须重视存货管理，将企业存货占总资产的比例维持在一个合理的水平，以保障企业资金的流畅和安全。建立健全企业存货管理制度已经成为所有企业必须面对且刻不容缓的问题。

7.1　存货成本

存货成本是指存货在订货、购入、储存过程中所发生的各种费用，以及存货短缺造成的经济损失，它包括一切与存货有关的费用支出。通常来说，存货成本一般包括采购成本、订货成本、储存成本和缺货成本四部分。

7.1.1　采购成本

采购成本是指为购买存货而发生的支出，通常由买价和运杂费两部分组成。采购成本的多少与采购物资的品种、数量和采购地点等因素有关，与订货次数的多少无关。由于单位采购成本一般不随采购数量的变动而变动，因此，在存货管理中，采购成本通常属于无关成本。只有当供应商为扩大销售而采用数量折扣等优惠方法时，采购成本才成为决策的相关成本。

7.1.2　订货成本

订货成本是指企业为组织每次订货而支出的费用，包括采购人员的工资、采购部门的日常经费（如办公费、水电费、折旧费、取暖费等）和进行订货而发生的业务费（如差旅费、邮电费、检验费等）。这些费用支出根据与订货次数的关系可以分为变动性订货成本和固定性订货成本。变动性订货成本与订货次数的多少有关，如差旅费、检验费等费用支出，这些支出与订货次数成正比例变动，属于决策的相关成本。固定性订货成本与订货次数的多少无关，如折旧费、水电费、办公费等，属于决策的无关成本。

7.1.3　储存成本

储存成本是指企业为满足日常活动需要储存货物而发生的各种费用。主要包括存货资金的占用费或机会成本、仓储费用、保险费用、存货残损霉变损失等。储存成本按其与储存量的关系也可分为固定性储存成本与变动性储存成本。凡总额稳定，与存货数量的多少及储存时间长短无关的成本，称为固定储存成本，如仓库房屋、机械设备的折旧费、修理费、照明费以及仓库管理人员的工资、办公费等，这类成本属于决策的无关成本。凡总额大小取决于存货数量的多少及储存时间长短的成本，称为变动性储存成本，如存货资金的应计利息、存货残损和变质的损失、存货的保险费用等，这类成本属于决策的相关成本。

7.1.4　缺货成本

缺货成本是指由于存货库存数量不能及时满足生产和销售的需要而给企业带来的损失。例如，因停工待料而发生的损失（如因延期交货而缴纳的违约赔偿金、停工期间的固定成本等），由于商品存货不足而丧失的销售机会成本，因采取应急措施补足存货而发生的超额费用；等等。缺货成本大多属于机会成本，它能否作为决策的相关成本，应视企业是否允许出现存货短缺而定。在允许缺货的情况下，缺货成本是与决策相关的成本；但如若企业不允许发生缺货，缺货成本则是决策的无关成本。

7.2　基本存货决策模型

7.2.1　经济订货批量的含义

经济订货批量是指在保证满足企业正常生产经营需要的前提下，使企业的订货费用和储存费用之和最低时的订货批量。在需要量已定的情况下，订货批量和储存量是正相关关系。如果降低每次的订货批量，必然会增加订货次数，因此，订货成本会随订货次数的增加而增加。而由于每次的订货批量减少，需要储存的货物数量下降，因此货物的储存成本会随订货次数的增加而减少。企业存货决策的目的就是确定使年订货成本和年储存成本合计数最低时的订货批量，称之为经济订货批量。

7.2.2　经济订货批量模型

经济订货批量模型是借用数学模型的方法去求解存货总成本最低时的订货批量，因此需要满足一定的假设前提才可以使用。下面对基本存货决策模型下计算经济订货批量的模型需要满足的假设条件做出表述。

第一，存货采购时没有数量折扣，即无论采购数量多少，存货采购单价不变。

第二，采购的存货能按时送达，所以不存在因缺货而导致的成本。

第三，存货采购的年需要量既定，因此采购成本是决策的无关成本。

第四，采购的存货每批订货一次收到，不存在陆续到货的情况。

第五，采购存货的订货批量不受限，整数批量、非整数批量均可。

第六，企业仓储容量充足，采购存货的储存量不受限制。

由于在经济订货批量模型的假设前提下，采购成本和缺货成本属于决策的无关成本。因此，经济订货批量模型只考虑订货成本与储存成本。

假设 T 为总成本，Q 为每次订货批量，S 为单位年储存成本，D 为某种存货全年需要量，A 为每次的订货成本。

因此计算经济订货批量总成本的基础数学表达式为：

$$T = \frac{Q}{2}S + \frac{D}{Q}A \qquad\qquad (7-1)$$

其中，$\frac{Q}{2}$ 表示平均储存量，$\frac{D}{Q}$ 表示订货次数。

7.2.3　计算经济订货批量的方法

基本存货模型推导

1. 公式法

从数学角度来说，求解经济订货批量就是计算年存货总成本取得极小值时，订货批量的值。

根据函数极值的必要条件理论，首先，令函数 $T(Q)$ 的一阶导数为零，即：

$$\frac{S}{2} - \frac{D}{Q^2}A = 0$$

经过变形，可得：

$$Q = \sqrt{\frac{2AD}{S}}$$

其次，函数 T（Q）是否在 $Q=\sqrt{\dfrac{2AD}{S}}$ 处取得极小值，还要根据函数 T（Q）的二阶导数判断。

T（Q）的二阶导数为 $\dfrac{2AD}{Q^3}$，很明显 $\dfrac{2AD}{Q^3}$ 大于 0，因此，$\sqrt{\dfrac{2AD}{S}}$ 计算的订货批量就是经济订货批量，即：

$$Q^* = \sqrt{\dfrac{2AD}{S}} \qquad\qquad (7-2)$$

2. 图示法

根据总成本的数学表达式 $T=\dfrac{Q}{2}S+\dfrac{D}{Q}A$，可以将年总成本曲线（数学表达式为：$\dfrac{Q}{2}S+\dfrac{D}{Q}A$）、年储存成本曲线（数学表达式为：$\dfrac{Q}{2}S$）、年订货成本曲线（数学表达式为：$\dfrac{D}{Q}A$）画在同一个坐标系上。

通过观察图形可以看到，一方面，年储存成本曲线（数学表达式为：$\dfrac{Q}{2}S$）是一个关于 Q 的线性函数，与订货批量 Q 正相关；另一方面，年订货次数 $\dfrac{D}{Q}$ 随订货批量 Q 上升而下降，年订货成本与订货批量负相关。结合总成本曲线，从图 7-1 中可以直观地看到年总成本最低的点所对应的订货批量（Q^*）即为经济订货批量。

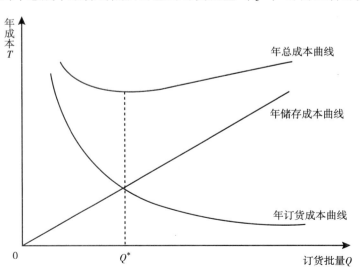

图 7-1　经济订货批量模型

【例 7-1】

甲公司为一家生产销售型企业，为保证正常的生产经营活动，甲公司对原材料的全年需要量为 1000 吨，采购成本为每吨 50 元，单位年储存成本为每吨 6 元，每次的订货成本为 30 元。计算甲公司采购原材料的经济订货批量、年最低成本以及订货次数。

根据题意，甲公司原材料的全年需要量 $D = 1000$，单位年储存成本 $S = 6$，每次的订货成本 $A = 30$，将之代入式（7-2）可得，甲公司采购原材料的经济订货批量为：

$$Q^* = \sqrt{\frac{2AD}{S}} = \sqrt{\frac{2 \times 30 \times 1000}{6}} = 100 \text{（吨）}$$

甲公司采购原材料的年最低成本为：

$$T = \frac{Q}{2}S + \frac{D}{Q}A = \sqrt{2ADS} = \sqrt{2 \times 30 \times 1000 \times 6} = 600 \text{（元）}$$

甲公司采购原材料的订货次数为：

$$\frac{D}{Q} = 1000/100 = 10 \text{（次）}$$

7.3 存货决策模型的扩展

在上一节中，利用基本存货决策模型计算经济订货批量时，做了一定的假设。但是，在现实情况下，受各种因素影响，前面的假设中所提到的情况可能无法全部满足。例如，企业每次订购的货物不一定一次全部到达，也有可能分批到达。同时，企业的生产活动也不可能等到货物全部运抵仓库后才开始进行，而是随进货陆续领用。还有，在实际采购交易中卖方为了提高销售量，会在买方购买数量超过一定的标准时，给予买方一定

**存货决策模型
扩展补充资料**

的价格折扣。此时，采购成本就成了决策的相关成本。由于某些原因，企业发生存货短缺的情况也可能存在，此时存货决策还要考虑缺货带来的成本。另外，存货决策中还可能存在订货批量受限、企业存货储存量受限等问题。因此，为了应对特殊情况的出现，使存货决策模型更加适用于现实情况，需要放松前述假设的约束条件，重新确定不同情况下的经济订货批量。

7.3.1 一次订货，边进边出决策

前面基本存货决策模型假设每次订购的存货一次全部到达。但是，现实的情况

是企业每次订购的货物不一定是一次全部到达，也有可能是分批到达。同时，企业的生产活动也不可能等到货物全部运抵仓库后才开始进行，而是随进货陆续领用。存货边进边出的库存量如图 7-2 所示。

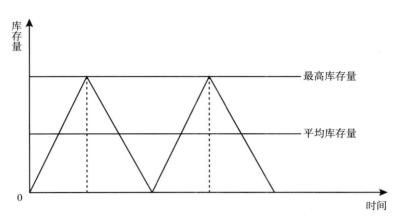

图 7-2 存货边进边出的库存量

在这种情况下，存货的每日进库量、库存周期以及库存期间存货每日的耗用量等多种因素及其变化会影响经济订货批量的确定，因此，在边进货边出货的情况下，计算经济订货批量时要综合考虑各个因素。

假设 T 为总成本，Q 为每次订货批量，S 为单位年储存成本，D 为某种存货全年需要量，A 为每次的订货成本（和基本存货决策模型中的符号含义一致）。

现在需要补充两个符号的含义。设 X 代表存货每日进库量，Y 代表库存期间存货每日耗用量。

$$库存形成周期 = \frac{Q}{X}$$

$$入库期间总耗用量 = \frac{Q}{X}Y$$

$$最高库存量 = Q - \frac{Q}{X}Y = \frac{Q}{X}(X-Y)$$

$$平均库存量 = \frac{1}{2}\left(Q - \frac{Q}{X}Y\right) = \frac{Q}{2X}(X-Y)$$

$$储存成本 = \frac{QS}{2X}(X-Y)$$

$$订货成本 = \frac{D}{Q}A$$

$$总成本\ T = \frac{QS}{2X}(X-Y) + \frac{D}{Q}A$$

计算经济订货批量的方法与基本模型一样，此处计算过程省略。

$$经济订货批量(Q^*) = \sqrt{\frac{2AD}{S(1-\frac{Y}{X})}} \qquad\qquad (7-3)$$

【例 7-2】

甲公司为一家生产销售型企业，为保证正常的生产经营活动，甲公司对原材料的全年需要量为 1000 吨，采购成本为每吨 50 元，单位年储存成本为每吨 6 元，每次的订货成本为 30 元。假设甲公司的存货管理是一次订货，边进边出的模式，每日进库量为 20 吨，每日耗用量为 15 吨。计算这种情况下甲公司采购原材料的经济订货批量以及年最低成本。

根据题意，甲公司原材料的全年需要量 $D=1000$，单位年储存成本 $S=6$，每次的订货成本 $A=30$，每日进库量 $X=20$，每日耗用量 $Y=15$，将之代入式（7-3）可得，在存货边进边出的情况下，甲公司采购原材料的经济订货批量为：

$$Q^* = \sqrt{\frac{2AD}{S(1-\frac{Y}{X})}} = \sqrt{\frac{2\times30\times1000}{6\times(1-\frac{15}{20})}} = 200(吨)$$

甲公司采购原材料的年最低成本为：

$$T = \frac{QS}{2X}(X-Y) + \frac{D}{Q}A = \sqrt{2ADS(1-\frac{Y}{X})} = \sqrt{2\times30\times1000\times6\times0.25} = 300(元)$$

7.3.2 经济订货批量中的数量折扣问题

前面基本存货决策模型假设订购时没有数量折扣，即采购成本是决策的无关成本。但是，在实际生活中，卖方为了提高销售量，会在买方购买数量超过一定的标准时，给予买方一定的价格折扣。于是，买方的采购成本会比没有数量折扣的情况低，甚至节约的采购成本和订货成本会超过相应增加的储存成本。此时，采购成本就成了订货批量决策的相关成本，在计算经济订货批量时就应该考虑订货成本、储存成本以及采购成本。当订货成本、储存成本以及采购成本的年成本合计数最低时的订货批量才是经济订货批量。

【例 7-3】

甲公司为一家生产销售型企业，为保证正常的生产经营活动，甲公司对原材料的全年需要量为 1000 吨，采购成本为每吨 50 元，单位年储存成本为每吨 6 元，每次的订货成本为 30 元。甲公司的供应商为增加销售量，提出甲公司如果每次订货批量在 200 吨及以上，可获得每吨 3% 的价格优惠，此时，甲公司的经济订货批量应该为多少？

当有数量折扣时，节约的采购成本和订货成本可能会超过相应增加的储存成本，此时按照折扣价格的数量购货的总成本比按照不享受数量折扣时的总成本更低，那就应该选择按照折扣价格的数量购货。有数量折扣时的订货决策通常分四步进行。

第一步，计算没有数量折扣时的经济订货批量。

根据题意，甲公司原材料的全年需要量 $D=1000$，单位年储存成本 $S=6$，每次的订货成本 $A=30$，将之代入式（7-2）可得，甲公司在没有数量折扣时采购原材料的经济订货批量为：

$$Q^* = \sqrt{\frac{2AD}{S}} = \sqrt{\frac{2 \times 30 \times 1000}{6}} = 100（吨）$$

第二步，计算没有数量折扣时的经济订货批量下的总成本。

$$
\begin{aligned}
总成本 T &= 采购成本 + 订货成本 + 储存成本 \\
&= 1000 \times 50 + \frac{1000}{100} \times 30 + \frac{100}{2} \times 6 \\
&= 50000 + 300 + 300 \\
&= 50600（元）
\end{aligned}
$$

第三步，计算有数量折扣时的总成本。

$$
\begin{aligned}
总成本 T &= 采购成本 + 订货成本 + 储存成本 \\
&= 1000 \times 50 \times (1 - 3\%) + \frac{1000}{200} \times 30 + \frac{200}{2} \times 6 \\
&= 48500 + 150 + 600 \\
&= 49250（元）
\end{aligned}
$$

第四步，比较没有数量折扣时的经济订货批量下的总成本和有数量折扣时的总成本。决策遵循就低不就高的原则。

经过比较可得，在有数量折扣时，甲公司采购原材料每次购买 200 吨比购买 100 吨的年总成本更低，可使存货成本降低 1350 元（50600-49250），因此甲公司采购原材料应该选择有数量折扣的方案。

在本例中，甲公司的供应商提出甲公司如果每次订货批量达到 200 吨，可获得每吨 3% 的价格优惠。甲公司对原材料的全年需要量为 1000 吨，订货次数为 5 次，正好是整数批次，这种情况是比较理想的。但是在现实生活中，大多数情况是计算的订购次数不为整数，例如，假设甲公司的供应商提出甲公司如果每次订货批量在 240 吨及以上时，才可获得每吨 3% 的价格优惠。此时，计算的订货次数为 4.167 次 $\left(\frac{1000}{240}\right)$，这在实际工作中无法执行。对于订货次数不为整数的情况，现行的处理方法是采用就近原则确定订货次数。

【例 7-4】

甲公司为一家生产销售型企业，为保证正常的生产经营活动，甲公司对原材料的全年需要量为 1000 吨，采购成本为每吨 50 元，单位年储存成本为每吨 6 元，每次的订货成本为 30 元。假设甲公司的供应商提出，甲公司如果每次订货批量在 240 吨及以上时，才可获得每吨 3%的价格优惠，此时，甲公司的经济订货批量应该为多少？

第一步，计算没有数量折扣时的经济订货批量。

根据题意，甲公司原材料的全年需要量 $D=1000$，单位年储存成本 $S=6$，每次的订货成本 $A=30$，将之代入式（7-2）可得，甲公司在没有数量折扣时采购原材料的经济订货批量为：

$$Q^* = \sqrt{\frac{2AD}{S}} = \sqrt{\frac{2 \times 30 \times 1000}{6}} = 100(吨)$$

第二步，计算没有数量折扣时的经济订货批量下的总成本。

$$
\begin{aligned}
总成本\ T &= 采购成本 + 订货成本 + 储存成本 \\
&= 1000 \times 50 + \frac{1000}{100} \times 30 + \frac{100}{2} \times 6 \\
&= 50000 + 300 + 300 \\
&= 50600(元)
\end{aligned}
$$

第三步，计算有数量折扣时的总成本。

$$
\begin{aligned}
总成本\ T &= 采购成本 + 订货成本 + 储存成本 \\
&= 1000 \times 50 \times (1 - 3\%) + \frac{1000}{240} \times 30 + \frac{240}{2} \times 6 \\
&= 48500 + 125 + 720 \\
&= 49345(元)
\end{aligned}
$$

本例中，每次订货批量为 240 吨，总需求为 1000 吨，计算的订货次数为 4.167 次，这在实际工作中无法执行。因此，按照就近原则确定订货次数，订货次数确定为 4 次，每次采购 250 吨，重新计算有数量折扣时的总成本。

$$
\begin{aligned}
总成本\ T &= 采购成本 + 订货成本 + 储存成本 \\
&= 1000 \times 50 \times (1 - 3\%) + \frac{1000}{250} \times 30 + \frac{250}{2} \times 6 \\
&= 48500 + 120 + 750 = 49370(元)
\end{aligned}
$$

第四步，比较没有数量折扣时的经济订货批量下的总成本和有数量折扣时的总成本。决策遵循就低不就高的原则。

经过比较可得，在有数量折扣时，甲公司采购原材料每次购买 250 吨比购买 100 吨的总成本更低，可使存货成本降低 1230 元（50600-49370），因此甲公司采购原材料应该选择有数量折扣的方案。

在例 7-3、例 7-4 中，存货的单位年储存成本均为常数，但现实生活中还存在另外一种情况，即存货的单位年储存成本不为常数，而是随着存货采购单价的变化而变化。在存货采购交易中有数量折扣的情况下，不同的采购数量范围对应不同的采购单价，因此，存货的单位年储存成本对应不同的采购单价也会有不同的取值。此种情形下，存货的单位年储存成本较为常见的是以存货采购价格的百分比为表达形式。

当存货的单位年储存成本以存货采购价格的百分比的形式表达时，可以用以下三个步骤确定存货的经济订货批量。

第一步，从最低的存货采购价格开始，计算不同的存货采购价格下存货的经济订货批量，直到计算的存货经济订货批量正好落入与其价格相对应的数量范围之内。

第二步，如果最低单位价格的存货经济订货批量可行，计算该存货采购价格下的最低相关总成本，并且将该价格下的最低相关总成本与更低价格范围的经济订货批量的相关总成本比较，总成本较低者对应的存货采购批量为最优经济订货批量。

第三步，如果在每个存货采购价格下计算出的经济订货批量都不可行（计算的存货经济订货批量没有落入与其价格相对应的数量范围之内），就在所有存货采购价格对应的数量范围的间断点上计算总成本，与最低总成本相对应的存货采购批量即为最优经济订货批量。

【例 7-5】

甲公司为一家生产销售型企业，为保证正常的生产经营活动，甲公司对原材料 B 的全年需要量为 1000 吨，每次的订货成本为 30 元。不同范围的原材料采购数量所对应的采购单价情况如表 7-1 所示。每年的单位储存成本为原材料采购单价的 30%。请确定最优经济订货批量与年相关总成本。

表 7-1　原材料 B 的价格资料

原材料采购范围	采购单价（元/吨）	单位储存成本（元/吨）
0～49 吨	50	50×30% = 15
50～99 吨	48	48×30% = 14.4
100 吨及以上	46	46×30% = 13.8

第一步，计算采购范围为 100 吨及以上的经济订货批量。

根据题意，甲公司原材料的全年需要量 $D = 1000$，单位年储存成本 $S = 13.8$，每次的订货成本 $A = 30$，将之代入式（7-2）可得，甲公司采购原材料的采购范围为 100 吨及以上的经济订货批量为：

$$Q^* = \sqrt{\frac{2AD}{S}} = \sqrt{\frac{2 \times 30 \times 1000}{13.8}} = 66(\text{吨})$$

由于订货批量 66 吨处于 50~99 吨这个采购范围，这个范围下的采购单价为 48 元/吨（单位储存成本为 14.4 元/吨），不是 46 元/吨（单位储存成本为 13.8 元/吨）。因此这不是一个可行解。

第二步，计算采购范围为 50~99 吨的经济订货批量。

根据题意，甲公司原材料的全年需要量 $D = 1000$，单位年储存成本 $S = 14.4$，每次的订货成本 $A = 30$，将之代入式（7-2）可得，甲公司采购原材料的采购范围为 50~99 吨的经济订货批量为：

$$Q^* = \sqrt{\frac{2AD}{S}} = \sqrt{\frac{2 \times 30 \times 1000}{14.4}} = 65(\text{吨})$$

由于订货批量 65 吨处于 50~99 吨这个采购范围，因此这是一个可行解。

下面，计算订货批量为 65 吨的总成本，并且与采购单价为 46 元/吨（单位储存成本为 13.8 元/吨）所需的最低总成本做比较。

（1）当订货批量为 65 吨，采购单价为 48 元/吨，单位储存成本为 14.4 元/吨时：

$$\begin{aligned} 总成本\ T &= 采购成本 + 订货成本 + 储存成本 \\ &= 48 \times 1000 + \frac{1000}{65} \times 30 + \frac{65}{2} \times 14.4 \\ &= 48000 + 462 + 468 \\ &= 48930(\text{元}) \end{aligned}$$

当订货批量为 65 吨，原材料的全年需要量为 1000 吨时，订货次数为 15.38 次 $\left(\frac{1000}{65}\right)$，不为整数批次，在现实生活中无法执行，这类问题已在例 7-4 中介绍，这里不再赘述。虽然订货次数不为整数批次，此处计算的总成本 48930 元已是 50~99 吨这个采购范围的最低总成本，如果该成本比采购单价为 46 元/吨所需的最低总成本高，那就不用再计算订货次数为整数批次的最低总成本；相反如果该成本比采购单价为 46 元/吨所需的最低总成本低，那还需要再计算订货次数为整数批次的在 50~99 吨这个采购范围的最低总成本。计算方法同例 7-4。

（2）当订货批量为 100 吨，采购单价为 46 元/吨，单位储存成本为 13.8 元/吨时：

$$\begin{aligned} 总成本\ T &= 采购成本 + 订货成本 + 储存成本 \\ &= 46 \times 1000 + \frac{1000}{100} \times 30 + \frac{100}{2} \times 13.8 \\ &= 46000 + 300 + 690 \\ &= 46990(\text{元}) \end{aligned}$$

从计算结果可以看到，在订货批量为 100 吨，符合采购范围的情形下，采购单价为 46 元/吨所需的最低总成本为 46990 元，比订货批量为 65 吨的总成本 48930 元更低。因此，就不用再计算订货次数为整数批次的在 50~99 吨这个采购范围的最低总成本。并且，当订货批量为 100 吨时，订货次数为 10 次，为整数批次，因此，不需要再考虑订货次数是否为整数的情形。

综上计算可得，甲公司采购原材料 B 的经济订货批量为 100 吨，年相关总成本为 46990 元。

7.3.3 经济订货批量中的缺货影响问题

前面基本存货决策模型假设企业不允许缺货，即缺货成本是决策无关成本。企业为保证正常的生产经营，通常不允许缺货，但是，由于某些原因存货短缺的情况也存在。例如，存货的耗用量超过正常的耗用量或者存货到货期有延迟。此时，缺货成本就是决策相关成本，在计算经济订货批量时，就要考虑在内。因此，在允许缺货的情况下，当订货成本、储存成本以及缺货成本的年成本合计数最低时的订货批量才是经济订货批量。

允许缺货情况下的经济订货批量模型推导

假设 T 为总成本，Q 为每次订货批量，S 为单位年储存成本，D 为某种存货全年需要量，A 为每次的订货成本（和基本存货决策模型中的符号含义一致）。

现在需要补充几个符号的含义。设 O 代表缺货量，C 代表单位缺货成本，Y 代表存货每日消耗量。d_1 代表不缺货天数，d_2 代表缺货天数，一个购货周期为 d_1+d_2，允许缺货情况下库存量的变化如图 7-3 所示（推导过程省略）。

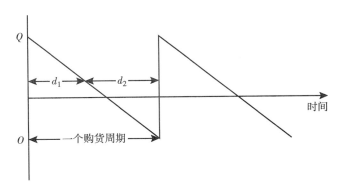

图 7-3 允许缺货情况下库存量的变化

允许缺货情况下的经济订货批量模型为：

$$经济订货批量(Q^*) = \sqrt{\frac{2DA}{S} \times \frac{S+C}{C}} \qquad (7-4)$$

【例7-6】

甲公司为一家生产销售型企业，为保证正常的生产经营活动，甲公司对原材料的全年需要量为1000吨，采购成本为每吨50元，单位年储存成本为每吨6元，每次的订货成本为30元。甲公司的单位缺货成本为每吨2元。计算在允许缺货情况下的经济订货批量。

根据题意，甲公司原材料的全年需要量$D=1000$，单位年储存成本$S=6$，每次的订货成本$A=30$，单位缺货成本$C=2$，将之代入式（7-4）可得，在允许缺货的情况下，甲公司采购原材料的经济订货批量为：

$$Q^* = \sqrt{\frac{2AD}{S} \times \frac{S+C}{C}} = \sqrt{\frac{2 \times 30 \times 1000}{6} \times \frac{6+2}{2}} = 200(\text{吨})$$

7.3.4 经济订货批量中订单批量受限的问题

前面基本存货决策模型假设订单批量不受限，但是，在实际工作中，为省去非整数批量订单计数的麻烦，通常卖方只接受按整数计数的批量订单。在这种情况下，如果按照前面经济订货批量模型计算出来的经济订货批量（Q^*）不是卖方允许的订货批量，就必须在经济订货批量（Q^*）的左右两边选择两个允许的数量，计算各自的总成本再进行比较，决策遵循就低不就高的原则。

【例7-7】

乙公司为一家生产销售型企业，为保证正常的生产经营活动，全年需用某存货2000件，每次订货成本为200元，每件年储存成本为4元。由于包装、运输原因，乙公司的供应商只接受200件整数倍批量的订单（如200件、400件、600件等），不接受有零数或非200件整数倍的订单。计算在订单批量受限的情况下，乙公司的经济订货批量。

第一步，计算订单批量不受限时的经济订货批量。

根据题意，乙公司存货的全年需要量$D=2000$，单位年储存成本$S=4$，每次的订货成本$A=200$，将之代入式（7-2）可得，乙公司在订单批量不受限时的经济订货批量为：

$$Q^* = \sqrt{\frac{2AD}{S}} = \sqrt{\frac{2 \times 200 \times 2000}{4}} = 447(\text{件})$$

由于经济订货批量为447件，不是供应商所要求的整数批量，因而只能在447件的左右选择两个允许的批量400件和600件，通过比较这两个批量的总成本来确定最优经济订货批量。

第二步，计算订购 400 件时的总成本。

$$总成本\ T = 订货成本 + 储存成本$$
$$= \frac{2000}{400} \times 200 + \frac{400}{2} \times 4$$
$$= 1000 + 800$$
$$= 1800（元）$$

第三步，计算订购 600 件时的总成本。

$$总成本\ T = 订货成本 + 储存成本$$
$$= \frac{2000}{600} \times 200 + \frac{600}{2} \times 4$$
$$= 667 + 1200$$
$$= 1867（元）$$

第四步，比较两个批量的总成本得出结论。由于订购 400 件时的总成本更低，因此乙公司在订货批量受限时的最优经济订货批量为 400 件。

7.3.5　经济订货批量中储存量受限的问题

前面基本存货决策模型假设企业储存量不受限，但是，根据实际情况，每个企业的储存面积是有限的，储存量也就不能无限制扩大。在这种情况下，如果计算确定的经济订货批量大于储存约束性因素的数值（超过现有最大储存量），那么最佳的订货批量就是该约束性因素的值。

【例 7-8】

丙公司为一家生产销售型企业，为保证正常的生产经营活动，每年需要 B 材料500000 千克，每次订货成本为 200 元，每千克年储存成本为 2 元。该公司目前仓库最大储存量为 5000 千克，考虑到业务发展的需要，已与其他单位协商租用一个可储存 10000 千克 B 材料的仓库，年租金约为 6000 元。计算在储存量受限的情况下，丙公司的经济订货批量。

第一步，计算储存量不受限时的经济订货批量和年总成本。

根据题意，丙公司 B 材料的全年需要量 $D = 500000$，单位年储存成本 $S = 2$，每次的订货成本 $A = 200$，将之代入式（7-2）可得，丙公司在储存量不受限时的经济订货批量为：

$$Q^* = \sqrt{\frac{2AD}{S}} = \sqrt{\frac{2 \times 200 \times 500000}{2}} = 10000（千克）$$

丙公司在储存量不受限时的总成本为：

$$T = \frac{Q}{2}S + \frac{D}{Q}A = \sqrt{2ADS} = \sqrt{2 \times 200 \times 500000 \times 2} = 20000（元）$$

由于丙公司目前仓库的最大储存量只有 5000 千克，少于经济订货批量（10000 千克），因此，需要在扩大仓储量和按目前最大储存量储存之间做出选择。

第二步，计算如果一次订购 5000 千克的总成本。

$$总成本\ T = \frac{Q}{2}S + \frac{D}{Q}A$$
$$= \frac{5000}{2} \times 2 + \frac{500000}{5000} \times 200$$
$$= 25000（元）$$

第三步，比较得出结论。由于储存量不受任何限制时的最佳存货总成本为 20000 元，但需要另外租赁仓库存放超出仓库最大储存量的部分，仓库租赁费是相关成本，因此决策时应该考虑。由于每批订购 10000 千克需要花费的总成本共 26000 元（20000+6000），而按仓库最大储存量计算的存货总成本为 25000 元。因此，在储存量受限的情况下，丙公司的经济订货批量为 5000 千克。

7.4 存货管理的方法

7.4.1 再订货点

经济订货批量模型解决的是使存货总成本最低的订货批量，但是无法确定订货批量之间的间隔期，即企业应该在库存量剩多少时订购下一批货物。由于发出订单之后，企业在若干天后才会收到货物，为了保证在这期间生产和销售活动的连续性，企业应在存货用完或售完之前再一次订货。在订购下一批货物的时点企业存货的库存量叫再订货点。确定再订货点的库存量时，会涉及一个概念——安全库存量。

1. 安全库存量

（1）含义

安全库存量是指企业为避免由不确定性因素造成的意外损失而设置的保险库存量。例如，需求量突然增大或者是订货不能如期到货时，企业可以使用安全库存量避免因缺货造成的损失。

（2）确定方法

安全库存量的存在就是为了避免因意外导致缺货而造成的损失。一般情况下，按照正常的耗用量和到货期维持的库存量就可以满足正常的生产经营活动。意外无外乎两种情况，第一，存货的日常耗用量超过正常的耗用量；第二，存货的到货期有延迟。因此，安全库存量的确定可以根据这两种非正常情况来确定。

第一，如果企业某项存货的日常耗用量超过正常的耗用量，那么就有可能发生在新存货到达前，存货库存耗尽的情况。这种情况下的库存耗竭如图 7-4 所示。

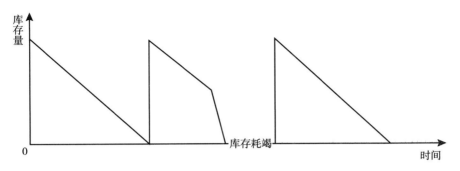

图 7-4　超过正常耗用量导致库存耗竭

第二，如果企业的耗用量正常，但是新存货到货期有延迟，那么也很可能发生在新存货到达前，存货库存耗尽的情况。这种情况下的库存耗竭如图 7-5 所示。

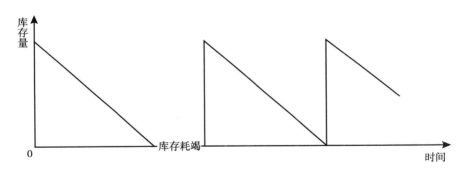

图 7-5　到货期延迟导致库存耗竭

库存耗竭的发生往往会给企业带来不利的影响：如停工待料、派专人采购材料等，严重时可能会失去顾客。为避免上述情况发生给企业带来不利影响，企业应建立保险储备并确定最佳安全库存量，从而将可能发生的额外成本降到最小。如果有充足的安全库存量，就不会发生如图 7-4 和图 7-5 所示的库存耗竭现象，超过正常的耗用量和因到货期延迟而耗用的存货可以从安全库存量中获取，并在新的订货到达时补足安全库存量。安全库存量的确定方法常见的有经验法和不连续的概率法两种。

一是经验法。经验法是指由经验丰富的管理人员根据企业历史数据资料对安全库存量进行计算和规定的方法。一般适用于品种繁多、价值较小的存货安全库存量的确定。其一般计算公式如下：

$$安全库存量 = 最高日耗用量 × 最长到货期 - 平均正常日耗用量 × 正常到货期 \tag{7-5}$$

【例 7-9】

甲公司是一家生产 A 产品的企业，生产 A 产品需要用到 B 材料。已知 B 材料正常的日耗用量为 15 千克，甲公司订购 B 材料的正常到货期为 10 天。为防止意外情况发生，甲公司为 B 材料设置了安全库存量，已知 B 材料最高日耗用量为 20 千克，最长的到货期为 15 天。甲公司采用经验法确定 B 材料的安全库存量。

已知 B 材料最高日耗用量为 20 千克，最长的到货期为 15 天，正常的日耗用量为 15 千克，正常到货期为 10 天，将之代入式（7-5），可得：

$$B 材料的安全库存量 = 20 × 15 - 15 × 10 = 150（千克）$$

二是不连续的概率法。企业如果设置安全库存量，不可避免地会增加储存成本，但是如果不设置安全库存量，则可能会因超过正常的耗用量或因到货期延迟导致库存耗竭而增加成本。因此，制定最佳安全库存量政策时，必须考虑安全库存量的储存成本和库存耗竭成本。使储存成本和库存耗竭成本之和达到最低的保险储备量才是最佳的安全库存量。

由于期初安全库存量余额等于期末安全库存量余额，安全库存量的单位储存成本与营运存货的单位储存成本相同，因此，安全库存量的储存成本等于安全库存量乘以存货的单位储存成本。库存耗竭成本通常是指停工待料、备选供货渠道、失去顾客等带来的成本，其等于某项库存耗竭成本乘以每年安排的订货次数乘以一次订货的库存耗竭概率。

由于每种安全库存量会对应一种库存耗竭概率，因此，在不连续的概率法下确定最佳安全库存量的步骤是：首先，按不同档次的相应概率计算不同安全库存量下的库存耗竭成本；其次，计算不同安全库存量的预期库存耗竭成本与该安全库存量对应的储存成本之和；最后，选择成本总额最低的安全库存量为企业最佳安全库存量。

【例 7-10】

乙公司是一家生产 A 产品的企业，生产 A 产品需要用到 B 材料。每年需用 B 材料 10000000 吨，每吨 B 材料的年储存成本为 100 元，每次订货成本为 800 元，经济订货批量为 40000 吨，订货次数为 250 次。由于每种安全库存量会对应一种库存耗竭概率，乙公司管理人员根据历史资料估计了各档次安全库存量所对应的库存耗竭概率，相关情况如表 7-2 所示。

表 7-2 乙公司各档次安全库存量及相应的库存耗竭概率

安全库存量（吨）	库存耗竭概率
0	0.5
100	0.3
400	0.05
800	0.01
1000	0.005

据乙公司管理人员估计，如果因为不能及时到货而动用备选供货渠道，将需增加成本 5000 元，停工待料损失约为 3000 元，合计成本约为 8000 元。

乙公司在确定最佳安全库存量时，应比较不同安全库存量的成本总额，选择储存成本与预期库存耗竭成本之和最低的安全库存量。计算过程如表 7-3 所示。

表 7-3 乙公司安全库存量的成本分析

安全库存量（吨）	预计的库存耗竭成本（元）	储存成本（元）	成本总额（元）
0	250×0.5×8000=1000000	0×100=0	1000000
100	250×0.3×8000=600000	100×100=10000	610000
400	250×0.05×8000=100000	400×100=40000	140000
800	250×0.01×8000=20000	800×100=80000	100000
1000	250×0.005×8000=10000	1000×100=100000	110000

从表 7-3 可以看出，在这 5 种安全库存量中，乙公司的最佳安全库存量应设定为 800 吨，此时的成本总额为 10 万元，是 5 种安全库存量中最低的。另外，从表 7-3 中的数据还可以看到，乙公司即使在最佳安全库存量水平上，仍然有 0.01 的库存耗竭概率。但是，即便如此，发生的库存耗竭成本也比增加安全库存量的成本总额更低，对乙公司来说更为经济。事实上，想要完全消除库存耗竭是不可能的，只能寻找使得储存成本和库存耗竭成本两者之和最低的安全库存量。

2. 再订货点的确定

在考虑了正常到货期间库存耗用的情况和意外发生时增加库存耗用的情况之后，就可以确定再订货点上的库存量。安全库存量的目的是应对意外情况的发生，通常情况下不会动用。因此，当库存量降低到正好可以维持订货期间正常耗用量和安全库存量之和时，此时，就应该发出订货订单。根据这一原理，再订货点的计算公式可确定如下：

$$再订货点 = （平均正常日耗用量 \times 正常到货期）+ 安全库存量 \qquad (7-6)$$

【例 7-11】

甲公司是一家生产 A 产品的企业，生产 A 产品需要用到 B 材料。已知 B 材料正常的日耗用量为 15 千克，甲公司订购 B 材料的正常到货期为 10 天。为防止意外情况发生，甲公司为 B 材料设置了安全库存量，已知 B 材料最高日耗用量为 20 千克，最长的到货期为 15 天。为了满足正常的生产活动，甲公司需要确定 B 材料的再订货点，即 B 材料的库存量为多少千克时，甲公司需要发出订货订单？

已知 B 材料最高日耗用量为 20 千克，最长的到货期为 15 天，正常的日耗用量为 15 千克，正常到货期为 10 天，将之代入式（7-5）、式（7-6），可得：

$$B 材料的安全库存量 = 20 × 15 - 15 × 10 = 150(千克)$$
$$B 材料的再订货点 = 15 × 10 + 150 = 300(千克)$$

7.4.2 ABC 分析法

1. ABC 分析法的概念

ABC 分析法是根据事物在技术或经济方面的主要特征进行分类，分清"关键"或"一般"，以达到区别管理目的的一种分析方法。这种分类管理方法的理论基础来源于"关键的少数和一般的多数"，这是社会普遍存在的一种哲学思想。

ABC 分析法在企业存货管理当中的运用就体现了"关键的少数和一般的多数"这一哲学思想。在某些企业中，有如下现象：某些存货品种数量不多但资金占用多，比如百货公司的高档奢侈品；而某些存货库存量虽大，但资金占用少，比如百货公司的生活日用品。那些品种数量不多但资金占用多的存货就是"关键的少数"，是企业应该重点关注的对象。如果对企业所有的存货（存货重要程度区别明显）不加以区分，实行统一管理，最终不但任务繁重，而且也不经济可行。最好的办法是按照"抓住关键，兼顾一般"的原则进行存货的管理与控制，这样才能取得较好的管理效果。

ABC 分析法就是通过对企业各类存货的重要程度进行分析比较，按照重要程度（通常是占用金额的大小）把存货划分为 ABC 三类，并对各类存货实行不同的管理与控制的方式。

A 类存货数量少、单位价值大，这类存货一般只占用年耗用总数量的 10%，但其价值占年耗用金额的 70%；B 类存货占用金额一般，品种数量相对较多，一般占用年耗用总数量的 30%，而价值占年耗用金额的 20%；C 类存货品种数量繁多，但是价值很小，只占年耗用金额的 10%，数量却占年耗用总数量的 60%。对于各类存货占用比例，上述数值是一个比较常用的划分界限，但并不是一个绝对固定的数值，各企业可以根据自己的情况确定合适的数值作为分类标准。

2. ABC 分析法的步骤

第一步，收集企业各类存货的数据，主要是成本、数量的相关数据，为分类做准备。

第二步，根据一定的标准对企业存货进行分类。通常是按照存货占用企业资金的金额大小划分重要程度，金额占比较大的划分为 A 类存货，占比居中的划分为 B 类存货，占比较少的划分为 C 类存货。

第三步，将上述分类数据统计汇总，编制 ABC 分析表。将所有存货按照 ABC 的重要程度进行分类汇总之后，按类品目汇总列出，便于企业进行区别管理。

【例 7-12】

乙公司为一家生产销售型企业，某生产车间某年计划耗用零件有 10 种，其具体的单位成本、年耗用量和耗用总成本如表 7-4 所示，乙公司对存货采用的是 ABC 分析法。该车间的零件分类标准为耗用总成本，耗用总成本大于等于 100000 元的列入 A 类存货重点管理；耗用总成本大于等于 50000 元但小于 100000 元的为 B 类存货一般管理；耗用总成本小于 50000 元的归入 C 类存货综合管理。

表 7-4　车间零件计划耗用情况

零件编号	单位成本（元/件）	年耗用量（件）	比例（%）	耗用总成本（元）	比例（%）	类别
1	27	3200	3.80	86400	6.06	B
2	20	4800	5.71	96000	6.73	B
3	18	5500	6.54	99000	6.94	B
4	2	16000	19.02	32000	2.24	C
5	0.5	20800	24.73	10400	0.73	C
6	1	19000	22.59	19000	1.33	C
7	208	2500	2.97	520000	36.45	A
8	6	3500	4.16	21000	1.47	C
9	5.5	7800	9.27	42900	3.01	C
10	500	1000	1.19	500000	35.05	A
合计		84100	100.00	1426700	100.00	

第一步，根据给定资料计算每种零件的耗用总成本。

第二步，根据耗用总成本对这 10 种零件进行 ABC 分类。

划分为 A 类零件的有：零件 7、零件 10。

划分为 B 类零件的有：零件 1、零件 2、零件 3。

划分为 C 类零件的有：零件 4、零件 5、零件 6、零件 8、零件 9。

第三步，分类统计。按实物数量和占用金额分别计算 A、B、C 类零件在总量中所占的比例，如表 7-5 所示。

表 7-5　各类存货在总量中所占的比例

零件类别	耗用数量		耗用成本	
	数量（件）	比例（%）	总成本（元）	比例（%）
A	3500	4.16	1020000	71.49
B	13500	16.05	281400	19.72
C	67100	79.79	125300	8.78
合计	84100	100.00	1426700	100.00

从表 7-5 的数据可以看出，A 类存货虽然数量只占总量的 4.16%，但其价值却占了存货总价值的 71.49%。而 C 类存货正好相反，数量占总量的比例接近 80%，但是价值却只占 8.78%，占比较低。B 类存货介于 A 类存货和 C 类存货之间，所占数量和金额比例均居中。对于这种情况，该车间应该对 A 类存货实行分品种的重点管理；对于 B 类存货，可以通过划分类别的方式管理，将 B 类存货中相似的存货归类；尽管 C 类存货品种数量繁多，但其所占金额较小，只要把握一个总金额就可以。

7.4.3　适时制生产与零存货管理

零存货管理模式

在通常的存货管理中，储存成本是一项管理人员必须考虑的成本，它与存货决策相关。但是，随着生产自动化、智能化的发展，致力于减少企业存货，降低相关成本，最终增加企业利润的适时制生产（JIT）应运而生。

适时制生产是指企业通过合理规划，简化生产和销售过程，使得企业物流的每一个步骤都是满足生产经营所必需的一种先进生产管理方法。在适时制生产下，企业生产、经营中的各个环节能够像齿轮一样相互协调、准确无误地运转。材料或部件可以按生产需要的时间送达，产品能够按顾客要求的时间交货。

课程思政：思政元素及融入点

适时制生产提出了零存货管理要求。零存货管理是指物料在采购、生产、销售、配送等一个或几个经营环节中，不以仓库存储的形式存在，而是均处于周转的状态。为消除产品制造周期中可能存在的"停工待料"或"有料待工"等现象，适时制生产要求做到在供、产、销三个环节上都没有库存量，即达到零存货。

企业实现零存货管理的益处主要表现在以下两个方面。

第一，零存货消除了原材料的库存现象，大大节省了原材料的保管、储存、领发手续和对原材料存货的确认和计价等方面的开支。

第二，企业实现了零存货，产品成本不受期初存货成本结转的影响，不仅可以大大简化产品成本的计算工作，而且由于当期产品成本中没有掺杂上期成本高低的因素，有助于正确评价企业当期生产经营工作的质量。

思考题

1. 请简述与存货决策相关的成本有哪些？
2. 请简述订货成本与储存成本之间的关系是什么？
3. 请简述经济订货批量模型应满足的前提假设条件有哪些？
4. 请简述在扩展的存货决策模型中，与决策相关的成本有哪些？
5. 请简述安全库存量与再订货点之间有什么关系？
6. 请简述 ABC 分析法的原理是什么？
7. 请简述适时制生产对存货管理提出了什么新要求？

练习题

1. 某公司生产和销售生活日用品，对 A 材料的全年需要量为 2000 千克，单位采购成本为 60 元/千克，单位年储存成本为 10 元/千克，每次的订货成本为 100 元。计算该公司采购 A 材料的经济订货批量、最优订货次数以及年最低总成本。

2. 某公司为满足正常的生产活动，对 B 材料的全年需要量为 100000 吨，B 材料的单位采购成本为 100 元/吨，单位年储存成本为 40 元/吨，每次的订货成本为 200 元。要求：

（1）计算 B 材料的经济订货批量、订货次数以及相应总成本；

（2）如果 B 材料是边进边出，每日进库量为 40 吨，每日耗用量为 30 吨，计算 B 材料的经济订货批量、订货次数以及相应总成本；

（3）如果该公司每次采购 B 材料在 2000 吨及以上，可享受 5% 的价格折扣，材料能够按采购量一次送达，确定该公司采购 B 材料的决策；

（4）如果该公司目前能够储存 B 材料的仓库最大储存量为 800 吨，考虑到业务发展的需要，已与其他单位协商租用一个可储存 500 吨材料的仓库，年租金约为 5000 元，确定该公司采购 B 材料的决策。

3. 某公司生产活动需要用到 C 材料。C 材料正常的日耗用量为 30 千克，该公司订购 C 材料的正常到货期为 5 天。如果遇到意外情况，到货期可能延迟，预计最长延迟 3 天；如遇需求订单突然增加，C 材料日耗用量会增加 10 千克。该公司应如何确定 C 材料的再订货点？

4. 某企业生产某产品需用到如下 15 种材料，各种材料的编号、耗用量、单价、耗用总成本如表 7-6 所示。该车间的材料分类标准为耗用总成本，耗用总成本大于等于 300000 元的列入 A 类存货重点管理；耗用总成本大于等于 100000 元但小于 300000 元的为 B 类存货一般管理；耗用总成本小于 100000 元的归入 C 类存货综合管理。要求用 ABC 分析法对这些材料进行分类管理。

表 7-6　材料耗用情况

材料编号	单价（元/件）	耗用量（件）	耗用总成本（元）
1	20	5200	104000
2	235	1800	423000
3	2	12000	24000
4	41	2500	102500
5	55	1900	104500
6	0.25	20000	5000
7	385	1000	385000
8	35	3000	105000
9	18	5800	104400
10	575	1000	575000
11	5.5	16000	88000
12	0.15	12000	1800
13	10	4200	42000
14	1000	500	500000
15	9	7800	70200

案例分析[①]

全球领先的 IT 产品及服务提供商戴尔公司，总部设在得克萨斯州奥斯汀，于 1984 年由迈克尔·戴尔创立。戴尔公司是全球 IT 界发展最快的公司之一，1996 年开始通过网站 https：//www.dell.com 采用直销手段销售戴尔计算机产品，2004 年 5 月戴尔公司在全球电脑市场占有率排名第一，成为世界领先的电脑系统厂商。

戴尔公司作为全球企业首选的 IT 整体解决方案及服务供应商，是实施零存货管理模式的典型成功实例。"坚持直销，摒弃库存，与客户结盟"便是戴尔公司有名的"黄金三原则"。戴尔公司的装配车间没有设置仓储空间，原配件由供应商直接

[①]　资料来源：张睿涵《零库存管理模式探究——以戴尔公司为例》，《中外企业家》2020 年第 21 期，第 78 页。

运送至装配线，生产出的产品也直接配送给指定客户，原配件和生产成品均采用零存货制。订单由客户传至戴尔公司的控制中心，控制中心负责将任务分解，并通过企业间信息网分派给第三方物流企业，通知其将一级供应商生产完工的配件送至戴尔公司。与此同时，控制中心还会迅速地将订单分配到各个生产线上，在生产线上装配好的整机包装好后，被运送到特定的区域进行分区配送。从整个生产流程来看，从零部件被送进戴尔公司到产成品的运出，通常只需要 4~6 小时的时间。

在上游供应商方面，戴尔公司依靠先进的网络信息技术，与供应商保持经常性沟通，实时共享重要的生产信息。戴尔公司与有些厂商甚至每隔几个小时就联络一次，以便让对方知道公司的存货状况与补货需求。在下游客户端方面，戴尔公司与客户直接联系，以获取第一手信息，而不是通过经销商获取信息。戴尔公司在厦门总部建有一个电脑电话集成系统，可以对客户打入的电话进行整理，并检查客户的等候时间。戴尔公司还建立了强大的订货处理系统和客户服务系统，将不能按时交货导致信用受损的风险降到最低。戴尔公司每年与客户进行近 20 亿次网络互动，全球有超过 350 万用户通过媒体或在线服务商与戴尔公司进行过联络。

戴尔公司在确认客户的订单后，将其传至第三方物流企业，企业在规定时间内迅速将零部件运送到戴尔公司。专业的第三方物流提供者效率高、功能齐全、分布广泛，极大地降低了戴尔公司的库存成本，促进了零存货的实现。

请根据资料分析实施零存货管理模式的企业需要具备什么条件？实施零存货管理模式的优点与缺点分别是什么？

第8章 标准成本控制

学习目标

知识框架图

1. 了解标准成本的含义和种类
2. 掌握标准成本的制定
3. 了解成本差异的类型
4. 掌握直接人工、直接材料、变动制造费用的成本差异分析
5. 掌握固定制造费用的成本差异分析

引导案例　　　　　　**标准成本制度在宝钢的运用**①

宝钢集团有限公司（简称"宝钢"）是以宝山钢铁（集团）公司为主体，联合重组上海冶金控股（集团）有限公司和上海梅山（集团）有限公司，于1998年11月17日成立的特大型钢铁联合企业，是中国现代化程度最高、最具竞争力的钢铁联合企业。宝钢以钢铁为主业，生产高技术含量、高附加值的钢铁精品，形成普碳钢、不锈钢、特钢三大产品系列。

在20世纪90年代后期，由于市场经济体制改革的迫切需要，我国的一些传统制造业企业尝试将标准成本管理付诸实践，使其在企业降本增效方面发挥作用，宝钢也不例外。为了进一步提升成本管理水平，加强成本管控，宝钢积极借鉴国外大型钢铁企业的成本管控经验，自1996年起开始推行标准成本管理制度，逐渐探索出了一套较为成熟的钢铁行业标准成本制度。

第一，制定成本中心。宝钢将在生产业务流程中有产品经过的、有投入和产出的单元都划分为成本中心，并按照单元规模将这些成本中心分级，按照功能将这些

---

① 资料来源：吕凯风、黄波《宝钢标准成本法的应用》，《财务与会计》2018年第3期；范松林《标准成本制度在宝钢的运用》，《会计研究》2000年第8期。

成本中心分类。由此，宝钢可以按照等级衡量成本中心的绩效，又可以根据功能差别进行恰当的成本衡量和控制。通过制定成本中心，宝钢有效地控制了成本的流程，并以合理的方式分摊了全部成本。

第二，针对各个成本中心的明细产品，宝钢综合考虑市场形势、同行业标杆企业的水平以及企业内部情况等多种因素，按照"自上而下"和"自下而上"相结合的方法，组织所有员工参与并制定完成了基本标准和价格标准两部分成本标准。通过对原料投入和消耗标准、时间消耗标准和各项费用标准的制定，计算各个产品和各类劳务的单位标准成本。各个部门严格按照制定的标准、采取恰当的措施进行生产和成本控制。

第三，宝钢各个部门需要实时收集和记录实际成本，并对照成本标准目标进行差异分析，找出差异原因，并据此修订成本标准或者对生产操作、管理进行改进。

宝钢的标准成本制度使其在成本计划、计算、控制和分析方面有了显著的改变，标准成本的核算细化到了每一个生产环节，对产品成本的构成有更加细致的描述，有效地减少了不应发生的浪费。经过不懈的努力，2008 年宝钢营业收入 2468.39 亿元，利润总额 238.13 亿元，资产总额 3524.97 亿元，净资产 2194.35 亿元；宝钢从业人员总数为 108914 人；宝钢连续 6 年进入世界 500 强，列第 220 位。

8.1　标准成本控制概述

8.1.1　标准成本控制的基本内容

标准成本控制是 20 世纪初在泰勒的科学管理制度影响下产生的，其本质是为了提高生产效率而开展的一种工资制度改革形式。随着社会生产的发展以及管理科学的形成，标准成本日益完善，但因没有形成成本核算方式，标准成本还独立于会计系统之外。直至 1919 年，美国成本会计师协会（NACA）成立，准备推广标准成本，但当时主要是用标准成本来控制成

标准成本控制简介

本，提高效率，并没有考虑和会计系统结合。1930 年以后，才将标准成本与会计账务处理结合起来，从此逐步形成了完整的标准成本控制。随后，欧洲许多发达国家引入了标准成本的理念，标准成本便得到了更为广泛的应用和推广，并成为日常成本管理中应用最普遍和最有效的一种成本控制手段。同时它也成为现代管理会计的重要构成内容之一。

标准成本控制是指通过制定标准成本，将企业生产经营过程中的实际成本和标准成本定期进行比较，获得成本差异，并对成本差异进行分析和处理，据以加强成本控制的一种会计信息系统和成本控制系统。对成本控制而言，标准成本及成本差

异是比实际成本更为重要和有用的管理信息。标准成本控制包括标准成本的制定、成本差异的计算和成本差异的分析三项内容。

8.1.2　标准成本控制的意义

实施标准成本控制对加强企业成本管理有着重要的意义，其主要作用表现在以下几个方面。

（1）提供了成本控制的依据。标准成本是事先经过调查研究制定的目标成本，能为生产经营各部门提供一个预期的目标，并以此来进行评价和考核。在生产经营过程中，依据制定的标准成本，可以随时提醒相关人员关注应该注意的问题，合理地安排人力、物力和财力，有利于实现企业降低成本的目标。

（2）为进行正确经营决策提供数据。成本是影响经营决策的重要因素之一，由于标准成本体现了成本要素的合理配置，它可以作为确定产品售价和估算产品未来成本的依据，助力企业正确决策。

（3）能够简化成本核算。应用标准成本，能够实现存货、在产品、产成品和销售成本均以标准成本计价，大大简化了日常成本核算工作。成本差异另设账户，期末统一汇算，账务处理及时且简便。

（4）便于例外管理原则的应用。标准成本和实际成本相比揭示的成本差异及分析结果是例外管理赖以进行的必要信息。当实际成本偏离标准成本到一定程度时，才视为"例外"，并采取措施纠正，而成本维持在标准成本的范围内，管理人员就不必理会，这样可以提高企业成本管理的效果。

8.2　标准成本制定

8.2.1　标准成本的含义

标准成本是在正常生产经营条件下应该实现的，作为控制成本开支、衡量工作效率、评价成本效益的依据和尺度的一种目标成本。采用标准成本时，成本预算应按标准成本编制，这时单位产品的成本标准称为标准成本，预计业务量与标准成本的乘积则称为预算成本。而在成本控制中，标准成本有两种含义：一是指单位产品的标准成本；二是指实际产量的标准成本总额，即实际产量与单位标准成本的乘积。在实际工作中，要正确使用标准成本的概念。

8.2.2　标准成本的种类

制定标准成本时，根据要求达到的效率的不同，所采取的标准有理想标准成本、正常标准成本和现实标准成本。

1. 理想标准成本

理想标准成本是以现有生产经营条件处于最佳状态为基础确定的最低水平的成本。它是排除了一切失误、浪费和资源闲置等因素，根据理论耗用量、价格以及满负荷生产经营能力制定的标准成本。由于它条件过于苛刻，是一种高不可攀的成本，不能据此进行成本控制和考核。不过，理想标准成本提供了一个近乎完美的成本目标，指出了企业努力的方向。

2. 正常标准成本

正常标准成本是在正常生产经营条件下应该达到的成本水平，是根据正常的耗用量、正常的价格和正常的生产经营能力利用程度制定的一种标准成本。也就是正常标准成本是根据过去一段时间实际成本的平均值，剔除生产经营活动中的异常因素，并考虑今后的变动趋势而制定的标准成本。这是一种经过努力可以达到的成本，因为它考虑了不可避免的损耗、机器故障、停顿时间等实际情况，所以成为切实可行的控制标准，可以起到应有的激励作用。但它的应用有局限性，企业只有在国内外经济形势稳定，生产发展比较平稳的情况下才能使用正常标准成本。

3. 现实标准成本

现实标准成本是在现有的生产经营条件下应该达到的成本水平，是根据现在的价格、生产要素耗用量以及生产经营能力利用程度制定的标准成本。现实标准成本包含企业一时还不能避免的某些低效、失误和超量消耗问题，它是一种经过努力可以达到的既先进又合理，最切实可行且接近实际的成本，因而在实际工作中被广为采用。

8.2.3　标准成本的制定

标准成本应由会计部门、劳动人事部门、行政管理部门、技术部门以及具体生产经营部门等有关责任部门，在认真分析企业生产经营的具体条件、测算研究的基础上共同商讨确定。

产品的标准成本，根据完全成本法的成本构成项目，主要包括直接材料、直接人工和制造费用三个项目。无论哪一个成本项目，在制定其标准成本时，都需要分别确定其数量标准和价格标准，两者相乘即为每一成本项目的标准成本，然后将其汇总，就可以得出单位产品的标准成本。其一般公式如下：

某成本项目标准成本 = 该成本项目的数量标准 × 该成本项目的价格标准

单位产品标准成本 = $\sum$（某成本项目的数量标准 × 该成本项目的价格标准）

= 直接材料标准成本 + 直接人工标准成本 + 制造费用标准成本

1. 直接材料标准成本的制定

管理会计应用
指引第 302 号——
标准成本法

直接材料标准成本由单位产品耗用材料的数量（用量）标准和价格（单价）标准两个因素决定。其中，单位产品耗用材料的数量标准应根据企业产品的设计、生产和工艺的现状，结合企业经营管理水平的情况，考虑材料在使用过程中必要的损耗，运用恰当的技术方法，按单位产品耗用的各种材料分别予以确定。单位产品耗用材料的价格标准是以订货合同中的合同价格为基础，考虑未来各种变动因素所确定的购买材料应当支付的价格。它一般包括材料买价、运杂费、检验费和正常损耗等成本，通常是由财务部门和采购部门共同协商制定的。据此，确定直接材料标准成本的计算公式如下：

$$直接材料标准成本 = \sum（单位产品耗用某种材料的数量标准 \times 该种材料的价格标准）$$

【例 8-1】

已知：大发公司预计 2021 年甲产品消耗的直接材料资料见表 8-1。

表 8-1　2021 年甲产品消耗的直接材料资料

项目	品种	
	A 材料	B 材料
数量标准（千克/件）		
材料设计用量	400	500
允许损耗量	1	2
小计	401	502
价格标准（元/千克）		
发票单价	20	30
运杂费和检验费	2	3
小计	22	33

要求：制定单位甲产品消耗的直接材料标准成本。

依题意：

$$单位甲产品消耗 A 材料的标准成本 = 401 \times 22 = 8822（元／件）$$
$$单位甲产品消耗 B 材料的标准成本 = 502 \times 33 = 16566（元／件）$$
$$单位甲产品消耗的直接材料标准成本 = 8822 + 16566 = 25388（元／件）$$

2. 直接人工标准成本的制定

直接人工标准成本由单位产品的标准工时（即数量标准）和标准工资率（即价

格标准）两个因素决定。其中，单位产品的标准工时包括产品的直接加工工时、必要的间隙和停工工时以及不可避免的废品耗用工时等，通常由劳动人事部门和生产技术部门根据技术测定和统计调查资料，按产品生产工序分别计算，然后按产品分类汇总。标准工资率因企业工资制度的不同而不同，应由劳动人事部门针对具体情况制定。如果采用计价工资制，标准工资率是预定的每件产品支付的工资除以标准工时的商，或者预定的每小时工资额；如果采用计时工资制，标准工资率是每一标准工时应支付的工资，可由预计标准工资总额除以标准总工时求得。据此，确定直接人工标准成本的计算公式如下：

$$直接人工标准成本 = \sum（单位产品某工序的标准工时 \times 标准工资率）$$

若各工序的标准工资率相同，则可按以下公式进行计算：

$$直接人工标准成本 = 单位产品的标准工时 \times 标准工资率$$

【例 8-2】

已知：大发公司预计 2021 年甲产品消耗的直接人工资料见表 8-2。

表 8-2　2021 年甲产品消耗的直接人工资料

项目	工序	
	第一工序	第二工序
标准工时		
加工时间（时/件）	40	30
休息时间（时/件）	4	3
其他时间（时/件）	1	1
小计（时/件）	45	34
标准工资率		
每人月工时（小时）	160	160
生产工人人数（人）	100	80
每月总工时（小时）	16000	12800
每月工资总额（元）	1440000	1280000
标准工资率（元/时）	90	100

要求：制定单位甲产品消耗的直接人工标准成本。

依题意：

第一工序直接人工标准成本 = 45 × 90 = 4050（元 / 件）
第二工序直接人工标准成本 = 34 × 100 = 3400（元 / 件）
单位甲产品消耗的直接人工标准成本 = 4050 + 3400 = 7450（元 / 件）

3. 制造费用标准成本的制定

制造费用按成本性态可分为变动制造费用和固定制造费用两部分，所以制造费用标准成本需分别制定。

（1）变动制造费用标准成本。变动制造费用的价格标准即费用分配率标准，是指变动制造费用预算与预算的标准工时之商。其计算公式如下：

$$变动制造费用标准分配率 = \frac{变动制造费用预算}{预算的标准工时}$$

上式中预算的标准工时等于单位产品消耗的工时标准与预算产量的乘积。

变动制造费用的数量标准即工时用量标准，是指生产单位产品所需的工时或台时，与制定直接人工数量标准的方法相似。因此，确定变动制造费用标准成本的公式如下：

$$变动制造费用标准成本 = \sum（变动制造费用工时用量标准 \times 变动制造费用标准分配率）$$

（2）固定制造费用标准成本。固定制造费用标准成本应视采用的成本计算方法而定。如果采用变动成本法，产品的单位成本不包括固定制造费用，因而单位产品的标准成本中不包括固定制造费用标准成本；如果采用完全成本法，则产品的单位成本包含固定制造费用，因此需要制定固定制造费用标准成本，其制定方法与变动制造费用标准成本大致相同。具体公式如下：

$$固定制造费用标准分配率 = \frac{固定制造费用预算}{预算的标准工时}$$

$$固定制造费用标准成本 = \sum（固定制造费用工时用量标准 \times 固定制造费用标准分配率）$$

【例 8-3】

已知：大发公司预计 2021 年甲产品消耗的制造费用资料见表 8-3。

表 8-3　2021 年甲产品消耗的制造费用资料

项目	部门	
	第一车间	第二车间
变动制造费用预算（元）	202620	354240
间接材料费用（元）	100000	220000
间接人工费用（元）	70000	80000
水电费用（元）	32620	54240
固定制造费用预算（元）	331560	487088
管理人员工资（元）	60000	130000
折旧费（元）	25000	28000
其他费用（元）	246560	329088
预算的标准工时（台时）	18420	22140
数量标准（台时/件）	50	70

要求：制定单位甲产品制造费用的标准成本。

依题意：

第一车间：

$$变动制造费用标准分配率 = 202620 \div 18420 = 11(元 / 台时)$$
$$固定制造费用标准分配率 = 331560 \div 18420 = 18(元 / 台时)$$
$$制造费用标准分配率 = 11 + 18 = 29(元 / 台时)$$
$$制造费用标准成本 = 29 \times 50 = 1450(元 / 件)$$

第二车间：

$$变动制造费用标准分配率 = 354240 \div 22140 = 16(元 / 台时)$$
$$固定制造费用标准分配率 = 487088 \div 22140 = 22(元 / 台时)$$
$$制造费用标准分配率 = 16 + 22 = 38(元 / 台时)$$
$$制造费用标准成本 = 38 \times 70 = 2660(元 / 件)$$
$$单位甲产品制造费用标准成本 = 1450 + 2660 = 4110(元 / 件)$$

4. 标准成本卡

某种产品各成本项目的标准成本一经制定，企业就可以编制每种产品的标准成本卡作为编制预算、控制和考核成本的依据。在具体工作中，通常要为每种产品设置一张标准成本卡，卡中需分别列示各个成本项目的数量标准和价格标准，通过直接汇总的方法求得单位产品的标准成本。

【例 8-4】

已知：仍按例 8-1、例 8-2 和例 8-3 中有关大发公司甲产品各个成本项目的标准成本资料。

要求：编制该公司 2021 年甲产品的标准成本卡。

依题意编制的大发公司 2021 年甲产品的标准成本卡见表 8-4。

表 8-4　2021 年甲产品的标准成本卡

项目	数量标准	价格标准	标准成本
直接材料			
A 材料	401 千克/件	22 元/千克	8822 元/件
B 材料	502 千克/件	33 元/千克	16566 元/件
小计	—	—	25388 元/件
直接人工			
第一工序	45 时/件	90 元/时	4050 元/件
第二工序	34 时/件	100 元/时	3400 元/件
小计	—	—	7450 元/件

续表

项目	数量标准	价格标准	标准成本
变动制造费用			
第一车间	50 台时/件	11 元/台时	550 元/件
第二车间	70 台时/件	16 元/台时	1120 元/件
小计	—	—	1670 元/件
固定制造费用			
第一车间	50 台时/件	18 元/台时	900 元/件
第二车间	70 台时/件	22 元/台时	1540 元/件
小计	—	—	2440 元/件
制造费用合计	—	—	4110 元/件
单位产品标准成本			36948 元/件

8.3　成本差异分析

8.3.1　成本差异的含义

成本差异是指产品实际成本和标准成本之间的差额。如果实际成本超过标准成本，所形成的差异称为不利差异，通常用"U"表示；如果实际成本低于标准成本，所形成的差异称为有利差异，通常用"F"表示。成本差异对企业管理层而言是一种十分重要的管理信息，据此可以具体分析差异形成的原因和责任归属，采取措施消除不利差异，实现对成本的控制，并促进成本的降低。

8.3.2　成本差异的种类

成本差异按成本的构成，分为直接材料成本差异、直接人工成本差异和制造费用差异。其中，制造费用差异按其形成的原因和分析方法的不同，又可分为变动制造费用差异和固定制造费用差异两个部分。

直接材料成本差异、直接人工成本差异和变动制造费用差异都属于变动成本差异，决定变动成本数额的因素是耗用量和价格。因此，直接材料成本差异、直接人工成本差异和变动制造费用差异按其形成原因，可分为数量差异和价格差异。

固定制造费用是固定成本，不随业务量的变动而变动，其差异不能简单地分为数量差异和价格差异。具体内容将在 8.3.4 固定制造费用成本差异分析部分详细介绍。

下面将分变动成本差异和固定成本差异两个部分进行成本差异分析的介绍。

8.3.3　变动成本差异分析

对变动成本而言，标准成本是根据标准数量和标准价格计算的，而实际成本是根据实际数量和实际价格计算的，因此变动成本差异是由数量差异和价格差异构成的，其通用模式如图 8-1 所示。

图 8-1　变动成本差异计算的通用模式

总成本差异的计算公式如下：

$$总成本差异 ＝ 实际数量 × 实际价格 － 标准数量 × 标准价格$$

尽管直接材料、直接人工、变动制造费用各有特点，其差异的具体名称各不相同，但都由数量差异和价格差异构成，我们将以图 8-1 所示的通用模式为基础进行成本差异分析。

1. 直接材料成本差异分析

直接材料成本差异是指实际产量下的直接材料实际成本与直接材料标准成本之间的差异。如前所述，直接材料成本属于变动成本，其成本差异形成的原因包括数量差异和价格差异。其中直接材料数量差异指生产中实际耗用的材料数量与按标准计算的应耗用的数量不同而产生的差异。直接材料价格差异指采购材料的实际价格与标准价格不同而产生的差异。其计算公式如下：

$$直接材料成本差异 ＝ 直接材料实际成本 － 直接材料标准成本$$
$$＝ 直接材料数量差异 ＋ 直接材料价格差异$$
$$直接材料数量差异 ＝ 标准价格 × （实际数量 － 标准数量）$$
$$直接材料价格差异 ＝ 实际数量 × （实际价格 － 标准价格）$$

在计算出直接材料数量差异和价格差异的基础上，还应进一步分析差异形成的原因。

一般来说，可能造成直接材料数量差异的原因主要有：生产工人技术不熟练或操作疏忽造成废品废料；机器设备效率提高，使材料耗用量发生变化；等等。这些均应由生产部门负责，需立即采取有效措施予以纠正。但直接材料数量差异产生的原因有时也可能是采购部门购入质量低劣的材料引起的耗用量增加，或产品设计、工艺变更导致用料增加，这些差异则应由设备、工艺技术等部门负责，也需找出原因并予以纠正。

可能造成直接材料价格差异的原因主要有：材料采购计划编制不准确；市场价格变动；采购时舍近求远，增加了材料运费和途中损耗；因生产上的临时需要而进行紧急采购时，买价和运输费上升；不能享受数量折扣而引起的价格差异；进料数量未按经济订货批量办理；没有在折扣期内及时付款；等等。直接材料价格差异的责任归属一般是采购部门，但有时也不尽然，需通过具体的调查分析才能查明责任，然后对主观因素进行重点研究分析。

【例 8-5】

已知：大发公司的甲产品标准成本资料如表 8-4 所示，2021 年 1 月实际生产 200 件甲产品，实际耗用 A 材料 80600 千克，其实际单价为 20 元/千克；实际耗用 B 材料 100200 千克，其实际单价为 35 元/千克。

要求：计算甲产品的直接材料成本差异。

依题意：

A 材料成本差异 = 20×80600-22×401×200 = -152400（元）　　　　　　　　（F）

　　其中：价格差异 =（20-22）×80600 = -161200（元）　　　　　　　　　（F）

　　　　　　数量差异 = 22×（80600-401×200）= 8800（元）　　　　　　　（U）

B 材料成本差异 = 35×100200-33×502×200 = 193800（元）　　　　　　　　（U）

　　其中：价格差异 =（35-33）×100200 = 200400（元）　　　　　　　　　（U）

　　　　　　数量差异 = 33×（100200-502×200）= -6600（元）　　　　　　（F）

甲产品的直接材料成本差异 = -152400+193800 = 41400（元）　　　　　　　（U）

以上计算结果表明，甲产品直接材料成本形成了 41400 元的不利差异。其中，A 材料形成了 152400 元的有利差异，B 材料形成了 193800 元的不利差异。前者是 A 材料实际价格降低而节约了 161200 元成本和耗用量增加而导致了 8800 元的成本超支额共同作用的结果；后者是由 B 材料实际价格提高而增加了 200400 元成本开支和耗用量减少而节约了 6600 元的成本共同造成的。可见，大发公司对 A、B 两种材料耗用量方面的控制效果是不同的，应进一步分析评价，以判明各部门责任。另外，在分析成本差异时，不能简单依据成本差异的方向（节约或超支）来判断优劣和好坏，如节约就好，超支就不好。因为成本的发生是为了满足预期目标的需要，进而实现价值增值。因此，在实现预期目标时成本的节约才是有利的；反之，如果不能实现预期目标，则成本的节约是不利的。

2. 直接人工成本差异分析

直接人工成本差异是指在实际产量下，直接人工实际总成本与其标准总成本之间的差额。直接人工成本差异可以进一步分解为以下两种差异：一是直接人工效率差异，即数量差异，是生产中耗用的实际工时与按标准计算的应耗用的标准工时不同而产生的差异；二是直接人工工资率差异，即价格差异，是按实际工资率计算的人工成本与按标准工资率计算的人工成本之间的差异。其计算公式如下：

$$直接人工成本差异 = 直接人工实际成本 - 直接人工标准成本$$
$$= 直接人工效率差异 + 直接人工工资率差异$$
$$直接人工效率差异 = 标准工资率 ×（实际工时 - 标准工时）$$
$$直接人工工资率差异 = 实际工时 ×（实际工资率 - 标准工资率）$$

在计算出直接人工效率差异和工资率差异的基础上，还应进一步分析差异形成的原因。

人工效率差异是评价每个工时生产能力的重要指标，企业管理层对此十分重视，因为降低单位产品的成本关键在于不断提高单位工时的生产能力。一般来说，造成直接人工效率差异的主要原因有：生产工人技术不熟练，未能在标准工时内完成任务；材料供应不及时，导致停工待料，浪费工时；设备发生故障，停产等待修理，浪费工时；工作环境差，影响工人的积极性和生产潜能的发挥；等等。可见，人工效率差异的责任基本上应由生产部门负责。但由于原材料供应不及时或由于生产工艺变化等引起的差异应由采购部门、动力部门以及相应的其他部门负责。因此，在分析人工效率差异时，应由承担不同责任的部门分别进行考核评价。

直接人工工资率差异形成的原因涉及工资计算方法变更、直接人工的升级或降级、奖励制度失效、出勤率发生变化、季节性或临时性生产增发工资等。原因复杂且不可控，差异的具体原因也涉及劳动人事部门以外的生产部门或其他部门，在分析差异时，应针对具体情况进行评价说明，并与各部门的工作范围与责任相结合。

【例 8-6】

已知：同例 8-5，2021 年 1 月大发公司生产甲产品，第一工序和第二工序实际耗用人工工时分别为 8800 小时和 7000 小时，两个工序实际发生的直接人工成本分别为 814000 元和 679000 元。

要求：计算甲产品的直接人工成本差异。

依题意：

第一工序实际工资率 = 814000÷8800 = 92.5（元/时）

第二工序实际工资率 = 679000÷7000 = 97（元/时）

第一工序直接人工成本差异 = 814000 - 90×45×200 = 4000（元）　　　　（U）

其中：直接人工效率差异 = 90×（8800 - 45×200）= -18000（元）　　（F）

直接人工工资率差异 = 8800×（92.5 - 90）= 22000（元）　　（U）

第二工序直接人工成本差异 = 679000 - 100×34×200 = -1000（元）　　（F）

其中：直接人工效率差异 = 100×（7000 - 34×200）= 20000（元）　　（U）

$$直接人工工资率差异 = 7000 \times (97 - 100) = -21000（元） \qquad (F)$$
$$甲产品直接人工成本差异 = 4000 - 1000 = 3000（元） \qquad (U)$$

以上计算表明，甲产品直接人工成本的不利差异为 3000 元，是由第一工序 4000 元的不利差异和第二工序 1000 元的有利差异构成的。前者是该工序实际耗用工时减少而节约的成本 18000 元和实际人工工资率的提高而超支的成本 22000 元共同作用的结果；后者是由该工序耗用工时的增加而超支的成本 20000 元和实际人工工资率的降低而节约的成本 21000 元所造成的。

3. 变动制造费用成本差异分析

变动制造费用成本差异是指在实际产量下，变动制造费用实际发生总额与其标准发生总额之间的差额。变动制造费用成本差异可以进一步分解为以下两种差异：一是实际工时脱离标准工时而形成的效率差异，即数量差异，它是按照生产实际耗用工时计算的变动制造费用与按标准工时计算的变动制造费用之间的差异；二是实际变动制造费用分配率脱离标准分配率而形成的耗费差异（又称开支差异），即价格差异，是实际发生的变动制造费用与按标准工时计算的变动制造费用之间的差额。有关计算公式如下：

$$变动制造费用成本差异 = 实际变动制造费用 - 标准变动制造费用$$
$$= 变动制造费用效率差异 + 变动制造费用耗费差异$$
$$变动制造费用效率差异 = 标准分配率 \times (实际工时 - 标准工时)$$
$$变动制造费用耗费差异 = 实际工时 \times (实际分配率 - 标准分配率)$$

在计算出变动制造费用效率差异和耗费差异的基础上，还应进一步分析差异形成的原因。

变动制造费用效率差异的产生是由于实际工时脱离了标准工时使变动制造费用增加或减少，其形成原因也与人工效率差异形成的原因相同。因此，变动制造费用效率差异实际上反映的是工人劳动效率变化引起的费用节约或超支，即实际生产过程中工时的利用效率。

造成变动制造费用耗费差异的原因主要有：预算或标准估计有误，实际变动制造费用的发生额与预计数额发生偏差；间接材料价格的变化，间接人工工资的调整；其他各项费用控制不当；等等。耗费差异直接反映了管理部门支出控制的效果，因而是分析的重点。

【例 8-7】

已知：同例 8-5，2021 年 1 月大发公司生产甲产品，第一车间和第二车间实际耗用的机器台时分别为 9000 台时和 16050 台时，两个车间的实际工时变动制造费用分配率均为 14 元/台时。

要求：计算甲产品的变动制造费用成本差异。

依题意：

第一车间变动制造费用成本差异 = 14×9000 − 11×50×200 = 16000（元）　　　　　　（U）

其中：变动制造费用效率差异 = 11×（9000 − 50×200）= −11000（元）　　　　　（F）

变动制造费用耗费差异 =（14 − 11）×9000 = 27000（元）　　　　　　　　　（U）

第二车间变动制造费用成本差异 = 14×16050 − 16×70×200 = 700（元）　　　　　（U）

其中：变动制造费用效率差异 = 16×（16050 − 70×200）= 32800（元）　　　　（U）

变动制造费用耗费差异 =（14 − 16）×16050 = −32100（元）　　　　　　　　（F）

甲产品变动制造费用成本差异 = 16000 + 700 = 16700（元）　　　　　　　　　　（U）

以上计算表明，甲产品变动制造费用形成了 16700 元的不利差异。其中，第一车间发生了 16000 元的不利差异，第二车间发生了 700 元的不利差异。前者是效率提高而形成了 11000 元的有利差异和费用分配率提高而形成的 27000 元的不利差异共同作用的结果；后者是因为效率降低而增加的 32800 元的不利差异和因为费用分配率降低而形成的 32100 元的有利差异。可见，这两个车间对变动制造费用的控制效果是不同的。

另外，由于变动制造费用是由许多明细项目组成的，并且与一定的生产水平相联系，因此，实际工作中通常根据变动制造费用各明细项目的弹性预算与实际发生数进行对比分析，并采取相应的必要控制措施。

8.3.4 固定制造费用成本差异分析

固定制造费用成本差异是指在实际产量下，固定制造费用实际发生总额与其标准发生总额之间的差额。根据成本性态，固定制造费用总额在相关范围内不会随着业务量的变动而变动，但在实际工作中，由于生产能力利用程度不同、生产效率的高低不同以及实际执行与预算的不一致，固定制造费用成本差异仍会出现。固定制造费用一般是通过固定预算进行控制。

固定制造费用成本差异的计算公式如下：

固定制造费用成本差异 = 实际产量下实际固定制造费用 − 实际产量下标准固定制造费用
= 实际产量下实际固定制造费用 − 固定制造费用标准分配率 ×
实际产量标准工时

对固定制造费用成本差异分析的方法通常有两种：一是二项差异分析法，二是三项差异分析法。

1. 二项差异分析法

在二项差异分析法下，固定制造费用成本差异可以进一步分解为以下两种差异：一是实际固定制造费用脱离预算而形成的预算差异，即耗费差异；二是固定制造费用预算脱离标准而形成的能量差异，也称除数差异。有关计算公式如下：

预算差异 = 实际产量下实际固定制造费用 – 预算产量下标准固定制造费用

= 固定制造费用实际发生额 – 固定制造费用预算发生额

能量差异 = 预算产量下标准固定制造费用 – 实际产量下标准固定制造费用

= 固定制造费用标准分配率 ×（预算产量标准工时 – 实际产量标准工时）

上式中的"预算产量"需要以正常生产能力条件下所能达到的产量为依据。

一般来说，造成固定制造费用预算差异的主要原因有：折旧方法的改变；管理人员工资调整及随之的职工福利费调整；租赁费、保险费的调整及各项办公用品价格的上涨；等等。

造成固定制造费用能量差异的主要原因有：原设计生产能量过剩；供应不足，停工待料；能源短缺，开工不足；人员技术水平有限，未能充分发挥设备能力；等等。能量差异是由于现有生产能力没有发挥出来而造成的差异，其责任主要应由高层管理人员负责，计划部门、生产部门、采购部门等都可能负有一定的责任，应根据具体情况确定。

【例 8-8】

已知，同例 8-5，2021 年 1 月大发公司甲产品的预计生产能力为 180 件，两车间实际发生的固定制造费用总额为 165000 元和 275000 元。

要求：用二项差异分析法计算甲产品固定制造费用的成本差异。

依题意：

第一车间固定制造费用成本差异 = 165000–18×50×200 = –15000（元）　　　　（F）

其中：预算差异 = 165000–18×50×180 = 3000（元）　　　　（U）

能量差异 = 18×（50×180–50×200）= –18000（元）　　　　（F）

第二车间固定制造费用成本差异 = 275000–22×70×200 = –33000（元）　　　　（F）

其中：预算差异 = 275000–22×70×180 = –2200（元）　　　　（F）

能量差异 = 22×（70×180–70×200）= –30800（元）　　　　（F）

甲产品固定制造费用成本差异 = –15000–33000 = –48000（元）　　　　（F）

以上计算表明，甲产品固定制造费用的有利差异为 48000 元，是由第一车间的 15000 元有利差异和第二车间的 33000 元有利差异共同作用形成的。其中前者是由 3000 元的不利预算差异和 18000 元的有利能量差异共同作用形成的；后者是由 2200 元的有利预算差异和 30800 元的有利能量差异共同作用形成的。

2. 三项差异分析法

三项差异分析法在二项差异分析法的基础上，进一步将能量差异分为闲置生产能力差异和效率差异，其中闲置生产能力差异是由于实际工时未能达到生产能力而形成的，即生产能力闲置所形成的差异；效率差异是一种工时（数量）差异，即实际工时脱离标准工时产生的差异。各项差异的计算公式如下：

预算差异 = 固定制造费用实际发生额 - 固定制造费用预算发生额

闲置生产能力差异 = 固定制造费用标准分配率 ×（预算产量标准工时 - 实际产量实际工时）

效率差异 = 固定制造费用标准分配率 ×（实际产量实际工时 - 实际产量标准工时）

从上述闲置生产能力差异和效率差异的计算公式可知：

$$能量差异 = 闲置生产能力差异 + 效率差异$$

需要注意的是，若企业按生产部门分别编制固定制造费用预算，则实际固定制造费用应就每个生产部门分别记录，标准分配率和实际分配率也应就每个生产部门分别计算。因此，固定制造费用的差异分析需按各生产部门分别进行，然后将各部门的预算差异、闲置生产能力差异、效率差异和各部门的固定制造费用差异分别进行汇总。

【例 8-9】

已知：仍按例 8-8 的资料，大发公司为生产甲产品，第一车间和第二车间实际耗用的机器台时分别为 15000 台时和 21000 台时。

要求：用三项差异分析法计算甲产品的固定制造费用成本差异。

依题意：

第一车间固定制造费用成本差异 = 165000-18×50×200 = -15000（元）　　　　（F）

其中：预算差异 = 165000-18×50×180 = 3000（元）　　　　（U）

闲置生产能力差异 = 18×（50×180-15000）= -108000（元）　　　　（F）

效率差异 = 18×（15000-50×200）= 90000（元）　　　　（U）

第二车间固定制造费用成本差异 = 275000-22×70×200 = -33000（元）　　　　（F）

其中：预算差异 = 275000-22×70×180 = -2200（元）　　　　（F）

闲置生产能力差异 = 22×（70×180-21000）= -184800（元）　　　　（F）

效率差异 = 22×（21000-70×200）= 154000（元）　　　　（U）

甲产品固定制造费用成本差异 = -15000-33000 = -48000（元）　　　　（F）

以上计算表明，采用三项差异分析法能够将成本差异的原因划分得更加具体，如在二项差异分析法中只能看出两车间由于固定制造费用预算产量脱离实际产量形成的有利的能量差异分别为 18000 元和 30800 元，在三项差异分析法中又将该差异分为由于实际工时未能达到生产能力所形成的闲置生产能力差异（第一车间和第二车间均为有利差异，分别为 108000 元和 184800 元）和由于实际工时脱离标准工时所形成的效率差异（第一车间和第二车间均为不利差异，分别为 90000 元和 154000元），这样更便于分清责任，有利于进行成本控制。

思考题

1. 标准成本有哪几类？标准成本的作用表现在哪些方面？

2. 如何制定标准成本？

3. 直接材料用量差异永远是生产部门的责任。你是否同意这句话，为什么？

4. 如何开展成本差异的计算与分析？

练习题

1. 欣欣公司生产甲产品需要使用一种直接材料 A。本期生产甲产品 800 件，耗用材料为 8000 千克，A 材料的实际价格为每千克 180 元。假设 A 材料的标准价格为每千克 200 元，单位甲产品的标准用量为 10 千克/件。

要求：计算 A 材料的成本差异。

2. 蜀通公司生产自行车轮胎。公司本年度生产了 6000 个轮胎，实际耗用人工工时 3000 小时，实际工资率为每工时 8.5 元。公司的人工标准为生产 1 个轮胎耗时 0.5 小时，标准工资率为每工时 9 元。

要求：

（1）计算直接人工工资率差异；

（2）计算直接人工效率差异。

3. 某工厂只生产一种产品、耗用一种材料，本期该产品实际产量为 600 件，耗用材料为 680 吨，其单价为 120 元/吨，直接人工为 8200 工时，其工资总额为 42160 元，实际发生变动制造费用 16800 元，固定制造费用 10920 元。其标准成本资料如下：材料标准价格为 140 元/吨，单位产品标准用量为 1.5 吨/件，单位产品标准工时为 20 时/件，标准工资率为 5 元/时，变动制造费用分配率为 2.2 元/时，预计生产能力为 9000 工时，固定制造费用为 10800 元。

要求：对直接材料、直接人工、变动制造费用、固定制造费用进行成本差异分析。

案例分析

公司主管最近一个月非常满意采购员小李的表现，因为小李达到甚至超额完成生产标准，为了奖励他出色的业绩，公司给小李颁发了奖金。但是后来公司发现，小李的优秀业绩居然来自大量采购原材料，这不仅使大量资金占压在存货上，也导致仓库方面面临储存难题。公司主管和小李的谈话很不成功。小李为自己辩护，公司的要求是达到标准，至于如何达到标准并不重要，而且只有大量订货才能达到公司的价格标准，否则就会出现不利价格差异。

请就本案例思考如下问题。

（1）小李为什么会大量采购原材料？你认为该行为是否符合设定价格标准的目标？如果不是，那么价格标准的目标又是什么？

（2）假定小李是正确的，只能通过大量采购获得折扣以实现价格标准，但公司并不赞成这种做法。你会怎么做以解决当前的困境？

（3）小李应该被解雇吗？请解释原因。

第9章 作业成本法

知识框架图

学习目标

1. 理解作业成本法与传统成本法的区别
2. 掌握作业成本法计算的步骤和基本方法
3. 理解与掌握作业成本管理的应用

引导案例 **长安汽车的成本管理变革实践①**

重庆长安汽车股份有限公司（简称"长安汽车"）成立于 1996 年，主要从事汽车制造、汽车销售、汽车发动机制造、汽车租赁等业务，是中国汽车四大集团之一。公司以打造世界一流汽车企业为愿景，以客户为中心，提供极致体验和服务；以价值为导向，凭数据、业绩及行业标杆说话；以产品为主线，持续技术领先，打造经典产品；以效率为优先，激发活力、追求卓越。

21 世纪初期，汽车业竞争日趋激烈，在自主品牌汽车开发成本居高不下的严峻形势下，优秀的成本管理越来越不可替代。2006 年，长安汽车推出第一款自主品牌轿车——长安奔奔，该轿车市场反响不错，但是经过测算，长安奔奔单车边际贡献存在巨额亏损。长安汽车站在财务的角度只得忍痛控制长安奔奔产销规模，这极大地限制了长安汽车自主品牌轿车的健康发展。为解决自主品牌汽车的效益问题，长安汽车成立了一个专门负责成本管理的组织——成本管理中心。经过全方位的成本分析，长安汽车提出一套完整的解决方案，长安奔奔单车边际贡献扭亏为盈。2009~2014 年，长安汽车陆续推出悦翔、逸动、CS35 等自主品牌轿车，自主品牌自此走上了良性发展轨道。然而，2015 年初，长安汽车质量问题频发，公司召回轿车 10 余万辆，损失巨大。公司管理层经过思考后发现，长安汽车近年来过多地将精力

① 资料来源：王纪平《管理会计创新实践奖获奖案例I作业成本管理变革之路》，"上海国家会计学院"微信公众号，2018 年 12 月 18 日。

放在了降本上，采购部门的业绩指标以成本节约为主，导致对供应商选择不慎重，质量监控不力，这是问题产生的根源所在。因此，不能片面靠压缩采购成本的方式来降本增效，必须深挖业务的根源，做到从源头上降本。

事实上，在长安汽车自主品牌车型逐渐增多的情况下，标准成本法已经不能适应当前成本管理的状况。整车成本中，直接材料的比重稳中有降，而间接费用的比重不断上升。基于标准成本法的成本分摊往往倾向于采用一种不相关或者相关性非常弱的分摊标准。在间接费用规模逐渐扩大，品种逐渐增多的情况下，这样的成本核算方法已经不能满足公司日益增多的产品线对成本信息的需求。

请思考：如何从源头上进行成本管理？如何合理分配不同产品的间接费用？

9.1　作业成本法概述

9.1.1　作业成本法的提出

作业成本法（Activity Based Costing）最早是由美国的管理会计教授罗伯特·卡普兰提出的。卡普兰教授举了个例子，某家生产铅笔的工厂，铅笔的品种分为蓝色铅笔和红色铅笔两种。生产完红色铅笔后，机器不用清洗就可以直接生产蓝色铅笔，因为蓝色颜色较深，可以直接盖住红色。但是如果先生产蓝色铅笔，再生产红色铅笔，因为蓝色颜色较深，就需要安排辅助工人清洗机器后再生产红色铅笔，因此红色铅笔需要分摊更多的辅助工人人工费和水费等间接费用，而不是按照传统的按产量分摊间接费用的方法计算。

作业成本法的
产生背景

作业成本法的理解

例如，某服装厂生产的高档服装比普通服装花费更多的设计、加工、营销推广等间接费用，而该服装厂采用传统的产量分配方法将间接费用分配到各档次的服装上，导致成本失真。而成本失真会导致决策失误，比如只考虑成本因素制定价格会导致定价失误。将普通服装定价过高，导致竞争对手抢占市场；将高档服装定价偏低，产品既没利润也定位模糊，失去了高端消费者的市场。

作业成本法的评价

作业成本法是基于作业的成本计算方法，该方法可以向管理者提供有用的决策信息。作业成本法通常作为常规成本核算的补充而非替代，常规或传统的成本核算方法用于编制外部财务报告，而作业成本法则用于内部管理决策。"作业"是指企业基于特定目的开展的任何引发资源被消耗的活动。现代管理学将作业成本法定义为"基于活动的成本管理"。其指导思想是：成本对象消耗作业，作业消耗资源，即产品需要各项作业完成，各项作业需要消耗资源，因此某个产品的成本实际就是生产该产品的各项作业消耗各项资源的总和。作业成本法把直接成本和间接成本作为产品消耗作业的成本同等对待，拓宽了成本的计算范围，使计算出来的产品成本更准确，有利于为管理者提供更有效的决策信息。

9.1.2 作业成本法与传统成本法的区别

1. 非生产费用的核算方法不同

作业成本法与传统
成本法的对比

作业成本法根据作业动因，需要将因产品而发生的管理费用、销售费用等非生产费用分配至相应的产品成本中，比如因某种产品而发生的设计费、广告费，需要追溯分配至该种产品成本中。传统的成本核算方法只将与生产直接相关的成本，如直接材料、直接人工、制造费用分配至产品成本中，而将管理费用、销售费用等非生产费用作为期间费用处理，不追溯至产品成本中。

2. 制造费用的分配范围和标准不同

传统的成本核算方法将全部制造费用都分配至所有产品成本中，而不论这些费用是否与产品相关，比如将只与其中某种产品相关的外部加工费、检验试验费、机器闲置状态下的折旧和维护成本分配至所有产品成本中，而无论这些费用是否与该产品相关。作业成本法下，产品只承担与之相关的费用。对于无法直接追溯到产品的其他成本，作业成本法和传统成本法都主张将这部分成本先归集汇总，再按照各自的标准进行分配。不同的是，传统成本法将业务量作为分配的单一标准，按照"资源—部门—产品"的路径进行分配。而作业成本法则强调尽可能准确地找到成本动因，把不同的成本动因作为分配标准，按照"资源—作业—产品"的路径分配，只有在实在无法找到成本动因的情形下才按照业务量进行分配。

3. 费用分配基础不同

传统的成本核算方法普遍采用产品产量或人工工时等数量因素将费用分配至产品中，忽略了一套完整且良好的非财务因素，因而丧失了通过成本管理改善公司整体管理的机会。作业成本法的分配基础是多元的，不但强调如人工工时、机械工时、生产批量、产品的零部件数量等财务变量，也强调如工艺变更指令、调整准备次数、运输距离等非财务变量。作业成本法采用多元分配基准，提高了产品与其实际消耗费用的相关性，使管理深入作业层次。同时作业成本法更加重视非增值成本，并注重不断消除非增值成本。

4. 核算程序不同

传统的成本核算方法是将所有间接费用打包，以产品产量、人工工时等数量动因为标准分配给各产品，没有考虑产品实际耗费的资源。而作业成本法则按照确定作业内容—成本动因—计算分配率—分配至作业成本对象的程序进行。总之，作业成本法下产品成本的计算包括可追溯至产品的所有直接成本和间接成本，不再强调区分生产成本与非生产成本。

9.1.3　作业层次

作业成本法将作业分为五个层次，分别为单位层次作业、批量层次作业、产品层次作业、客户层次作业、组织维持层次作业。

1. 单位层次作业

单位层次作业是指生产单位产品直接相关的作业，比如服装厂生产每件服装就是单位层次作业。与每件服装相关的布料、人工成本就是单位层次作业成本。单位层次的作业成本与产量成正比例关系。

2. 批量层次作业

批量层次作业是指生产加工或处理某批产品时所发生的作业。批量层次作业成本是指只与批量直接相关的成本，而无论该批次中有多少数量的产品，比如服装厂采购某批布料的订货成本、生产某批次服装前的机器调试成本、某批次服装的运输成本等。批量层次作业成本与批量成正比例关系，而与该批次作业中的产品数量无关。

3. 产品层次作业

产品层次作业是指与特定产品相关而与批次、产量、销量不相关的作业，例如某新款服装的设计、广告宣传、明星代言等。产品层次作业成本是指与该特定产品相关的成本，如广告费、设计费、明星代言费等。

4. 客户层次作业

客户层次作业是指与特定客户相关的作业，如赠送给客户礼品、邮寄给客户产品图册、与客户沟通洽谈等。客户层次作业只与特定客户相关，而与产品数量、批次无关，属于与客户相关的支持活动。客户层次作业成本是指与特定客户相关的成本，例如礼品费、图册费等。

5. 组织维持层次作业

组织维持层次作业是指不受产品、产品数量、产品批次、客户影响的作业，是为维持企业正常运转的作业，如员工餐厅的工作、保洁、信息网络管理、人员招聘、安全保卫等。组织维持层次作业成本是指与之相关的费用，如保洁费、安保费、网络维护费、招聘费等。

9.2 作业的确认与成本动因

9.2.1 作业的确认与分类

1. 作业的确认

作业成本法认为，产品成本是制造和运送产品的各项作业的成本总和，成本计算最基本的对象是作业。作业需要消耗资源，而产品由于各项作业的产生而形成成本。因此，作业的确认是作业成本法的第一步。

作业是企业为生产产品而发生的各项活动。在企业管理中，作业形成一条作业链，每一项作业需要消耗部分资源，并且形成新的价值，再转移到下一项作业，直到产品转移给客户。作业成本的核心是作业，作业的确认有以下几点要求。

第一，作业是以人为主体的活动，是企业员工从事的各项工作；

第二，作业需要消耗各种人力资源和物质资源；

第三，在企业生产经营管理过程中，按照不同生产经营环节的目的来区分各项作业，各项作业形成一个作业链，共同构成了企业生产经营的整个过程。

2. 作业的分类

在企业生产经营过程中，管理层可以通过对作业进行分类，简化产品成本计算工作。对作业进行科学分类是作业识别和作业分析的基础。根据作业水平属性划分作业组是实务界常用的作业分类方法，从资源识别及成本核算角度，作业可以分为以下四类。

（1）单位级作业

单位级作业是指生产每单位产品或提供每单位服务而发生的作业。单位级作业所消耗的资源（即成本）与产品产量成正比例关系。例如，直接人工、直接材料、生产产品的机器使用的动力成本等。

（2）批次级作业

批次级作业是指每生产一批次产品而发生的作业。批次级作业所消耗的资源由生产批别次数决定，与产品产量无关。例如，订货成本、设备调试成本、原料处理成本等。

（3）产品级作业

产品级作业是指生产每一类产品或提供每一类服务而发生的作业。产品级作业所消耗的资源由产品类型决定，其作用在于支援某种类型产品的生产，与其他类型产品的生产无关，这种作业的成本与产品产量及批次数量无关，但与产品种类数或产品线的数量成正比例关系。例如，对某种产品编制数控计划、进行工艺设计等。

（4）管理级作业

管理级作业是指为了维持企业的总体生产经营而发生的作业。该类作业属于企业一般性作业，与企业整体经营活动有关，无法追溯到任何具体产品和服务中，与产品产量、批次数量、产品种类无关，是企业全部产品和服务的共同成本。例如，管理作业、厂房维修和人员培训等。

9.2.2　成本动因

成本动因，又称成本驱动因素，是指诱导成本发生的原因。成本动因通常选择一项作业产出的计量单位来计量，如直接人工小时、产品种类、机器准备次数等。成本动因是作业成本法的核心内容。

在作业成本法中，按成本在资源流动中所处的位置和作用，成本动因可分为资源动因和作业动因。①资源动因是将资源成本分配到作业的标准，反映了作业对资源的消耗情况。例

区分资源成本动因和作业成本动因

如，产品质量检验作业需要消耗的资源包括检验人员工资、专用设备折旧费和能源耗费，其中，检验人员工资和专用设备折旧费可直接计入检验作业成本，而能源耗费一般需要根据设备额定功率和使用时间来分配成本，不能直接计入检验作业成本。②作业动因是将不同作业的成本分配到产品、服务或顾客等成本对象的标准，反映了产品和作业的联系。例如，企业设计作业中心的作业动因可以是所设计的产品种类、设计工时等，

营销作业中心的作业动因可以是营销推广次数、营销员工数、销售合同数等。

在作业成本法中，从成本归属的角度，成本动因可分为执行动因、数量动因和强度动因。①执行动因是某些作业在重复执行时，单次执行消耗的资源相对稳定，导致执行次数成为成本动因。②数量动因是某些作业在重复执行时，单次执行消耗

追溯和动因分配

的资源与执行数量成比例变化，导致数量或者作业时间成为成本动因。③强度动因是由于某些作业在执行过程中，消耗的资源与执行次数和数量时间无关，需要根据对作业的追踪，直接归属作业成本。例如，某洗衣机厂的售后服务费用较高，分析得到的成本动因是售后服务次数较多，而主要原因是产品质量问题，因此采取措施

提高生产过程和出厂环节的质量检验可以降低售后服务的作业成本。再例如，机器维修成本较高，分析得到的成本动因是维修次数多，而维修成本除了金钱方面的损失，还有停工报修、等待维修等非增值作业引起的生产效率的下降。因此，机器采购环节的质量把关、定期检修、维修人员的现场巡查等方式都可以减少维修的次数，进而降低维修的作业成本。

9.3　作业成本法的实施过程

作业成本法的原理是：产品的生产需要相应的作业，而作业需要消耗资源，资源的消耗导致成本的产生。例如生产服装需要设计、采购布料、生产加工、包装及运输等作业，而这些作业需要耗费人力、物料、电力、运输等费用，这些费用的归集汇总就是产品的成本。作业成本法试图追溯产品需要哪些作业？作业的成本动因是什么？作业如何影响成本？这些都是作业成本法在实施过程中需要解决的细节问题。

9.3.1　作业成本法的实施程序

作业成本法的原理就是将着眼点放在作业上，以作业为核算对象，根据作业对资源的消耗情况将资源的成本追溯到作业，再由作业依据成本动因分配到产品成本的积累过程中，从而得出最终产品成本。具体实施步骤如下。

1. 作业的识别与划分

在企业采用作业成本法之前，首先要分析确定构成企业作业链的具体作业。由于生产一个产品所需的作业很多，而且每项作业还可进一步细分，因此，在进行作业识别时，只需识别主要的作业，而将各类细小的作业加以归类即可。在确认作业时，要特别注意具有以下特征的作业：资源昂贵、金额重大的作业；产品之间的使用程度差异极大的作业；需求形态与众不同的作业；等等。一般而言，每种作业成本均包括执行这一作业所耗用的资源及生产每项产品所耗用的这一作业活动的成本、衡量作业与产品之间的关系的成本等。

2. 成本库资源的归集

在确定了企业的作业划分之后，就需要以作业为对象，根据作业消耗资源的情况，归集各作业发生的各种费用，并把每种作业发生的费用集合分别列作一个成本库。企业应根据资源耗用与作业之间的因果关系，将所有的资源成本直接追溯或按资源动因分配至各作业中心，计算各作业总成本。作业成本归集应遵循以下基本原则：①对于为执行某种作业直接消耗的资源，应直接追溯至该作业中心；②对于为执行两种或两种以上作业共同消耗的资源，应按照各作业中心的资源动因量比例分配至各作业中心。作业成本库资源的归集可以以分配比例表或者费用分配表的形式呈现，如果是分配比例表，需要进一步根据资料计算形成费用分配表。

3. 成本动因的确定

明确价值链中的成本动因对成本管理有着决定性的意义，因为我们只有知道了成本变化的原因才能有效地采取降低成本的措施。在选择成本动因时，需要考虑以下原则：①相关性原则，选择与相关作业成本的关联程度最高的成本动因，将产品成本更准确地分摊到相关作业上；②成本效益原则，选择某一成本动因给企业带来的经济利益，必须高于因选择该成本动因而增加的成本；③重要性原则，尽量选择引起成本费用变动的最主要的成本动因，放弃"干扰性"成本动因；④充分性原则，在选择成本动因时，应尽最大可能将间接费用真实充分地分配到各项作业中去；⑤数量确定原则，成本动因数量的确定要依据管理者所期望获得的成本确认精确度来定。

4. 计算成本动因分配率

成本动因分配率是指单位成本动因所引起的制造费用的数量。成本动因分配率的计算公式为：成本动因分配率＝成本库成本费用÷成本库成本动因总量。

5. 计算产品成本

计算出成本动因分配率后，根据各产品消耗各成本库的成本动因数量进行成本库费用的分配，每种产品从各成本库中分配所得的费用之和，即为每种产品的费用分配额。生产产品的总成本即生产产品所发生的直接成本与制造费用之和：总成本＝直接材料+直接人工+制造费用。

9.3.2 作业成本法的计算步骤举例

【例 9-1】

M 服装厂 2020 年生产职业装和休闲装两类服装。该服装厂生产规划作业资料如表 9-1 至表 9-4 所示。

要求：用作业成本法计算产品成本。

表 9-1　M 服装厂作业成本库

作业项目	成本动因（量化单位）	年总作业量
客户订单	订单数量（份）	600
服装设计	产品种类（种）	10
原料采购	采购次数（次）	50
服装生产	工时（小时）	15000
产品仓储	产品数量（件）	50000

表 9-2　M 服装厂 2020 年间接费用

单位：元

成本费用	金额
间接人工工资	480000
电费	20000
设备折旧费	250000
机器调试费	20000
办公费	90000
设计费	80000
厂房租金	60000
合计	1000000

表 9-3　M 服装厂作业成本库资源消耗的分配

资源动因或分配比例	客户订单	服装设计	原料采购	服装生产	产品仓储	合计
人员定编（人）	2	3	2	8	1	16
电费（度）	2000	3000		10000	5000	20000
设备折旧费（元）				200000	50000	250000
机器调试费（元）				15000	5000	20000
办公费（元）						90000
设计费分配比例（%）		100				100
厂房租金分配比例（%）				50	50	100

表 9-4　M 服装厂职业装与休闲装的作业量

作业项目	职业装作业量	休闲装作业量	年总作业量
客户订单（份）	200	400	600
服装设计（种）	3	7	10
原料采购（次）	20	30	50
服装生产（小时）	5000	10000	15000
产品仓储（件）	10000	40000	50000

第一步：识别作业。

识别作业是耗时费力且涉及大量判断的工作，需要基层员工配合将他们涉及的所有作业内容描述出来，追踪描述的作业内容越细致，成本的核算越准确。对于较冗长的作业项目也可以合并相似的作业项目，例如码头卸货、装箱再搬运至运输车辆可以合并成"装卸搬运"。应注意的是，不同的作业层次不应当合并，例如不应当将产品层次作业与批量层次作业合并，如不应将某款服装的明星代言与某批次产品的订货作业合并。而应当将同一层次高度相关的作业合并，如某批次服装生产机器设备的调试与维护都与该批次高度相关，可以合并成一个作业层次。将与某项作业相关的成本都汇集在一个成本池中，这个成本池就是"作业成本库"。表 9-1 列示了 M 服装厂 2020 年的作业成本库。

从表 9-1 可以看出，作业成本库中的"客户订单"作业消耗的资源就是所有与订单相关的成本费用，例如与该批订单相关的人员工资、机器调试费都归集至客户订单作业成本中。客户订单作业是批量层次的作业，只与订单数量相关，所以计量方式是"订单数量"，订单数量越大，与客户订单相关的作业成本越高。所有与服装设计相关的成本都归集在"服装设计"成本库中，服装设计是产品层次的作业，只与设计的产品种类有关，所以计量方式是"产品种类"。与客户订单、服装设计、服装生产等都无关的各项费用，如保洁费、房产税、绿化费、闲置机器折旧费等组织维持费用，都归集在其他成本库中，因与产品消耗的资源无关，因此不应分配至产品的成本中。

第二步：将间接费用分配至作业成本库。

因直接材料与直接人工等直接成本可以准确地追溯至产品，因此以下分配仅指间接费用的分配。表 9-2 列示了 M 服装厂 2020 年的所有间接费用（包括制造费用与非制造费用）。将间接费用在 5 个作业成本库中进行分配，分配的比例应该参照基层员工提供的数据资料，例如将 480000 元的间接人工工资分配至客户订单、服装设计、原料采购、服装生产和产品仓储 5 项作业，应考虑销售人员、设计员、采购员、生产相关人员和仓库管理员等人员的人数，如销售人员工资可能直接与客户订单作业有关、设计员工资与服装设计作业有关等。设备折旧费、机器调试费和办公费按照各项作业的实际使用情况直接分配。而设计费与服装设计相关。厂房租金由服装生产和产品仓储平均分配，因为 M 服装厂租来的厂房一半用于生产，一半用于仓储。根据以上方法，依据表 9-3 中的资源动因或分配比例，各项作业的资源消耗将间接费用分配至 5 项作业中，如表 9-5 所示。

表 9-5 M 服装厂作业成本库的间接费用分配

单位：万元

成本费用	客户订单	服装设计	原料采购	服装生产	产品仓储	合计
间接人工工资	6	9	6	24	3	48
电费	0.2	0.3		1	0.5	2
设备折旧费				20	5	25
机器调试费				1.5	0.5	2
办公费	4	0.5	0.5	3	1	9
设计费		8				8
厂房租金				3	3	6
合计	10.2	17.8	6.5	52.5	13	100

第三步：计算成本动因分配率。

将以上的作业成本分配至产品，需要确定成本动因分配率，分配率为每项作业的总成本除以其总的作业量计算得出。

从表9-6可知，客户订单的成本动因分配率为170元/份；服装设计的成本动因分配率为17800元/种；原料采购的成本动因分配率为1300元/次；服装生产的成本动因分配率为35元/时；产品仓储的成本动因分配率为2.6元/件。

表 9-6　M 服装厂成本动因分配率

作业项目	年总成本费用（元）	年总作业量	分配率
客户订单	102000	600 份	170 元/份
服装设计	178000	10 种	17800 元/种
原料采购	65000	50 次	1300 元/次
服装生产	525000	15000 小时	35 元/时
产品仓储	130000	50000 件	2.6 元/件

第四步：将间接费用分配至成本对象。

以上第二步将间接费用分配至作业成本库是第一次的分配，分配率确定后还需要将间接费用分配至各产品，这是第二次的分配。

从表9-7和表9-8可以看出，采用作业成本法进行分配后，M 服装厂生产职业装的间接费用为314400元，生产休闲装的间接费用为685600元。作业成本法的计算步骤如图9-1所示。

表 9-7　职业装的间接费用分配

作业项目	成本动因分配率	作业量	成本（元）
客户订单	170 元/份	200 份	34000
服装设计	17800 元/种	3 种	53400
原料采购	1300 元/次	20 次	26000
服装生产	35 元/时	5000 小时	175000
产品仓储	2.6 元/件	10000 件	26000
合计			314400

表 9-8　休闲装的间接费用分配

作业项目	成本动因分配率	作业量	成本（元）
客户订单	170 元/份	400 份	68000
服装设计	17800 元/种	7 种	124600
原料采购	1300 元/次	30 次	39000

作业项目	成本动因分配率	作业量	成本（元）
服装生产	35 元/时	10000 小时	350000
产品仓储	2.6 元/件	40000 件	104000
合计			685600

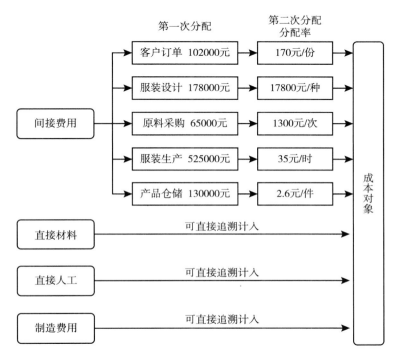

图 9-1　作业成本法的计算步骤

9.4　作业成本管理

9.4.1　作业成本管理概述

作业成本管理的目的是通过分析作业、作业成本动因、作业成本找出非增值作业和低价值的作业，从而通过改进生产流程、消除非增值作业、提升低价值作业价值等方式降低成本与优化成本结构，以提升企业价值。

9.4.2 作业成本管理的内容

1. 作业的分析与管理

作业的发生都具有目的性，作业会导致资源消耗产生作业成本，因此企业应首先分析作业的必要性，分析和评价作业、改进作业。从精益生产角度来看，作业分为增值作业与非增值作业。一项作业必须同时满足下列三个条件才可断定为增值作业：①该作业导致了状态的改变；②该状态的变化不能由其他作业来完成；③该作业使其他作业得以进行。非增值作业是指即便消除也不会影响产品对顾客提供的价值，是不必要的或可消除的作业。如果一项作业不能同时满足增值作业的三个条件，就可断定其为非增值作业，如产品的装卸与搬运、储存货物、会议等都属于非增值作业，因为这是不能为客户提供价值的作业。非增值作业也是企业正常经营所必需的，但由于不能为客户创造价值，因此应尽可能消除或削减。增值作业分为低增值作业与高增值作业，如生产布局不合理、工人操作动作不规范导致生产效率低下，属于低增值作业。企业自建车队用于向顾客送货，由于车辆闲置的成本以及年度维护费用较高，也属于低增值作业。对管理者而言应想办法将低增值作业变为高增值的作业。作业管理的目的是分析是否应该发生此项作业，能否避免出现不应该发生的作业，不能避免是否能想办法削减。例如储存货物会产生储存与保管成本，而存货过多会导致资金成本增加，存货积压还会造成跌价损失。此时可以采用零库存、适时制生产（JIT）等方式消除储存货物这项作业。

2. 作业改进

作业成本管理的目的是通过分析作业的过程，评价作业，识别作业中的非增值作业与低增值作业。通过流程再造和技术改进，尽可能消除或降低非增值作业的成本，将低增值作业变为高增值作业，从而全面提升作业流程的价值创造能力，控制和优化作业成本。具体有如下几种途径。

（1）作业消除

非增值作业不能为客户创造价值，例如工人将材料从库房领用后搬运至生产现场，此项作业为非增值作业，能够导致工人有效工作时间缩短，降低生产效率，因此可以消除此项作业，消除模式可采取适时制生产模式、由供应商直接送货至生产工位或由机器人配送等模式。再或者由于生产布局不合理，工人需在不同机器间来回走动，另外还需将半成品从一个工位用小推车送至下一个工位，这些都是非增值作业，可以采用 U 形生产线，减少工人走动的步数，使用传送带等方式消除半成品搬运的无效作业。

（2）作业选择

作业选择是指在可选择的所有作业中选择最佳方案。可选择的作业虽然都可以达到同一商业目的，但是不同的作业选择可能引发不同的商业成本。作业成本管理的目的是在实现商业目的的前提下，选择作业成本最低的方案。例如在做营销策略的选择、自制或委托外加工的选择等方案选择时，企业需要各部门配合，经过详尽地测算分析最终做出决策。

（3）作业减少

作业减少是指通过对作业的不断改善，减少作业次数、时间及资源的消耗。例如通过生产工艺流程的改进，减少切割、打磨、转、铣的次数和时间，从而减少资源的消耗，降低作业成本。

（4）作业共享

作业共享是指不同的作业可以通过共享相同的资源来减少资源的消耗，从而节约作业成本。例如企业集团的人力资源可在不同成员企业间共享，从而降低人力成本；新产品的设计可共享原有产品的技术资源；等等。

9.4.3 作业成本管理的应用

作业成本管理实际上是作业管理，作业管理的目的是消除浪费、缩短作业时间、降低资源的消耗。作业管理已广泛运用于各行业，尤其是制造业。作业成本管理可应用于以下几个方面。

1. 定价策略

企业在确定产品销售价格时，成本是需要考虑的重要因素之一。如果成本被扭曲，会导致定价的重大失误。传统的成本核算方法，将间接费用打包采用数量、工时或材料定额等标准分配到各产品成本中，没有考虑到作业成本管理的思想。因此，产品被分配过多或过少的间接费用，导致成本数据不真实，结果真实成本较高的产品由于定价过低没赚到应有的利润，真实成本较低的产品定价过高被竞争对手抢占了市场。

2. 降低成本

通过分析作业成本的动因，寻找降低成本的方法。例如某企业发现产品包装此项作业花费较高成本，因此可以瞄准包装作业进行流程改造。企业可将作业成本分配率与同行业进行比较，分析差异的原因并进行改善。

3. 评估盈利能力

由于传统的成本核算方法有可能歪曲成本数据，用此成本数据测算的业务盈利能力可能失真。例如汽车、家电、家具行业推出的客户定制化业务，看似赚钱但实际上耗费了企业大量的资源，而这些资源是由大量的作业驱动的。如果采用传统的成本核算方法，定制化项目的间接成本没有追溯至产品，而是与其他间接成本一起打包被平均分配到了所有产品中。因此，定制化产品的成本有可能被低估，从而导致业绩被高估，产品的真实盈利状况被歪曲，无法向管理者或投资者提供有用的决策信息。

4. 考核与激励

课程思政：运用
作业成本法推动
我国制造业发展

作业成本管理可用于员工的考核与激励。传统的成本核算方法可能会歪曲成本与业务的真实盈利能力，如果以此数据确定 KPI 指标，不能正确衡量员工的业绩，可能造成奖惩不当、挫伤员工积极性或激励不当等后果。

作业成本管理以产品生命周期的全生产链成本为对象，因此，在确定 KPI 指标时，应考虑各作业点在整个产业价值链中的成本，应有全局性观念，而不能只考虑某个点的作业成本最低。

思考题

1. 作业成本法与传统成本法的区别有哪些？
2. 从成本归属的角度来看，作业成本法的成本动因可分为哪些类型？
3. 作业成本法中的两次分配分别指什么？
4. 作业成本管理应当如何应用？请举例说明。

练习题

1. 海蒙公司是专业生产医疗仪器的企业。该公司生产销售标准规格的医疗仪器，另外也生产客户定制的医疗仪器。该公司作业成本法系统的作业成本库和成本动因分配率如表 9-9 所示。

表 9-9　海蒙公司作业成本库和成本动因分配率

作业项目	成本动因分配率
支持性人工	210 元/时
订单处理	2500 元/份
定制设计	3000 元/个
顾客服务	800 元/位

宏峰公司是海蒙公司的新客户，海蒙公司需要对该客户的盈利能力进行分析。宏峰公司过去一年订购的产品相关数据如表 9-10 所示。

表 9-10　宏峰公司订购产品相关数据

项目	标准规格仪器	定制仪器
仪器数量(台)	30	8
订单数量(份)	1	2
定制设计数量(个)	0	2
每台仪器的支持性人工工时(小时)	30	35
每台仪器的售价(元)	12000	14000
每台仪器的直接材料成本(元)	3600	4000

要求：采用海蒙公司的作业成本法系统，计算宏峰公司的客户毛利。

2. A 公司是专业生产测量仪器的企业。作业成本库的相关信息如表 9-11 所示。

表 9-11　A 公司作业成本库相关信息

作业项目	成本动因	成本动因分配率
零部件设计	零部件数量	50 元/个
制造加工	机器小时	300 元/时
检验	检验小时	60 元/时
客户订单	订单数量	200 元/份

2019 年客户 B 公司从 A 公司订购了 80 台测量仪器，每台仪器的直接材料成本为 2000 元，其他相关信息如表 9-12 所示。

表 9-12　B 公司订购产品相关数据

项目	标准规格仪器
每台零部件数量(个)	60
年度订单数量(份)	2
每台机器工时(小时)	30
每台检验工时(小时)	6

要求：请分别计算 2019 年 B 公司订购的 80 台测量仪器的总成本和单位成本。

3. A 企业为某市传统的城市物流企业，主要承接甲、乙两家购物中心的货运工作。目前，A 企业仅设置了"主营业务成本""销售费用""管理费用"几个一级科目，对企业所发生的人工费、折旧费、办公费、仓库租金、运输费、维修费等费用并未进行细致的分配，难以获得企业物流成本的真实数据。因此，A 企业计划采用作业成本法进行成本管理改革。有关资料如表 9-13 至表 9-16 所示。

表 9-13　各作业的成本动因

作业项目	成本动因
订单作业	订货单数
验收作业	验收次数
运输作业	运输公里数
入库作业	入库次数
出库作业	出库次数
装卸作业	人工工时
仓储作业	存货数量与时间之积
配送作业	箱数

表 9-14　A 企业作业中心间接费用

单位：元

成本费用	金额
工资及福利费支出	1200000
设备折旧费	500000
房屋折旧费	300000
汽油和过路费	62000
材料包装费	210000
维修费	24000
水电费	12000
订单处理费	8000
其他费用	220000
合计	2536000

表 9-15　A 企业作业中心资源消耗的比例

单位：%

成本费用	订单作业	验收作业	运输作业	入库作业	出库作业	装卸作业	仓储作业	配送作业
工资及福利费支出	12	18	12	10	8	12	12	16
设备折旧费			50	10	10	15		15
房屋折旧费							100	
汽油和过路费			100					
材料包装费						100		
维修费		20	80					
水电费	10	20		10	10	20	30	
订单处理费	100							
其他费用	50	4	20	4	2	5	10	5

表 9-16 A 企业货运工作的作业业务量

作业项目	甲客户动因数	乙客户动因数	合计
订单作业	1	1	2
验收作业	3	2	5
运输作业	8480	4500	12980
入库作业	4	2	6
出库作业	30	10	40
装卸作业	50	50	100
仓储作业	580000	1100000	1680000
配送作业	30	10	40

要求：

（1）将间接费用分配至作业成本库；

（2）计算成本动因分配率；

（3）将间接费用分配至甲、乙两个成本对象。

4. M 企业生产甲、乙两种产品，有关资料如表 9-17 和表 9-18 所示。

表 9-17 产量及直接成本等资料

成本动因	甲产品	乙产品
产量（件）	20000	50000
订购次数（次）	4	8
机器制造工时（小时）	40000	150000
直接材料成本（元）	2200000	2500000
直接人工成本（元）	300000	750000

表 9-18 制造费用明细及成本动因

成本费用	制造费用金额（元）	成本动因
材料验收成本	36000	订购次数
产品验收成本	42000	订购次数
燃料与水电成本	43700	机器制造工时
开工成本	21000	订购次数
职工福利成本	25200	直接人工成本
设备折旧费	32300	机器制造工时
厂房折旧费	20300	产量
材料储存成本	14100	直接材料成本
车间管理人员工资	9800	产量
合计	244400	

要求：

（1）根据作业成本法，求出甲、乙两种产品所应负担的制造费用；

（2）根据作业成本法，计算甲、乙两种产品的总成本和单位成本。

案例分析

甲服装公司生产男士西服和女式套装，两者消耗的布料成本基本一致，公司定价都是 280 元，但是男士西服销量不好，而女士套装却供不应求。为此，将女士套装的价格提高到 290 元，男士西服的价格降低至 270 元。价格调整后，情况虽然有所改善，但是女士套装还是供不应求，采用作业成本法对该公司 7 月的产品成本重新计算。

服装公司通过产品作业链分析，结合本企业的实际管理要求，将作业集合成设计作业、直接材料消耗、直接人工消耗、批次调整作业、生产管理作业、设备折旧作业等 6 个作业成本库。具体内容如下（分录单位：万元）。

（1）材料成本核算

7 月，男装使用布料的费用为 20 万元，女装使用布料的费用为 10 万元。

借：生产成本——男装——直接材料　　20

　　　　　——女装——直接材料　　10

　　贷：原材料——布料　　　　　　　　　　　30

材料消耗的资源动因和作业动因是一致的，可以直接计入产品成本。

（2）直接人工的核算

7 月，生产男装的职工薪酬是 2 万元，生产女装的职工薪酬是 3 万元。

借：生产成本——男装——直接人工　　2

　　　　　——女装——直接人工　　3

　　贷：应付职工薪酬　　　　　　　　　　　　5

（3）间接费用（制造费用）分担

1）设计作业。公司产品设计部门费用合计 9 万元（直接人工 5 万元、折旧费 2 万元、办公费 1 万元、其他费用 1 万元），其中男装的设计工时是 1000 工时，女装的设计工时是 2000 工时。

设计作业成本分配率 = 90000÷（1000+2000）= 30（元）

男装设计费用 = 1000×30 = 30000（元）

女装设计费用 = 2000×30 = 60000（元）

借：生产成本——男装——作业成本（设计）　　3

　　　　　——女装——作业成本（设计）　　6

　　贷：作业成本——设计　　　　　　　　　　　9

2）批次调整作业（设备启动、模具调整等）成本为 3 万元，其中男装调整 10 次，女装调整 20 次。

批次调整作业成本分配率 ＝ 30000÷（10＋20） ＝ 1000 （元）

男装 ＝ 10×1000 ＝ 10000 （元）

女装 ＝ 20×1000 ＝ 20000 （元）

借：生产成本——男装——作业成本（批次调整）　　1
　　　　　　——女装——作业成本（批次调整）　　2
　　贷：作业成本——批次调整　　　　　　　　　　　　　3

3）生产管理作业（车间管理人员工资等）为 3 万元，其中男装生产订单有 10 份，女装生产订单有 20 份（原理同上，计算过程略）。

借：生产成本——男装——作业成本（生产管理）　　1
　　　　　　——女装——作业成本（生产管理）　　2
　　贷：作业成本——生产管理　　　　　　　　　　　　　3

4）设备折旧、水电消耗等其他费用共 9 万元，作业动因为机器工时：男装的机器工时为 3000 工时，女装的机器工时为 6000 工时（原理同上，计算过程略）。

借：生产成本——男装——作业成本（折旧及其他）　　3
　　　　　　——女装——作业成本（折旧及其他）　　6
　　贷：作业成本——折旧及其他　　　　　　　　　　　　9

假设该企业期初没有在产品，期末产品也都完工入库，当期生产男装 2000 件，女装 1000 件。

要求：

（1）采用作业成本法，甲服装公司 7 月男士西服生产总成本为_____，单位成本为_____；

（2）采用作业成本法，甲服装公司 7 月女士套装生产总成本为_____，单位成本为_____；

（3）结合甲服装公司的成本数据，提出产品定价的合理建议。

第 10 章　全面预算

知识框架图

学习目标

1. 了解全面预算的含义、内容及其作用
2. 熟悉全面预算的编制程序与管理流程
3. 掌握各种预算编制方法
4. 学会编制全面预算

引导案例

兴蓉环境全面预算管理实践①

兴蓉环境是一家大型的水务环保综合服务商，主要从事自来水生产与供应、污水处理、中水利用、污泥处置、垃圾渗滤液处理和垃圾焚烧发电等业务。公司以民生保障为己任、以生态环境保护为目标，坚持可持续发展的理念，致力于为客户提供先进的水务环保运营管理、废弃物处置、资源循环利用等综合解决方案。

自 2010 年借壳上市起，为适应公司战略发展和经营管理的需要，兴蓉环境开始推行全面预算管理实践，利用预算对公司各部门、各单位的各种财务及非财务资源进行预测、决策和控制。依据集团公司的行业特点和全面预算管理的要求，遵循积极稳健、量入为出、效益优先、防范风险、权责明确、严格管理等原则，以加强内部控制、规范经营运作、提高经济效益为目标，兴蓉环境健全了预算管理组织体系与管理流程，将绩效管理与预算管理有机结合，取得了较为满意的管理成果。

"凡事预则立，不预则废。"全面预算管理究竟有何妙处，能够成为企业管理的基石？如何才能有效利用全面预算管理提升企业价值，避免预算脱离实际沦为形式？本章，让我们一起来揭开全面预算管理的面纱。

---

① 资料来源：根据兴蓉环境网站资料改编，https://www.cdxrec.com/。

10.1　全面预算概述

　　企业是一个以营利为目的的组织，而任何一个企业所拥有的人力、物力和财力等资源都是有限的，因此，如何正确地分配和使用这些资源，为企业创造最大的经济效益，是关乎企业生存和发展的重要问题。

　　要保证企业长期战略目标和短期经营目标的顺利实现，就需要对企业未来一定时期内的各项经济活动进行统筹安排和规划。预算就是在预测和决策的基础上，主要以货币为计量单位，对企业各项经济活动的资源配置情况进行的具体化、数量化说明。全面预算管理就是通过预算将企业计划、协调、控制和评价等职能连接起来，贯彻落实企业的决策方案，推动实现企业战略目标的管理活动。

战略、计划
与预算的关系

10.1.1　全面预算的含义

　　财政部颁布的《管理会计应用指引第 200 号——预算管理》中指出："预算管理，是指企业以战略目标为导向，通过对未来一定期间内的经营活动和相应的财务结果进行全面预测和筹划，科学、合理配置企业各项财务和非财务资源，并对执行过程进行监督和分析，对执行结果进行评价和反馈，指导经营活动的改善和调整，进而推动实现企业战略目标的管理活动。"

全面预算管理的
基本原则

　　全面预算管理要求在企业战略的引导下，建立事前预算、事中控制和事后考核的管理机制，以提高企业的资源利用效率与经济效益。

　　全面预算管理是全员、全过程、全方位的管理。其中，"全员"是指预算的全员参与，通过预算目标的分解与量化，让每一个参与者都明确自己的目标与职责。"全过程"是指预算管理不仅仅是预算的编制和下达，更重要的是要通过预算的执行和监控、预算的分析和调整、预算的考核与评价，真正发挥预算管理的权威性和对经营活动的指导作用。"全方位"是指全面预算不是财务部门的"家事"，不能脱离业务活动，应对各职能部门的作业计划和公司的各类资源统筹安排，才能实现物流、资金流和信息流的协调一致，实现资源的有效配置和利用。

10.1.2　全面预算的内容

　　全面预算是由一系列预计企业现金收支、经济效益、资金筹集与使用及财务状况的预算有序排列组成的集合。它主要是用来规划企业在一定时期内的全部经济活动及其成果。全面预算按其经济内容，可以分为业务预算、专项预算和财务预算三大类。

1. 业务预算

业务预算是指企业日常发生的各项具有实质性的生产经营活动的预算。它主要包括销售预算、生产预算、直接材料预算（采购预算）、直接人工预算、制造费用预算、产品成本预算、期末存货预算、销售费用及管理费用预算等。这类预算通常与企业利润的计算有关，大多以数量和金额指标反映企业收入与费用的构成情况。

2. 专项预算

专项预算是指企业为不经常发生的长期投资决策项目或筹资项目所编制的一次性预算。它主要包括重大的资本支出预算和资本筹集预算。

3. 财务预算

财务预算是指企业为反映预算期内有关现金收支、经营成果和财务状况而编制的预算。它主要包括现金预算、预计利润表和预计资产负债表。财务预算综合反映业务预算和专项预算的结果。

编制业务预算和财务预算的期间通常以 1 年为期，这样可使预算期间与会计年度一致，便于分析、评价和考核预算的执行情况。

在全面预算体系中，各项预算相互衔接、互相对应，构成了一个有机整体，它们之间的相互关系如图 10-1 所示。

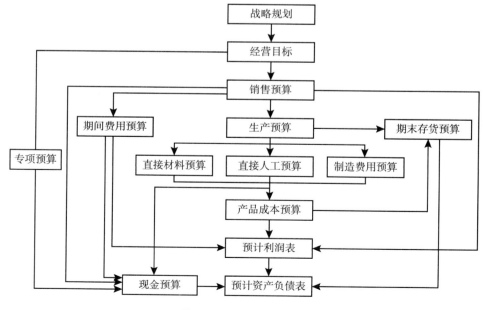

图 10-1　全面预算体系

10.1.3　全面预算的作用

全面预算的作用主要表现在以下四个方面。

1. 明确工作目标

全面预算是企业战略的具体化和数量化。全面预算以数量的形式规定了一定时期内企业经营的总体目标，并将总体目标层层分解落实为各职能部门的具体工作目标，使各部门了解和明确自己在实现企业总体目标中的职责和努力的方向，进而专注执行企业各项任务以达成绩效。

2. 协调部门关系

企业是由各个职能部门有机联系在一起组成的，只有企业各个部门在生产经营活动中密切配合、相互协调、统筹兼顾、全面安排、综合平衡，才有可能实现企业的既定目标。全面预算把企业各方面的工作纳入统一计划之中，有利于各部门更加清晰地认识到本部门与整个企业、本部门与其他部门之间的关系，从而在工作中自觉地相互配合、相互协调，以达到平衡。例如，在以销定产的经营方针下，生产预算应当以销售预算为根据，材料采购预算必须与生产预算相衔接。

3. 控制经济活动

全面预算是控制企业日常经济活动的主要依据。全面预算一经批准，就要付诸实施。在预算执行过程中，实际执行结果往往会与预算存在差异，各有关部门应通过计量、对比，及时地揭露实际执行结果偏离预算的差额，并分析其原因，以便采取有效措施，挖掘潜力、巩固成绩、纠正缺点。

4. 确定考核标准

由于全面预算既反映了企业的总体规划，又规定了各职能部门的具体目标，所以全面预算是考核企业整体业绩和部门业绩的基本尺度。在利用全面预算进行业绩评价时，要根据预算的完成情况，分析实际偏离预算的程度及其原因，划清责任，奖罚分明，促使全体员工为完成预算规定的目标而努力工作。

10.1.4　全面预算的编制程序

全面预算的编制是一项工作量大、涉及面广、时间性强、操作复杂的工作。为了保证预算编制工作高效有序地推进，企业可设置预算管理委员会等专门机构组织、监督预算管理工作。企业应当以法定代表人为预算管理的第一责任人，以预算管理委员会（由董事会领导和授权）为预算管理决策机构，

预算管理工作的
职责分工示例

以预算管理办公室（通常设在财务部门）为预算管理工作机构，以各职能部门、分（子）公司为预算管理的执行单位。

一般来说，企业预算编制的流程模式有三种：自上而下、自下而上、上下结合。自上而下模式是指预算管理委员会先制定出预算目标，然后自上而下地分解下达目标，各预算责任单位据此编制和执行预算。该模式的优点是高层管理者制定的预算目标更加符合企业战略发展需要，更有利于保证企业利益最大化；缺点是高层管理者可能对基层单位的业务特点、执行能力等信息了解不充分，使得预算目标脱离实际，可执行性较低。自下而上模式是指各预算责任单位根据自身的实际情况编制和执行预算，预算管理委员会只起汇总和管理的职能。该模式的优点是能够调动各责任单位编制和执行预算的积极性，符合权利与义务对等的原则；缺点是不能从整体利益出发，容易产生与公司战略总体目标不符的预算目标。

企业较多采用的是"上下结合、分级编制、逐级汇总"的模式。具体而言，首先由企业预算管理委员会根据以前年度预算完成情况和计划年度的具体情况，拟定并下达初步预算指标，各预算责任单位根据上级下达的预算指标，结合自身实际情况，申报其在计划年度的预算指标；其次预算管理委员会根据申报结果，区分轻重缓急，进行统筹协调，可能会就相关具体指标与责任单位反复沟通调整；最后确定一个预算方案，经董事会批准后下达，作为正式的预算下达给各有关部门。

全面预算编制的一般程序如下。

（1）企业董事会根据企业发展战略和对预算期经济形势的初步预测，在决策的基础上，提出企业在预算期的预算总目标和预算具体目标，如利润目标、销售目标、成本目标等，由预算管理委员会下发给各有关部门。

（2）各预算执行单位按照预算管理委员会下达的预算目标和政策，详细编制本单位的预算草案。

（3）预算管理委员会审查、平衡、协调各部门编制的预算草案，汇总编制出企业的综合预算。

（4）预算管理委员会将综合预算上报董事会等机构审议，将批准后的预算分解下达给各预算责任单位具体执行。

在预算编制的具体时间上，全面预算一般要在下一年度到来之前的 3 个月就着手编制，按规定进程由各级人员完成编、报、审等工作，年底要形成完整的预算并颁布下去。

10.1.5　全面预算的管理流程

预算管理是指企业围绕预算而展开的一系列管理活动，预算管理包括预算编制、预算控制、预算调整、预算考核等多个流程，是一种闭环管理，如图 10-2 所示。

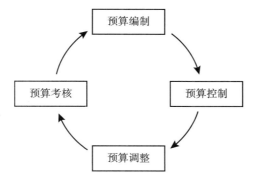

图 10-2　全面预算的管理流程

1. 预算编制

预算编制无疑是整个预算管理体系的基础和起点，没有经过精心准备的合理而明确的预算文件，预算控制、预算调整、预算考核等各阶段的工作也就无从开展。企业应建立和完善预算编制的工作制度，明确预算的编制依据、编制内容、编制程序和编制方法，确保预算编制依据合理、内容全面、程序规范、方法科学，确保形成各层级广泛接受的、符合业务假设的、可实现的预算目标。

课程思政：但立直标，终无曲影

在实践中，许多企业的预算编制是基于财务报表的预测和倒推，即财务部门以之前年度的财务报表作为基础，通过经验判断、趋势预测等方式首先对预算年度的利润表组成项目进行分析和预测，然后通过相关明细表将各项数据拆分为明细组成数据。但是，全面预算管理强调以业务驱动预算，即企业应当根据自身的运营情况、资源配置及外部的市场需求、竞争环境等客观因素，结合成本、单价、产量等基本假设条件，对年度生产经营进行合理安排，然后预测这些生产经营行为所产生的财务数据，最终预测企业的财务成果。

2. 预算控制

预算控制是指企业以预算为标准，通过预算分解、过程监督、差异分析等促使日常经营行为不偏离预算标准的管理活动。企业应建立预算授权控制制度，强化预算责任，严格预算控制。

年度预算计划经过批准后，为了更加便捷地执行，需要分解到更加具体的时间段中，比如分解为季度预算计划、每月预算计划，甚至可以分解到天。这样企业可以在更细致的时间范围内将实际情况与预算计划进行对比，及时找到差异，解决问题。预算分解应按各责任中心权、责、利相匹配的原则进行，既公平合理，又有利于企业实现预算目标。

预算经过分解后，就可以下达执行。企业应当以部门为单位举行预算说明会，讲解企业整体预算计划以及本部门的职责和任务，使每个员工都能明确自己的职责。预算的执行需要企业上下全体人员的通力合作，因此，预算说明是十分必要的。

预算开始执行后，企业应通过信息系统展示、会议、报告、调研等多种途径及形式，及时监督、分析预算的执行情况。企业应当对预算执行中产生的各种预算与预测、实际与预算的差异以及有利与不利差异等（实践中预算差异的分析主要是针对实际与预算的差异进行对比）进行分析，确定差异的性质、分析差异的原因，进而总结经验、落实责任、提出对策。

预算控制是决定企业预算管理体系能否贯彻落实、企业战略目标能否顺利达成的关键环节。

3. 预算调整

预算调整是指对预算执行中发现的错误和由环境因素变化造成的不恰当的预算标准进行的调整。

一般来说，预算一经确定，原则上不做调整。但是，预算编制中的错误是不可能完全避免的，现实与预期也不可能完全一致。当企业内外战略环境发生重大变化或突发重大事件使得实际情况严重偏离预算编制的基本假设时，就不能盲目地因循守旧，而应该考虑对预算进行调整。

预算调整不能随意。企业应在预算管理制度中严格明确预算调整的条件、主体、权限和程序等事宜。

4. 预算考核

预算考核是对企业内部各级责任单位和个人预算执行情况的考核和评价。预算考核以预算完成情况为考核核心，通过预算执行情况与预算目标的比较，确定差异并查明产生差异的原因，进而据以评价各责任部门的工作业绩，最后通过与相应的激励制度挂钩，切实做到有奖有惩、奖惩分明。有效的预算考核可以充分调动企业上下全体人员参与预算管理、实现预算目标的积极性，促进企业整体效益的提高。预算考核也被称为预算管理的生命线。

总而言之，预算编制仅仅是预算管理的开始，为了发挥预算的作用，必须对预算跟踪到底，对预算的结果进行全面考核和分析，否则预算就很可能流于形式。

10. 2　预算编制的主要方法

从预算编制的不同角度，可以将预算编制的方法分为若干种类型。企业预算常用的编制方法包括固定预算、弹性预算、增量预算、零基预算、定期预算、滚动预算、概率预算等。

10.2.1　固定预算与弹性预算

预算编制的方法根据预计业务量基础的数量特征的不同，可分为固定预算和弹性预算两大类。

1. 固定预算

固定预算是把预算期内正常的、可实现的某一确定的业务量（如产量、销量等）水平作为基础来计算相应预算数的预算编制方法。固定预算也称为静态预算，是一种最基本的预算编制方法。

固定预算的缺点是过于呆板，可比性差。每当实际业务量与预算编制所依据的预计业务量发生差异时，有关预算指标的实际数与预算数之间就会因为业务量基础不同而失去可比性。此时要进行比较，就必须根据实际业务量来对原预算予以调整。

【例 10-1】

A 公司采用完全成本法核算，其预算期生产的某种产品的预计产量为 1200 件，按固定预算方法编制的 2021 年该产品成本预算如表 10-1 所示。

表 10-1　2021 年 A 公司产品的成本预算

单位：元，元/件

成本项目	总成本	单位成本
直接材料	6000	5
直接人工	1200	1
制造费用	2400	2
合计	9600	8

该产品预算期的实际产量为 1600 件，实际发生总成本为 12000 元，其中：直接材料为 7200 元，直接人工为 1920 元，制造费用为 2880 元，单位成本为 7.5 元/件。

该企业根据实际成本资料和预算成本资料编制的未按产量调整和按产量调整的成本业绩报告如表 10-2 和表 10-3 所示。

表 10-2　2021 年 A 公司成本业绩报告（未按产量调整）

单位：元

成本项目	实际成本	预算成本	差异
直接材料	7200	6000	+1200
直接人工	1920	1200	+720
制造费用	2880	2400	+480
合计	12000	9600	+2400

表 10-3　2021 年 A 公司成本业绩报告（按产量调整）

单位：元

成本项目	实际成本	预算成本	差异
直接材料	7200	8000	-800
直接人工	1920	1600	+320
制造费用	2880	3200	-320
合计	12000	12800	-800

　　从表 10-2 可以看出，实际成本与未按产量调整的预算成本相比，超支较多；从表 10-3 可以看出，实际成本与按产量调整后的预算成本相比，又节约不少。当实际业务量与预算业务量不一致时，如果不按变动后的产量对预算成本进行调整，就容易产生扭曲的甚至错误的差异比较结果。

　　一般来说，固定预算只适用于业务量水平较为稳定的企业或非营利组织，而不适用于业务量水平经常发生变动的企业。

2. 弹性预算

　　弹性预算是把预算期内可预见的一系列业务量水平作为基础来计算相应预算数的预算编制方法。弹性预算也称为变动预算，是为克服固定预算的缺点而设计的，它不再是针对单个业务量水平的一个预算，而是与多个业务量水平相对应的一组预算。与固定预算相比，弹性预算的适用范围更大、可比性更强，能够更好地发挥预算规划、控制和客观评价企业经营活动的作用。

　　弹性预算以业务量变动为前提。没有业务量的变动，就没有编制弹性预算的必要。编制弹性预算所依据的业务量可以是产量、销量、直接人工工时、机器工时、材料消耗量或直接人工工资等。业务量的变动范围应根据企业的具体情况而定。一般来说，可定在正常生产能力的 70%~130%，或以历史上最高业务量和最低业务量为其上下限，然后每间隔 5% 或 10% 确定一个业务量水平，编制一套适合不同业务量水平的预算方案。

【例 10-2】

　　B 公司预计 2021 年直接人工工时在 32000~48000 小时，编制的制造费用弹性预算如表 10-4 所示。

表 10-4　2021 年 B 公司制造费用弹性预算

单位：元

项目 业务量	直接人工工时（小时）				
	32000（80%）	36000（90%）	40000（100%）	44000（110%）	48000（120%）
间接人工（0.6）	19200	21600	24000	26400	28800
间接材料（0.4）	12800	14400	16000	17600	19200
维修费（2.0）	64000	72000	80000	88000	96000

项目	直接人工工时（小时）				
业务量	32000（80%）	36000（90%）	40000（100%）	44000（110%）	48000（120%）
水电费（1.0）	32000	36000	40000	44000	48000
变动制造费用合计	128000	144000	160000	176000	192000
折旧费	60000	60000	60000	60000	60000
管理费	72000	72000	72000	72000	72000
保险费	12000	12000	12000	12000	12000
固定制造费用合计	144000	144000	144000	144000	144000
制造费用合计	272000	288000	304000	320000	336000

10.2.2　增量预算与零基预算

编制预算的方法根据出发点的不同，可分为增量预算和零基预算两大类。

1. 增量预算

增量预算是指以基期的实际水平为基础，结合预算期的情况，加以适当调整的预算编制方法。

增量预算以过去的经验为基础，假定过去所发生的一切费用开支都是合理的，主张无须对预算内容做较大改动，而是沿袭以前的预算项目。它的缺点是容易承袭过去的不合理之处，造成预算上的浪费，还容易滋长预算"只增不减"的惯性思维，不利于调动各部门降低费用的积极性。

2. 零基预算

零基预算的全称为"以零为基础编制计划和预算的方法"，是指在编制预算时，不考虑以往会计期间所发生的费用项目或费用数额，一切以零为出发点，重新考虑预算期内应该发生的费用项目，在综合平衡的基础上确定费用数额的一种方法。

课程思政：实事求是

零基预算的编制步骤如下。

（1）根据企业的总体目标，动员各部门在充分讨论的基础上，提出本部门在预算期内应当发生的费用项目，并以零为出发点，详细提出各项费用预算数额，不考虑这些费用项目以往是否发生过及发生额的多少。

（2）将全部可能发生的费用项目及其数额汇总后进行对比分析，权衡利弊、区分轻重缓急，排出顺序，并分成两大类，必须发生的额度不可增减的费用项目为第一类，必须发生但其额度可以增减的费用项目为第二类。

（3）对第二类费用项目及其数额进行成本效益分析，确定各项费用预算的优先顺序。

（4）将预算期内可动用的资金在各费用项目之间进行分配，优先满足第一类费用项目的需要，再按顺序满足第二类费用项目的需要。

零基预算的优点在于它以零为出发点，有利于企业面向未来发展考虑预算问题，能够避免将过去那些不合理的费用开支延续到下一个会计期间，提高企业资源配置效率，减少资金浪费。它的缺点在于工作量相当大，从零出发就需要对企业内外部的影响因素进行深入的研究讨论，整个过程耗时费力。此外，零基预算的方案评级和资源分配具有较大的主观性，容易引起部门间的矛盾。

为了克服零基预算的缺点，减少预算编制的工作量，在实务中，企业可以每隔几年才按此方法编制一次预算。

【例 10-3】

C 公司采用零基预算方法编制 2021 年的销售及管理费用预算，基本编制程序如下。

企业销售及管理部门首先根据预算期利润目标及销售目标等，经讨论研究，确定 2021 年预计发生的销售及管理费用项目及数额，如表 10-5 所示。

表 10-5　2021 年预计发生的销售及管理费用项目及数额

单位：元

费用项目	费用数额
业务招待费	300000
广告费	500000
办公费	100000
保险费	120000
培训费	80000
合计	1100000

经过充分论证，得出以下结论：办公费、保险费和培训费属于不可避免项目，必须得到全额保证，业务招待费和广告费属于第二类费用项目。根据历史资料进行成本效益分析，其结果如表 10-6 所示。

表 10-6　成本效益分析结果

单位：元

费用项目	成本	收益
业务招待费	1	3
广告费	1	7

假定 C 公司预算期可用于销售及管理费用的资金为 1000000 元，则最终落实的预算如下。

（1）办公费 100000 元、保险费 120000 元、培训费 80000 元，合计 300000 元。

（2）剩余可供分配的资金为 700000 万元（1000000-300000），按成本与收益的比例分配业务招待费和广告费，其中：

$$业务招待费可分配资金 = 700000 \times \frac{3}{3+7} = 210000（元）$$

$$广告费可分配资金 = 700000 \times \frac{7}{3+7} = 490000（元）$$

10.2.3　定期预算与滚动预算

编制预算的方法根据预算期时间特征的不同，可分为定期预算和滚动预算两大类。

1. 定期预算

定期预算是指在编制预算时以不变的会计期间（如日历年度）作为预算期的一种编制预算的方法。

定期预算的优点是预算期与会计年度保持一致，便于预算考核和评价。它的缺点主要是过于笼统、灵活性差。首先，定期预算的预算期通常是一年，而年化的预算目标有时难以分解细化，不利于过程控制。其次，定期预算不能随情况的变化及时调整，当企业生产经营活动变动较大时，预算管理就可能失效。

为了克服定期预算的缺点，人们设计了滚动预算方法。

2. 滚动预算

滚动预算，又称连续预算或永续预算，是将预算期与会计年度脱离，以一定的时间幅度逐期向后滚动，不断延伸补充的一种预算编制方法。在滚动预算下，每过一个预算期，就应当立即根据预算执行情况，对以后各期预算进行调整和修订，并增加一个预算期的预算，使预算的视野幅度不变。

滚动预算的优点是及时性强、连续性好。首先，较短的预算期有利于对执行过程进行精准控制，还可以及时对预算进行调整，有效避免预算脱离实际沦为形式的问题。其次，预算的滚动有利于保证企业的经营管理能够稳定有序地向后推进。滚动预算的主要缺点是工作量较大。

滚动预算包括逐月滚动、逐季滚动和混合滚动三种方式。

（1）逐月滚动方式。逐月滚动方式是指在预算编制过程中，以月份为预算的编制和滚动单位，每个月调整一次预算的方法。

如在 2021 年 1 月至 12 月的预算执行过程中，需要在 1 月末根据当月预算的执行情况，修订 2 月至 12 月的预算，同时补充 2022 年 1 月的预算；到 2 月末可以根据当月预算的执行情况，修订 3 月至 2022 年 1 月的预算，同时补充 2022 年 2 月的预算；以此类推。

逐月滚动预算示意如图 10-3 所示。

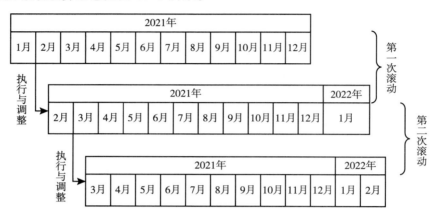

图 10-3　逐月滚动预算示意

（2）逐季滚动方式。逐季滚动方式是指在预算编制过程中，以季度为预算的编制和滚动单位，每个季度调整一次预算的方法。

如在 2021 年第 1 季度至第 4 季度的预算执行过程中，需要在第 1 季度末根据当季预算的执行情况，修订第 2 季度至第 4 季度的预算，同时补充 2022 年第 1 季度的预算；到第 2 季度末根据当季预算的执行情况，修订第 3 季度至 2022 年第 1 季度的预算，同时补充 2022 年第 2 季度的预算；以此类推。

逐季滚动编制的预算比逐月滚动编制的预算工作量小，但预算精确度较差。

（3）混合滚动方式。混合滚动方式是指在预算编制过程中，同时使用月份和季度作为预算的编制和滚动单位的方法。它是滚动预算的一种变通方式。混合滚动的预算编制采取远略近详的方式，对近期预算提出较高的精确度要求，使预算的内容相对详细；对远期预算提出较低的精确度要求，使预算的内容相对简单，这样可以减少预算工作量。

如对 2021 年 1 月至 3 月逐月编制详细预算，4 月至 12 月分别按季度编制粗略预算；到 3 月末根据第 1 季度预算的执行情况，编制 4 月至 6 月的详细预算，并修订第 3 季度至第 4 季度的预算，同时补充 2022 年第 1 季度的预算；以此类推。混合滚动预算示意如图 10-4 所示。

10.2.4　概率预算

概率预算是指在预算编制过程中，不仅要对有关变量的相应数值进行预测，还

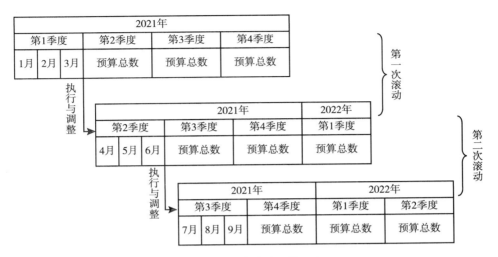

图 10-4　混合滚动预算示意

要对有关变量的概率进行预测，然后根据有关变量的预计值和预计概率计算出期望值，再根据期望值确定预算对象的概率预算数的一种预算编制方法。企业未来的经营面临较多的不确定性，各种状态均有可能发生，概率预算考虑了各种经营情况及其结果出现的概率，因而更加客观、全面，有助于提高企业全面预算管理的合理性与科学性。它的局限在于概率的预测难度较大。概率预算一般适用于难以预测变动趋势的预算项目，如销售新产品、开发新业务。

作业预算

【例 10-4】

D 公司预算期对新产品的定价为每件 100 元，编制的概率预算如表 10-7 所示。

表 10-7　概率预算

项目	金额或概率					
销售量（件）	30000		40000		50000	
销售收入（元）	3000000		4000000		5000000	
概率 I	0.3		0.6		0.1	
变动成本（元/件）	50	60	50	60	50	60
概率 II	0.5	0.5	0.5	0.5	0.5	0.5
固定成本（元）	720000	720000	800000	800000	960000	960000
利润（元）	780000	480000	1200000	800000	1540000	1040000
总概率（I×II）	0.15	0.15	0.30	0.30	0.05	0.05
利润期望值（元）	918000					

10.3　全面预算的编制

在市场经济环境中，企业的业务预算通常是在销售预测的基础上，首先编制销售预算，然后根据"以销定产"的原则，依次编制生产预算、直接材料预算、直接人工预算等。在此基础上，各个职能部门编制各项期间费用预算，形成销售及管理费用预算。此外，专项预算是长期预算，需要在每年的预算编制中分解出当年的投资预算以及筹资预算。企业的财务预算是在业务预算和专项预算的基础上，按照一般会计原则和方法编制的。

10.3.1　业务预算的编制

在编制业务预算之前，需要一份科学的销售预算。销售预算是企业对预算期销售额的主观估计。销售预算不仅要考虑到销售额的历史趋势，还要考虑到宏观经济、市场和行业状况，以及企业自身的战略定位、竞争策略与产能等因素。

1. 销售预算

销售预算是全面预算的起点，几乎其他所有预算都或多或少地使用了销售预算中的数据。销售预算的准确程度对整个企业的预算编制起着至关重要的作用。销售预算包括产品的名称、销售量、单价、销售额等项目。

为方便编制现金预算，在销售预算中一般还附有预计现金收入表，预计现金收入应为前期应收销货款中计划本期收回的款项与本期销货款中计划本期收回的款项之和。

【例 10-5】

预计现金收入
编制的其他格式

E 公司只产销一种产品，为编制 2021 年销售预算，做出如下销售预测：每件产品的销售单价为 120 元，预算年度内 4 个季度的销售量分别为 300 件、500 件、400 件和 600 件。销售货款在当季度可收回 70%，其余 30% 将在下一季度收回。上年第 4 季度的应收账款余额为 18000 元，于预算年度第 1 季度收回。

根据上述资料，编制 2021 年 E 公司的销售预算和预计现金收入，分别如表 10-8 和表 10-9 所示。

表 10-8　2021 年 E 公司的销售预算

项目	第 1 季度	第 2 季度	第 3 季度	第 4 季度	全年
预计销售量（件）	300	500	400	600	1800
销售单价（元/件）	120	120	120	120	120
预计销售额（元）	36000	60000	48000	72000	216000

表 10-9　2021 年 E 公司的预计现金收入

单位：元

项目	第 1 季度	第 2 季度	第 3 季度	第 4 季度	全年
预计销售额	36000	60000	48000	72000	216000
收到上季度应收账款	18000	10800	18000	14400	61200
收到本季度销货款	25200	42000	33600	50400	151200
预计现金收入合计	43200	52800	51600	64800	212400

2. 生产预算

销售预算确定后即可根据预计的销售量制定生产预算。由于企业一般要留备一定数量的存货以避免储备不足造成产销脱节，因此，"以销定产"并不意味着生产量就等于销售量，预计生产量的计算既要考虑预计销售量，还要考虑预计的期初、期末产成品存货量。计算公式如下：

预计生产量 = 预计销售量 + 预计期末产成品存货量 – 预计期初产成品存货量

生产预算的数据通常以实物计量，在多品种的情况下也可以采用货币单位来计量。

【例 10-6】

承例 10-5，假设 E 公司期末产成品存货量为下一季度销售量的 20%，预算年度第 1 季度期初产成品存货量为 60 件，预算年度期末产成品存货量为 100 件。

根据上述资料，编制 2021 年 E 公司的生产预算，如表 10-10 所示。

表 10-10　2021 年 E 公司的生产预算

单位：件

项目	第 1 季度	第 2 季度	第 3 季度	第 4 季度	全年
预计销售量	300	500	400	600	1800
预计期末存货量	100	80	120	100	100
预计期初存货量	60	100	80	120	60
预计生产量	340	480	440	580	1840

3. 直接材料预算

根据生产预算可以编制直接材料预算，用于反映预算期内直接材料的耗用和采购安排。直接材料预算的主要依据是预计生产量、单位产品的直接材料消耗定额、预计期初和期末的材料存货量、预计直接材料单位成本和材料采购的付款条件等，计算公式如下：

$$预计直接材料采购量 = 预计生产量 × 单位产品直接材料消耗定额 +$$
$$预计期末材料存货量 - 预计期初材料存货量$$
$$直接材料采购成本 = 预计直接材料采购量 × 预计直接材料单位成本$$

为方便编制现金预算，直接材料预算中一般附有预计现金支出表，反映在各期间为本期和上期购买的直接材料支出的现金数。

【例 10-7】

预计现金支出
编制的其他格式

承例 10-6，假设 E 公司生产产品只需要一种原材料，单位产品消耗原材料定额为 10 千克/件，每千克成本为 2 元，每季度末的材料存货量为下一季度生产用量的 50%，预算年度预计期初材料存货量为 1500 千克，预计期末材料存货量 2500 千克。每季度的购料款当季度支付 60%，其余款项在下一季度支付，预算年度第 1 季度应付上年第 4 季度赊购材料款 2400 元。

根据上述资料，编制 2021 年 E 公司的材料采购预算和预计现金支出，分别如表 10-11 和表 10-12 所示。

表 10-11　2021 年 E 公司材料采购预算

项目	第 1 季度	第 2 季度	第 3 季度	第 4 季度	全年
预计生产量（件）	340	480	440	580	1840
单位产品直接材料消耗定额（千克/件）	10	10	10	10	10
预计材料需要量（千克）	3400	4800	4400	5800	18400
预计期末材料存货量（千克）	2400	2200	2900	2500	2500
预计期初材料存货量（千克）	1500	2400	2200	2900	1500
预计材料采购量（千克）	4300	4600	5100	5400	19400

表 10-12　2021 年 E 公司材料采购预计现金支出

项目	第 1 季度	第 2 季度	第 3 季度	第 4 季度	全年
预计材料采购量（千克）	4300	4600	5100	5400	19400
预计材料单位成本（元/千克）	2	2	2	2	2
预计材料采购成本（元）	8600	9200	10200	10800	38800

续表

项目	第 1 季度	第 2 季度	第 3 季度	第 4 季度	全年
应付上季度赊购款(元)	2400	3440	3680	4080	13600
应付本季度现购款(元)	5160	5520	6120	6480	23280
预计现金支出(元)	7560	8960	9800	10560	36880

4. 直接人工预算

直接人工预算也是根据生产预算编制的。企业管理者可以据此了解预算期内直接人工的耗费情况，以便合理进行人员安排以适应生产需要。

直接人工预算的编制依据是预计生产量、单位产品直接人工工时定额以及单位工时工资率（包括基本工资、各种津贴及社会保险费等），计算公式如下：

$$直接人工预算 = 预计生产量 \times 单位产品直接人工工时定额 \times 单位工时工资率$$

【例 10-8】

承例 10-7，假设 E 公司生产单位产品直接人工工时定额为 5 时/件，单位工时工资率为 3 元/时。

根据上述资料，编制 2021 年 E 公司的直接人工预算，如表 10-13 所示。

表 10-13　2021 年 E 公司的直接人工预算

项目	第 1 季度	第 2 季度	第 3 季度	第 4 季度	全年
预计生产量(件)	340	480	440	580	1840
单位产品直接人工工时定额(时/件)	5	5	5	5	5
直接人工工时总额(小时)	1700	2400	2200	2900	9200
单位工时工资率(元/时)	3	3	3	3	3
直接人工预算(元)	5100	7200	6600	8700	27600

5. 制造费用预算

制造费用预算也是根据生产预算编制的，是除直接材料和直接人工以外的其他生产费用的预算。编制制造费用预算时首先应根据制造费用的成本性态将其划分为变动制造费用和固定制造费用，然后分别编制预算。

变动制造费用与生产量之间存在线性关系，计算方法为：

$$变动制造费用预算 = 预计生产量 \times 单位产品预计变动制造费用分配率$$

首先，应分别确定各项变动制造费用的单位耗用率；其次，将各项变动制造费用单位耗用率加总即得到单位产品预计变动制造费用分配率；最后，根据单位产品预计变动制造费用分配率和各季度的预计生产量可将全年的变动制造费用分配到各个季度。

固定制造费用与生产量之间不存在线性关系，通常是根据上年的实际水平、预算年度预计的生产经营状况以及成本降低率等指标进行计算。但是，为了编制产品成本预算仍应计算出固定制造费用分配率。

为方便编制现金预算，制造费用预算中也应附有预计现金支出表。需要注意的是，折旧费用虽然包括在固定制造费用之中但并不涉及现金支出，因此在编制制造费用现金支出表时应当予以剔除。

【例 10-9】

承例 10-8，假设 E 公司的制造费用构成如下：变动制造费用为 14720 元（其中，间接材料费 3680 元，水电费 8280 元，维修费 2760 元），固定制造费用为 36800 元（其中，折旧费 24000 元，保险费 6800 元，管理费 6000 元）。

根据上述资料，编制 2021 年 E 公司的制造费用预算及预计现金支出，分别如表 10-14 和表 10-15 所示。

表 10-14　2021 年 E 公司的制造费用预算

项目	金额（元）	费用分配率计算
变动制造费用	14720	单位产品预计变动制造费用分配率 $= \dfrac{\text{变动制造费用预算}}{\text{预计生产量}}$
间接材料费	3680	
水电费	8280	$= \dfrac{14720}{1840} = 8(\text{元/件})$
维修费	2760	
固定制造费用	36800	单位产品预计固定制造费用分配率 $= \dfrac{\text{固定制造费用预算}}{\text{预计生产量}}$
折旧费	24000	
保险费	6800	$= \dfrac{36800}{1840}$
管理费	6000	$= 20(\text{元/件})$

表 10-15　2021 年 E 公司的制造费用预计现金支出

项目	第 1 季度	第 2 季度	第 3 季度	第 4 季度	全年
预计生产量（件）	340	480	440	580	1840
单位产品预计变动制造费用分配率（元/件）	8	8	8	8	8
变动制造费用（元）	2720	3840	3520	4640	14720
固定制造费用（元）	9200	9200	9200	9200	36800
折旧费（元）	6000	6000	6000	6000	24000
制造费用预计现金支出（元）	5920	7040	6720	7840	27520

6. 产品成本预算

产品成本预算是在生产预算的基础上，按预计的各项产品的成本归集计算得出的：

产品成本预算 ＝ 直接材料预算 ＋ 直接人工预算 ＋ 变动制造费用预算 ＋ 固定制造费用预算

编制产品成本预算的目的是确定预计利润表中的销售成本。结合产品生产周期，企业应该预计预算年度内的生产进度，将产品成本预算在完工产品和未完工产品成本之间分配，据此可得出预算年度内的预计单位产品成本。产品销售成本预算的计算公式如下：

产品销售成本预算 ＝ 预计单位产品成本 × 预计销售量

【例 10-10】

承例 10-6、例 10-7、例 10-9，2021 年 E 公司产品预计生产量为 1840 件，预计期末存货量为 100 件，预计销售量 1800 件，由此可以编制 2021 年 E 公司产品成本预算，如表 10-16 所示。

表 10-16　2021 年 E 公司的产品成本预算

项目	单位产品成本 （元/件）	生产成本 （元）	期末存货成本 （元）	销售成本 （元）
直接材料	20	36800	2000	36000
直接人工	15	27600	1500	27000
变动制造费用	8	14720	800	14400
固定制造费用	20	36800	2000	36000
合计	63	115920	6300	113400

7. 期末产成品存货预算

期末产成品存货不仅影响生产预算，其预计金额也关乎预计资产负债表中期末产成品存货的价值。通常期末产成品存货预算只编制年末预算，不编制分季度预算。公式如下：

期末产成品存货预算 ＝ 预计单位产品成本 × 预计期末产成品存货量

【例 10-11】

承例 10-10，根据表 10-16 可知，单位产品成本 ＝ 20＋15＋8＋20 ＝ 63（元/件）。2021 年 E 公司期末产成品存货预算同 2021 年 E 公司产品成本预算，如表 10-16 所示。

8. 销售及管理费用预算

销售及管理费用预算反映了预算期内为实现预计的业务目标而由销售部门、管理部门支出的各项费用。在实践中，既可以根据上年实际费用水平和预算期内的变化因素，结合费用开支标准和企业降低成本、费用的要求，分项目、分责任单位进行编制；也可以以零为出发点，根据企业未来发展计划逐一审议确定各费用项目及其数额。

在编制销售及管理费用预算时应区分变动费用与固定费用，对于变动费用可以根据销售量在各季度之间分配，固定费用则可以在 4 个季度中平均分配，或列入实际支付的季度。

【例 10-12】

E 公司预计在预算期间的变动销售及管理费用总计 3600 元，按销售量计算分配率。固定销售及管理费用为 29000 元。

编制 2021 年 E 公司销售及管理费用预算，如表 10-17 所示。

表 10-17 2021 年 E 公司销售及管理费用预算

项目	第 1 季度	第 2 季度	第 3 季度	第 4 季度	全年
预计销售量（件）	300	500	400	600	1800
单位产品变动销售及管理费用耗用额（元/件）	2	2	2	2	2
变动销售及管理费用合计（元）	600	1000	800	1200	3600
固定销售及管理费用（元）					
广告费	2500	2500	4500	2500	12000
管理人员工资	3200	3200	3200	3200	12800
保险费	2000		1000		3000
财产税				1200	1200
固定销售及管理费用合计（元）	7700	5700	8700	6900	29000
销售及管理费用合计（元）	8300	6700	9500	8100	32600

10.3.2 专项预算的编制

1. 资本支出预算

资本支出预算是与项目投资决策密切相关的专项预算。它主要用于规划长期资本投资活动（如固定资产的构建、长期股权投资等），时间跨度较长，通常不涉及业务预算，但应将与预算期有关的内容记入现金预算与预计资产负债表。

【例 10-13】

为了开发新产品，E 公司决定从 2021 年初起上马一条新的生产线，年内安装调试完毕，年末交付使用。预计该固定资产投资总额为 60000 元，项目投资预算明细如表 10-18 所示。

表 10-18　2021 年 E 公司生产线项目投资预算

单位：元

项目	第 1 季度	第 2 季度	第 3 季度	第 4 季度	全年
固定资产投资					
勘察设计费	1000				1000
土建工程费	3000	2000			5000
设备购置费			24000	24000	48000
安装工程费				6000	6000
合　计	4000	2000	24000	30000	60000

2. 资本筹集预算

资本筹集预算反映的是企业为满足经营周转或项目投资的资金需要而进行的资金筹措，包括债权性资本筹集预算和权益性资本筹集预算。债权性资本筹集预算包括长短期借款、发行企业债券以及对原有借款、债券还本付息的预算。权益性资本筹集预算包括企业经批准发行股票、配股和增发股票的预算。

资本筹集预算与资本支出预算一样，通常时间跨度较长，应将与预算期有关的内容记入相应的财务预算之中。

【例 10-14】

承例 10-13，为筹集该项投资所需资金，E 公司将于 2021 年初发行期限为 5 年、票面利率为 5%、每年年末支付一次利息、预计发行收入为 60000 元的公司债券（假定建设期利息全部满足资本化条件）。

根据上述资料，可编制 2021 年 E 公司筹资预算，如表 10-19 所示。

表 10-19　2021 年 E 公司的筹资预算

单位：元

项目	第 1 季度	第 2 季度	第 3 季度	第 4 季度	全年
发行公司债券	60000				60000
合　计	60000				60000

10.3.3　财务预算的编制

1. 现金预算

现金预算由所有有关现金收支预算汇总而得，通常包括现金收入、现金支出、现金余缺、现金筹措使用情况和期初、期末现金余额水平等。

现金预算的编制必须以业务预算和专项预算为基础，其程序如下。

（1）确定期初现金余额。该指标等于上期期末现金余额。

（2）估算本期现金收入。本期现金收入等于预算期内预计发生的经营现金收入和非经营现金收入之和。

（3）确定预算期可运用现金。该指标等于期初现金余额与本期现金收入之和。

（4）估算本期现金支出。本期现金支出等于预算期内预计发生的经营性现金支出和资本性现金支出之和。前者包括预算期内预计发生的直接材料现金支出、应交税费的现金支出、直接人工现金支出、制造费用现金支出、销售及管理费用现金支出、偿还应付款项、预交所得税、向股东分配利润的现金支出等；后者包括有关设备的购置费等。

（5）计算现金余缺。现金余缺又称现金收支差额，某期现金余缺等于该期可运用现金与现金支出的差额。如果其差额为正，说明收大于支，现金结余；如果其差额为负，说明支大于收，现金短缺。

（6）现金的筹集与运用。根据预算期现金余缺的性质、数额的大小和期末应保持的现金余额变动范围，并考虑企业有关资金管理的各项政策，确定筹集或运用资金的数额。

如果现金不足，可向银行取得借款，或转让短期投资的有价证券，或按长期筹资计划增发股票或公司债券。如果现金多余，除了可用于偿还借款外，还可用于购买作为短期投资的有价证券，提高闲置资金利用率。

（7）确定期末现金余额。期末现金余额等于现金余缺与现金的筹集与运用结果之和。通常要求企业在期末保持一定的现金持有量以确保下期生产经营顺利开展。

【例 10-15】

承例 10-14，假定预算期期初现金余额为 40000 元。综合 E 公司 2021 年业务预算与专项预算可编制现金预算，如表 10-20 所示。

表 10-20　2021 年 E 公司的现金预算

单位：元

项目	第 1 季度	第 2 季度	第 3 季度	第 4 季度	全年
期初现金余额	40000	107820	124220	114700	40000
加：现金收入					
收回赊销款和现销收入	43200	52800	51600	64800	212400
可运用现金合计					
减：现金支出					
直接材料	7560	8960	9800	10560	36880
直接人工	5100	7200	6600	8700	27600

续表

项目	第 1 季度	第 2 季度	第 3 季度	第 4 季度	全年
制造费用	5920	7040	6720	7840	27520
销售及管理费用	8300	6700	9500	8100	32600
预交所得税	4500	4500	4500	4500	18000
设备购置	4000	2000	24000	30000	60000
现金支出合计	35380	36400	61120	69700	202600
现金余缺	47820	124220	114700	109800	49800
筹措资金					
加:发行债券	60000				60000
减:支付利息				3000	3000
期末现金余额	107820	124220	114700	106800	106800

2. 预计利润表

预计利润表是全面预算体系中的重要组成部分，它是在各项业务预算的基础上，按照权责发生制的原则和期末利润表的编制方法编制而成的。预计利润表以货币的形式综合反映了预算期内企业经营活动成果的预期水平。

预计利润表中数据的主要来源如下。

（1）销售收入数据来自销售预算。

（2）销售成本数据来自产品成本预算。

（3）毛利是前两项的差额。

（4）销售及管理费用数据来自销售及管理费用预算。

（5）利息数据来自现金预算。

（6）所得税是在利润规划时估计的，并已列入现金预算。

【例 10-16】

承例 10-15，2021 年 E 公司预计利润如表 10-21 所示。

表 10-21　2021 年 E 公司的预计利润表

单位：元

项目	数额
销售收入	216000
减:销售成本	113400
销售毛利	102600
减:销售及管理费用	32600
税前利润	70000
减:所得税	18000
净利润	52000

注：E 公司预算期借款费用全部资本化，因此没有财务费用。

3. 预计资产负债表

预计资产负债表的内容、格式与实际的资产负债表相同，它是在预算期初资产负债表的基础上，根据业务预算、专项预算和现金预算等的有关结果，对有关项目进行调整后编制而成的。

预计资产负债表反映的是企业预算年度期末各资产、负债和股东权益账户的预计余额。企业管理者可以据此了解企业未来一期的财务状况，以便采取有效措施，防止企业不良财务状况的出现。

【例 10-17】

承例 10-16，已知 E 公司预算期期初资产负债表如表 10-22 所示。

表 10-22　E 公司期初的资产负债表

单位：元

资产	数额	负债及所有者权益	数额
流动资产		流动负债	
货币资金	40000	应付账款	2400
应收账款	18000	非流动负债	
原材料存货	3000	长期借款	
产成品存货	3780	应付债券	
流动资产合计	64780	流动负债合计	2400
非流动资产		所有者权益	
无形资产	60000	实收资本	100000
房屋及设备费	240000	盈余公积	142380
减：折旧费	120000	所有者权益合计	242380
非流动资产合计	180000		
资产总计	244780	负债及所有者权益合计	244780

根据上述资料，可编制 2021 年 E 公司预计资产负债表如表 10-23 所示。

表 10-23　2021 年 E 公司预计资产负债表

单位：元

资产	数额	负债及所有者权益	数额
流动资产		流动负债	
货币资金	106800	应付账款	4320
应收账款	21600	非流动负债	
原材料存货	5000	长期借款	
产成品存货	6300	应付债券	60000
流动资产合计	139700	流动负债合计	64320

续表

资产	数额	负债及所有者权益	数额
非流动资产		所有者权益	
无形资产	60000	实收资本	100000
房屋及设备费	303000	盈余公积	194380
减:折旧费	144000		
非流动资产合计	219000	合计	294380
资产总计	358700	负债及所有者权益合计	358700

思考题

1. 什么是全面预算？它可以如何分类？

2. 全面预算有哪些作用？

3. 全面预算诸表之间是孤立的吗？为什么？

4. 一个企业只能采用一种预算编制方法吗？为什么？

5. 零基预算法有何优点？编制零基预算的步骤是怎样的？

练习题

1. 北方公司预计生产甲产品 4000 件，单位产品成本构成为直接材料 150 元/件、直接人工 120 元/件、变动制造费用 130 元/件，固定制造费用 200000 元。单位产品售价 500 元/件。

要求：根据以上成本资料，编制生产能力利用百分比为 80% ~ 120% 的弹性预算。

2. 东方公司只产销一种产品，有关资料如下。

（1）预计预算年度内 4 个季度的销售量分别为 3000 件、4500 件、6000 件、5000 件，销售单价为 120 元/件，每季的商品销售货款在当季收到 60%，其余部分在下季收讫。预算年度期初的应收账款余额为 230400 元。

（2）假定各季度的期末存货量按下一季度销售量的 10% 计算，各季度期初存货量与上季度期末存货量相等。预算年度期末存货量为 360 件，期初存货量为 300 件。

（3）假定东方公司单位产品的材料消耗定额为 3 千克/件，计划单价为 10 元/千克。每季度的购料款当季付 40%，其余在下季度付讫。各季度的期末存料按下一季度生产需要量的 30% 计算，各季度期初存料与上季期末存料相等，期初应付购料款 60000 元。假定预算年度期初存料量为 3600 千克，期末存料量为 4500 千克。

（4）假设东方公司生产产品所需直接人工只有一个工种，单位产品的工时定额为 8 时/件，单位工时工资率为 6 元/件。

要求：编制销售预算、生产预算、直接材料预算与直接人工预算。

案例分析

南方公司于 2018 年起开始实施全面预算管理，通过大量的实地调研和对调查数据的分析，我们发现该公司预算管理的主要特征如下。

（1）公司在计划财务部内设立了预算管理岗位，预算的组织、编制和下达主要由预算管理岗位人员负责；预算编制和下达工作一般在预算年度的第一个月完成。

（2）公司预算编制先由各个部门根据分解的业务计划填制部门预算草案，由财务部门统一汇总编制整个公司的预算草案，最后报总经理和董事会审批。

（3）预算编制主要基于 Excel 表格，是在各职能部门上报的预算草案基础上加总计算得来。各职能部门都知悉这一情况，因此，在上报成本费用预算草案时都尽可能按上限报，在上报收入预算草案时都尽量少报，以降低预算考核风险。

（4）很多部门年底前预算费用没有用完，由于担心如果预算结余会影响到下一年的预算，就在年底前突击花钱，大吃大喝，直到接近或达到预算。会计部门在报账审核时，各部门的成本费用支出只要没有超过预算，就允许报销。因此，12 月发生的成本费用支出是全年最多的。

（5）公司项目建设和运营环境变动大、复杂程度高，加上外部环境变化等不确定因素的影响，常常导致对项目成本费用支出预测的难度高，经常出现预测不准的情况。业务部门的成本费用预算虽然有多个控制标准，但会计部门并没有根据这些部门的业务量来进行控制，也没有进行预算执行情况的定期分析和检查。当业务部门的成本费用支出超过预算上限时，就申请调整预算，计划财务部一般情况下都同意调整预算。

（6）预算年度结束后的次月，由计划财务部对预算的执行情况进行分析与考评，结果通常是各职能部门都圆满完成预算目标，考评合格。

要求：根据上述资料，请你分析并指出南方公司全面预算管理过程中可能存在的问题，并提出对策建议。

第 11 章　绩效评价与激励

学习目标

1. 了解绩效评价与激励的原理及其作用
2. 掌握经济增加值、平衡计分卡等绩效评价方法
3. 熟悉激励机制的基本类型

知识框架图

引导案例 **古井集团激励失效与高管腐败①**

　　安徽古井集团有限责任公司，总部坐落于安徽省亳州市，主营产品为古井贡酒，是中国老八大名酒企业。2007 年古井集团原董事长王效金因"涉嫌违纪"被纪委部门审查，经过调查取证，最终确定包括王效金在内的十名高管被依法判刑，整个高管层几乎被"一网打尽"。古井集团涉案高管利用职务便利，为他人在原材料采购、合股经营、企业收购、企业经营、资金折借、广告承揽等方面谋取利益或承诺谋取利益，收受他人贿赂数千万元，公司利润连年下滑，一度巨亏，被冠上"ST"的帽子。古井集团高管的腐败不仅给国家造成了巨大的经济损失，扰乱了正常的市场秩序，还产生了恶劣的社会影响。

　　企业所有权与经营权分离的情况下，如何缓解代理冲突，约束代理人利用职务之便中饱私囊而损害股东利益的行为？为什么说绩效评价与激励是管理控制系统的核心？本章，让我们一起寻找答案。

11.1　绩效评价概述

　　绩效评价是组织管理控制系统的一个重要组成部分。它是管理者影响组织中其

---

　　① 资料来源：根据《中国纪检监察报》刊载的《一个大型国企的沉浮录——古井集团腐败窝案剖析》资料改编。

他成员，并推行组织战略的主要手段。绩效评价的实施既可以在事前对员工起到诱导积极行为的作用，又可以在事后对员工进行评价和奖惩，激励他们做出使自己和组织整体都受益的决定并采取相应的行动，从而促进组织目标的实现。

11.1.1　绩效评价的含义

绩效是指个人或组织为完成目标所付出的努力的实现。绩效评价是对个人或组织是否达到它们既定目标的评价。绩效评价可以以质量评定的形式呈现，也可以以数字量化的形式呈现。企业绩效评价的目的在于以下几个方面。

（1）支持战略。管理者可以利用绩效评价来确定两个问题：一是现行的企业战略是否与企业的成长机会相适应；二是企业全员是否正在有效率地实现这一战略。

（2）资源配置。管理者可以将绩效指标作为资源配置决策的信息来源。绩效指标能够用于区分轻重缓急，指明资源优先配置的方向。

（3）经营监督。绩效指标可以反映出企业各个业务流程运行的好坏。在日常运作中，管理者可以利用绩效指标进行经营监督。

（4）提供前设。绩效指标可以对组织及个人过去的行动及表现进行计量与反馈，如果评价对象知道自己将经历这一过程，那么他们在事前行动时就会有所考量，做出更符合企业目标的决策。

11.1.2　绩效评价的流程

绩效管理制度示例

绩效评价系统是由一系列与绩效评价有关的制度、指标、方法、标准等组成的有机整体。成功的绩效评价除了指标体系的构建，还需要考虑绩效评价过程的控制。

1. 构建指标体系

绩效评价能否发挥管理作用实现上述目的关键在于绩效评价指标体系的设计是否合理。一般来说，企业在构建绩效评价指标体系时应考虑以下因素。

（1）以管理责任为限。在进行绩效评价时首先要明确评价对象的管理权限和责任，以可控性为标准来选择绩效评价指标。绩效评价应将超出评价对象职责范围的、评价对象不能控制的因素排除在指标体系之外。

（2）指标的代表性。选取的指标应该具有代表性、总括性，能够较为全面准确地反映评价对象的工作绩效。

（3）发挥信号作用。指标应该是企业战略细分化、具体化的表现，能够向评价对象阐释和传递企业目标，引领个人目标、部门目标向组织目标趋同。

（4）符合长远利益。设定评价指标时应注意短期指标与长期指标的平衡。如果一味强调短期指标，可能会使评价对象只顾眼前利益，做出不利于企业长远发展的行为决策。

2. 设立评价标准

控制成败的关键在于评价标准是否具有挑战性和可实现性。如果没有这样的明确目标，绩效往往就会低于它们理论上可以达到的水平。一般来说，企业的绩效评价标准应该具备以下特点。

（1）标准要具有挑战性，以激发员工潜力。

（2）标准经过努力可以实现。

（3）标准要公开透明、易于了解。

（4）标准要尽可能量化，不能量化的要具体明确。

在实际设定标准值时，通常有三种方法：一是历史标准，即以企业前期各项指标的实际情况作为评价标准；二是预算标准，即以预算数作为评价标准；三是外部标准，即把同类企业或部门的实际情况作为评价标准。

课程思政：因地制宜

3. 计量与反馈

设立标准以后，就可以在经营过程中计量实际绩效水平，并与标准值相比较，把信息向上反馈，并分析差异原因，总结经验教训，提出对策建议。

4. 实施奖惩

为了建立目标责任，绩效评价结果应该与奖惩制度或激励机制连接起来，通过及时分明的奖惩达到控制组织与员工行为，促进企业目标实现的目的。

11.1.3　基于利润的绩效评价

由于利润是企业一定期间经营收入和经营成本、费用的差额，反映当期经营活动中投入（所费）与产出（所得）的对比结果，在一定程度上体现了企业经济效益的高低，追求利润最大化往往可以给企业利益相关者带来好处，因此，企业的绩效评价最初就是围绕会计利润展开的。

1. 关键绩效指标

基于利润的绩效评价指标主要包括销售利润率、投资报酬率、净资产报酬率和资产报酬率、杜邦分析法等，上市公司也经常采用每股收益等指标。

（1）销售利润率。销售利润率是企业一定时期营业利润与营业收入的比率。销售利润率反映了产品或服务的盈利能力，也反映了企业的核心竞争力。销售利润率越高，表明产品或服务的市场竞争力和盈利能力越强。在实务中，也经常使用销售毛利率、销售净利率等指标来分析企业经营业务的盈利能力。

（2）资产报酬率。资产报酬率是企业一定时期利润总额与平均资产总额之间的比率。企业的资产报酬率越高，说明总资产利用效果越好。

（3）净资产报酬率。净资产报酬率又称权益报酬率，是企业一定时期净利润与平均净资产（即平均所有者权益）的比率，反映了企业所有者所获投资报酬的大小。一般来说，该指标越高，表明企业净资产的使用效率越高，企业盈利能力越强，经营管理水平越高。

（4）杜邦分析法。上述评价企业获利能力的单项指标虽然可以从特定的角度衡量影响和决定企业获利能力的不同因素，却都不足以全面地评价企业的总体财务状况及经营成果。杜邦分析法是利用几种主要的财务比率之间的关系来综合分析企业财务状况的一种方法，其基本思想是将企业净资产报酬率逐级分解为多个财务比率的乘积，从而相互关联地、全面深入地分析企业的整体财务状况和经营业绩。由于这种分析方法最早由美国杜邦公司使用，故名为"杜邦分析法"。杜邦分析法的基本框架如图 11-1 所示。

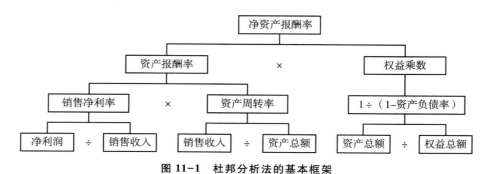

图 11-1　杜邦分析法的基本框架

2. 基于利润的绩效评价的局限

课程思政：统筹兼顾

基于利润等财务指标的绩效评价由于操作简便、易于理解而得到广泛采用，但也存在局限之处。首先，这些指标体现的是企业当期的财务成果，反映的是企业的短期业绩，无法反映评价对象在企业的长期业绩改善方面所做的努力。基于利润的绩效评价压力可能会诱导评价对象做出目光短浅的决策，牺牲对组织更为重要的对长远发展的思考。其次，利润等财务指标是结果导向的，单凭财务指标往往无法了解评价对象付出行动达成指标的过程，不利于管理者及时发现、纠正和改善企业经营管理过程中的问题。再次，利润等财务指标是在会计准则的框架下生成的，现行《企业会计准则》是原则导向的，存在一定的自由裁量空间，绩效评价压力可能促使管理者利用自由裁量权修饰或美化财务数据。管理者还可以通过真实的业务活动进行盈余管理（比如过度生产以减少单位固定成本并增加期末存货），使得利润等财务指标无法公允地反映管理层的真正业绩。最后，财务指标无法反映报表项目以外的绩效。在信息时代，企业未来的盈利能力和价值，很大程度上取决于其对非财务资源（如员工的技能、预测顾客需求的能力、公司关系网络）的管理水平。如果绩效评价只考虑财务指标，那么这些影响企业竞争地位的因素就无法被管理者所重视。

11.2　经济增加值

为克服基于利润的绩效评价体系的局限，通用电气公司在 20 世纪 50 年代全面引入了剩余收益（Residual Income，RI）指标，用于评价投资中心的绩效，计算公式如下：

$$剩余收益 = 息税前利润 -（平均经营资产 \times 最低投资报酬率）$$
$$= 平均经营资产 \times（投资报酬率 - 最低投资报酬率）$$

其中，最低投资报酬率一般大于或等于资本成本率，通常采用企业整体的最低期望投资报酬率，也可以是企业为投资中心单独规定的最低投资报酬率。剩余收益指标的优点在于它可以使绩效评价与企业总体目标协调一致——只要新增投资的预期报酬率大于企业所要求的最低投资报酬率，就可以使投资中心和企业整体的剩余收益都增加。采用剩余收益指标进行绩效评价有助于引导投资中心管理者树立成本意识，采纳高于企业资本成本率的决策。但它也有局限：一是剩余收益是绝对数指标，难以在不同规模的投资中心之间进行绩效比较；二是剩余收益反映的仍是当期业绩，单纯使用该指标也会导致管理者短视行为。

20 世纪 90 年代，美国思腾思特咨询公司对剩余收益指标进行了改造，并提出了新的绩效评价指标——经济增加值（Economic Value Added，EVA）。经济增加值，又称经济利润，是一定时期的企业税后净营业利润与投入资本成本（借入资本和自有资本之和）之间的差额。如果这一差额是正数，则表明企业获得的收益高于为获得此项收益而投入的资本成本，即企业为股东创造了新价值；相反，如果这一差额为负数，则表明股东的财富在减少。

11.2.1　经济增加值的内涵

经济增加值的本质是企业经营产生的"经济利润"。不同于过去只有对外举债才需要支付利息而股东的投入无须付息的传统观点，EVA 认为股东的投入也是需要计算机会成本的，企业的会计利润必须要超出其资本成本（包括股本成本和负债成本）才能为股东创造价值，该企业才是值得投资的。

中央企业负责人
经营业绩考核办法

传统的会计利润仅考虑了负债成本，而没有关注资本的投入规模、投入时间、投入成本和投资风险等重要因素。EVA从出资人的角度出发，认为只有净收益高于资本的社会平均收益，资本才能"增值"，因而更加符合股东价值最大化的目标。EVA有利于出资人从经济上判断企业的优劣，从而实现资源的最优配置。基于此，国资委从2010年开始施行《中央企业负责人经营业绩考核暂行办法》，将经济增加值作为中央企业负责人业绩考核的核心指标，以完善国有资产管理体制，落实国有资产保值增值责任。

11.2.2 经济增加值的基本模型

经济增加值是指企业税后净营业利润减去资本成本后的余额，其基本模型如下：

经济增加值 = 调整后的税后净营业利润 − 资本成本

= 调整后的税后净营业利润 − 调整后资本 × 加权平均资本成本率

可见，EVA是超过资本成本的那部分价值，反映股东价值的增量。企业不能单纯追求经营规模，更要注重自身价值的创造。EVA的提高只有三条基本途径：一是通过更有效地经营现有的业务和资本，提高营业利润；二是投资期望回报率超出公司资本成本的项目；三是减少资本占用，比如通过出售对别人更有价值的资产或提高资本运转效率等手段把资本沉淀从现存营运中解放出来。

一般来说，EVA大于零，意味着营业利润减去整个企业的资本成本后，股东投资得到了净回报，即企业为股东创造了价值，否则就形成价值毁灭。EVA的值越大，表明管理者的业绩越好。

经济增加值计算的基本模型揭示了企业经济利润的本质，但其最终数值还需要以传统会计利润为基础对影响价值表现的相关项目进行调整（增加或扣除某些项目），以避免根据会计准则编制的财务报表对公司真实财务情况的扭曲。

1. 税后净营业利润的调整

经济增加值计算中的税后净营业利润不同于利润表列示的税后净利润，是对税后净利润进行一系列调整（一般要进行5~15项调整）后得到的。常见的调整项目有：研发费用、广告营销支出、培训支出、无形资产、战略投资、商誉、资产处置损益、重组费用、收购、存货估值、坏账准备、经营租赁、税收等。对税后净利润进行调整是为了完整、科学地反映管理业绩。从经济学的观点来看，凡是对公司未来利润有贡献的现金支出都应算作投资，而不是计入成本费用。因此，EVA不鼓励牺牲长期业绩，夸大短期效果，而是鼓励企业进行能够带来长远利益的投资。

国资委规定，税后净营业利润按下列公式调整计算：

$$税后净营业利润 = 净利润 + （利息支出 + 研究开发费用调整项 - $$
$$非经常性收益调整项 \times 50\%） \times （1 - 25\%）$$

从公式可以看出，税后净营业利润的计算强调以下几方面。

（1）经济增加值计算的基础是税后净营业利润，而不是税后利润，不应包括所有与营业活动无关的收支、营业外收支及补贴收入等非经常性收支。因此，要在净利润的基础上做若干项目的调整，使 EVA 只体现经营活动的业绩，剔除非经营活动对管理层业绩评价的影响。

（2）利息支出是指企业财务报表中"财务费用"项下的"利息支出"，不包括资本化了的利息。税后净营业利润的计算不扣除债务的资本成本（即利息），是经调整的息前税后营业利润。因为投入资本的成本已经包括了债务的利息支出，如果计算税后净营业利润时再扣除这一部分，就会导致利息支出的重复扣除，从而使 EVA 的计算不准确。

（3）研究开发费用调整项是指企业财务报表中的"研究开发费用"和当期确认为无形资产的研究开发支出。会计准则要求公司把研究开发费用计入当年的成本，而 EVA 则建议把研究开发费用资本化并在适当的时期内分期摊销，体现了"保值、增值"的要求，也反映了研究开发的长期经济效益，有利于鼓励经营者进行新产品的开发。对于为获取国家战略资源、勘探投入费用较大的企业，经国资委认定后，将其成本费用情况表中的"勘探费用"视同研究开发费用调整项按照一定比例（原则上不超过 50%）予以加回。

（4）非经常性收益调整项包括以下三项。

第一，变卖主业优质资产收益。如减持具有实质控制权的所属上市公司股权取得的收益（不包括在二级市场增持后又减持取得的收益）；企业集团（不含投资类企业集团）转让所属主业范围内且资产、收入或者利润占集团总体资产收入或利润10%以上的非上市公司资产取得的收益。

第二，主业优质资产以外的非流动资产转让收益。如企业集团（不含投资类企业集团）转让股权（产权）收益、资产（含土地）转让收益。

第三，其他非经常性收益。如与主业发展无关的资产置换收益、与经常活动无关的补贴收入等。

2. 资本总额的调整

资本是指投入企业的全部资本，包括所有者权益和债权人权益。由于科学考核的需要，经济增加值模型中的资本并不是所有者权益和债权人权益的简单相加，而是要做相应的调整：

调整后资本 = 平均所有者权益 + 平均负债合计 − 平均无息流动负债 − 平均在建工程

从公式看，主要做以下两项调整。

（1）无息流动负债。无息流动负债是指不计算利息的负债，对应企业财务报表中"应付票据""应付账款""预收款项""应交税费""其他应付款""其他流动负债"；对于因承担国家任务等原因造成"专项应付款""特种储备基金"余额较大的，可视同无息流动负债扣除。将无息流动负债从资本总额中减除，不作为经济增加值计算的基础，是为了鼓励经营者尽量利用集团外部的非银行的各种结算资金，合理管理净营运资产。

（2）在建工程。在建工程是指企业尚未完工的工程建设项目，对应财务报表中符合主业规定的"在建工程"。在建工程由于没有完工，无法提供现实的生产能力，因而投入资金不能满足盈利要求。如果计算 EVA 时不将其从资本总额中减除，就会得到偏低的 EVA 值，导致管理者抵制固定资产的建造。

3. 资本成本率的确定

资本成本率反映资本的社会平均盈利要求。对综合经营的企业（如大型、非专业的企业集团）而言，资本成本率应以社会平均利润率为基础确定；对专业经营的企业以及行业特征显著的企业而言，资本成本率应以行业平均利润率为基础确定。

按照国资委的要求，资本成本率应分情况而定。

（1）中央企业资本成本率原则上定为 5.5%。

（2）承担国家政策性任务较重且资产通用性较差的企业，资本成本率定为 4.1%。

（3）资产负债率在 75% 以上的工业企业和 80% 以上的非工业企业，资本成本率上浮 0.5 个百分点。

（4）资本成本率确定后，三年保持不变。

确定经济增加值计算公式，关键的一步就是根据企业的具体情况，确定应对哪些项目进行调整。但各个公司的情况有所不同，有些项目调整对于某些行业的企业非常必要，而对其他行业的企业并无必要。需要考虑各公司的组织结构、业务组合、战略规划和会计政策，量身定做。

11.2.3　经济增加值的应用要点

自创造经济增加值以来，思腾思特咨询公司通过长期的实践总结出成功应用 EVA 的六大关键因素。

（1）应用 EVA 的组织必须有切实可行的经营战略和合适的组织结构，EVA 才能帮助该组织改善绩效。如果组织（如企业）的战略设想不对，或者产品的市场潜力很小，EVA 也不可能挽救公司。

（2）应用 EVA 时，为了保证 EVA 的应用效果，也为了发挥 EVA 的全部潜力，必须贯彻 4M 概念——EVA 不仅是评价指标（Measurement），还是管理体系（Management）、激励制度（Motivation）以及理念体系（Mindset）。如果只是简单地计算出 EVA 却不利用它来指导管理行动，改进经营管理工作，则所有这一切都只是纸上谈兵。

EVA 的实质内涵

（3）将基于 EVA 的激励制度设计和制定好，并深入贯彻到组织内部的各个层级。EVA 激励制度是 EVA 的核心，尽管精神激励也是很重要的一个方面，但在目前的现实情况下，在资源有限的激烈竞争中，要让人行动，金钱报酬仍是最有力的刺激。EVA 激励方案是上不封顶，下不保底。限制报酬不可避免地会限制人潜力的发挥，因此也就限制了可能的效果。好的方案也应该考虑设计递延支付机制以预防管理者牺牲将来以换取当前的短期利益。

（4）进行全员的 EVA 培训对成功实施 EVA 十分重要。培训应该是全员的培训，而不仅仅局限于组织中的高层管理人员，应该渗透到所有的管理层，直至贯彻到最基层。

（5）EVA 项目必须得到组织管理者全面的、强有力的支持。董事长或总经理应该最先接受有关培训，理解实施 EVA 的重要意义，并坚持抓住每一个机会，比如年度股东大会、董事会会议等场合来宣传 EVA 管理体系、理念体系。

（6）实施 EVA 的组织中的财务负责人也应该在 EVA 上有更多投入以克服传统的会计思维惯性，将注意力集中到为股东真正创造价值上来。

11.2.4　经济增加值的优缺点

经济增加值源于剩余收益指标，其核心是计量价值，即企业的经营是在创造财富还是在毁灭财富。

1. 优点

经济增加值具有以下优点。

（1）考虑了权益资本成本。这是经济增加值最大的特点，也是最显著的优点。只有考虑了权益资本成本的经营业绩指标才能反映企业的真实盈利能力。因此以经济增加值为中心的绩效考核最符合股东价值最大化的目标。

（2）注重企业的长期发展利益。在计算经济增加值时，要对营业利润和投资资本进行调整，这些调整能够有效减少管理者的短视行为，鼓励他们着眼于企业的长远发展，做出能给企业带来长远利益的决策。

（3）可以协调企业所有决策。大多数企业对于不同的部门或业务流程需要采用不同的指标，比如在评价个别产品或生产线时，毛利率是主要标准；评价投资中心时，又会采用投资报酬率；评价市场部门时，收入增长或市场份额增加是最重要的指标。指标不一致一方面不利于管理者做出高效合理的资源配置决策，另一方面部门之间也可能由于资源竞争产生互不理解、互不信任等冲突矛盾。经济增加值则能够结束这种混乱状况，仅用一种财务衡量指标就联结了所有决策过程，并将公司各种经济活动的目的归结为一个，即如何增加 EVA。

2. 缺点

经济增加值的缺点主要表现在以下几方面。

（1）适用范围的局限。已有研究表明，经济增加值不适用于金融机构、周期性企业、风险投资公司、新成立的公司等。

（2）资本成本波动。在不同时期，资本成本往往是经济增加值模型中最不稳定，最易变的变量，容易受到市场收益率等因素变动的影响。

（3）仍是历史指标。经济增加值的计算始于传统会计利润，虽然进行了调整，但仍然是以历史数据为基础，会受到会计指标所具有的缺陷的影响。

11.3　平衡计分卡

在信息时代，面对激烈的全球竞争，企业现有的技术和能力已无法确保其在未来的竞争中获胜。以收益为核心的财务指标只能反映企业过去决策的结果，却无法评估未来的绩效表现。一味地强调财务绩效容易歪曲经营者的决策视野，贻误企业长远发展。因此，瞄准战略规划和未来愿景，寻找关键成功因素，建立与之密切联系的指标体系来衡量战略实施过程，就成了企业绩效管理和评价变革的方向。

11.3.1　平衡计分卡概述

1990 年，卡普兰和诺顿提出了一种全新的组织绩效管理办法——平衡计分卡。平衡计分卡以企业战略为导向，将企业的战略目标转化为财务、客户、内部业务流程、学习与成长四个维度的绩效指标，通过指标之间的平衡互补形成一套因果关系链，将企业战略所期望的结果与这些结果的驱动因素结合起来，从而使绩效考核上升到战略层面，成为企业战略的管理实施工具。

平衡计分卡最大的特点是在绩效评价中引入了非财务指标。平衡计分卡认为，为驱动企业战略成功，需要取得若干指标间的平衡：财务指标与非财务指标的平衡、原因指标与结果指标的平衡、内部指标和外部指标的平衡等。通过指标间的平衡，经营者能够从一个更宽广的视角来看待公司绩效，进而做出更有利于企业未来发展的决策。

平衡计分卡的特点

11.3.2　平衡计分卡的基本框架

平衡计分卡是一种以企业战略为中心的绩效评价体系，它从财务、客户、内部业务流程、学习与成长四个维度将企业的愿景和战略转化为一套全面的指标和可执行的行动，帮助管理者厘清如何为目前和将来的客户创造价值，如何优化内部业务流程，如何构建企业的人力资本、系统和程序，以带来财务业绩的改善，最终实现企业价值最大化和长期发展的目标。四个维度的目标、指标、计划值与行动结合在一起，形成完整的因

维度之间贯穿
因果关系

果关系链，有利于企业战略的明确诠释与传达，促使个人、部门的行为与企业的目标达成一致与协调，这正是平衡计分卡的魅力所在。平衡计分卡的基本框架如图 11-2 所示。

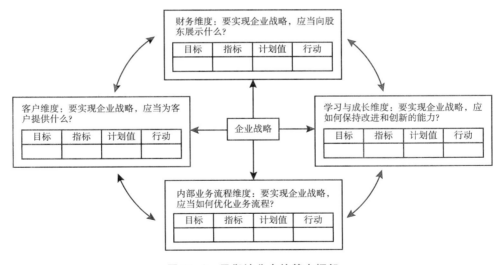

图 11-2　平衡计分卡的基本框架

1. 财务维度

平衡计分卡并没有否定财务指标，财务维度仍然是平衡计分卡的重要组成部分。

这是因为，尽管财务指标的及时性和可靠性受到质疑，但是企业战略目标的实现和经营绩效的改善仍与财务上的成功之间有着紧密的联系。因此，财务维度的目标和指标，既是企业战略的期望财务结果，也是其他三个维度的最终目标。

企业应根据自身的财务目标来选择适当的财务指标。财务目标则取决于企业所采用的竞争战略以及企业所处的生命周期等因素。

根据竞争战略确定的财务维度目标和相应的绩效评价指标如表 11-1 所示。

表 11-1　不同竞争战略下的财务维度目标和相应的绩效评价指标

目标	指标
收入增长战略	
增加新产品数量	新产品收入百分比
为现有产品开发新用途	新用途收入百分比
开发新的客户和市场	新客户或新市场收入百分比
设计新的定价战略	客户或产品获利率
成本削减战略	
降低单位产品成本	单位产品成本
降低单位客户成本	单位客户成本
降低单位营销渠道成本	单位营销渠道成本
资产利用战略	
提高资产利用效率	投资报酬率
	经济增加值

根据生命周期确定的财务维度目标和相应的绩效评价指标如表 11-2 所示。

表 11-2　不同生命周期下的财务维度目标和相应的绩效评价指标

目标	指标
成长期	
增加新产品数量	新产品收入百分比
为现有产品开发新用途	新用途收入百分比
开发新的客户和市场	新客户或新市场收入百分比
成熟期	
增加收入	销售收入增长率
提高毛利	毛利率
衰退期	
增加现金流入	经营现金流量
减少费用支出	成本降低率

2. 客户维度

平衡计分卡的客户维度以为客户创造价值、提高客户满意度为目标，因为客户是企业的收入来源，只有得到客户的认可，企业才有可能实现财务目标。企业必须识别它们所竞争的市场，明确价值定位及目标客户群。该维度包括存在因果关系的五个目标：增加市场份额、增加客户保留度、提高客户获得率、提高客户满意度和提高客户盈利率。可以采用的指标包括：市场占有率、回头客比例、新客户数量、客户满意度、客户投诉率等。

3. 内部业务流程维度

为了实现客户维度的目标，从而最终实现企业财务维度的目标，企业必须设计相应指标来跟踪并关注那些为客户和股东创造价值的关键内部业务流程。内部业务流程维度的目标既包括短期的现有业务的改善，又涉及长远的产品和服务的革新。为确定内部业务流程维度的目标和指标，必须重新评价企业的价值链。企业的内部价值链主要包含三个流程：创新流程、经营流程与售后服务流程。如图 11-3 所示。

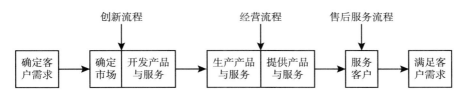

图 11-3 企业内部价值链

创新流程的目标是持续研究客户的潜在需求，并开发创造相应的产品与服务满足客户需求，为企业未来的发展奠定基础。该流程的指标包括：实际开发的新产品数量与计划数量（或竞争对手开发新产品的数量）之比、新产品收入占总收入的百分比、新产品开发周期、投资回收期等。

经营流程始于接受客户订单，终于将产品与服务提供给客户。该流程的主要目标是提高流程质量和效率，缩短流程时间。该流程的指标包括：废次品率、退货率、返工率、库存量、空间利用率、生产周期、停工期等。

售后服务流程的内容是为客户提供担保、修理、退换货服务以及帮助客户结算，该流程应考虑实现提高质量、效率和缩短时间等目标。其主要指标包括：反应周期、售后回访次数、售后服务成本等。

4. 学习与成长维度

学习与成长是指企业投资员工培训，从而改进技术和提高员工学习能力。学习与成长维度是实现前面三个维度目标的能力源泉。企业成功的关键因素是随着竞争环境的变化而不断变化的，只有具备较强的学习与成长能力，企业才能不断优化内部业务流程，最大限度地满足客户需求，取得财务成功，进而实现战略目标。该维度的主要目标有三个：提高员工能力、增强信息系统的能力与增加激励、授权和联合。

提高员工能力不仅是指提高核心骨干员工的能力，还强调要提高一线员工的能力，因为一线员工对客户的需求或者内部业务流程的缺陷有着最直接的认识，提高他们的能力将给企业带来很多意外的收获。对员工能力进行衡量的指标包括员工满意度、员工离职率和员工生产率等。

四个维度是否足够？

增强信息系统的能力是因为要想员工采取准确的行动为企业战略实施做出贡献，除了提高他们的能力以外，还必须使他们获得足够的有关客户、内部业务流程方面的信息，这样他们才能够运用自身的能力来满足客户需求、优化内部业务流程。信息系统能力方面的指标包括信息覆盖率、拥有实时反馈信息流程的百分比等。

增加激励、授权和联合是为了激发员工的积极性，使员工能力得到最大限度的发挥和利用。可以采用的指标包括：员工合理化建议量、员工建议的采用率等。

11.3.3 平衡计分卡的应用步骤

企业出于各种各样的原因采用平衡计分卡，但是要想建立一套适合企业自身的平衡计分卡体系并让其发挥应有的作用并不容易。一般来说，企业建立平衡计分卡的过程主要应包括以下几个步骤。

1. 确定衡量结构

经过企业高层管理者的商讨，必须首先确定适合建立平衡计分卡的业务单位。对于大型的多元化程度较高的企业集团而言，很难从一开始就直接建立集团层面的平衡计分卡。第一个平衡计分卡流程应该在一个战略业务单位中进行，该业务单位最好是能从事跨越整个价值链的创新、经营、销售和服务等活动，拥有自己的产品、客户和分销渠道，这样才能清晰地构建总括性的财务业绩指标。在此基础上，要认识战略业务单位与总公司、分公司以及其他业务单位之间的关系。

2. 建立对战略目标的共识

公司的高层管理者要在充分掌握信息的基础上，达成对战略目标的共识。这些信息包括平衡计分卡的背景资料、公司和战略业务单位的愿景和使命、战略业务单位的产业和竞争背景资料（如市场规模和成长趋势、竞争对手和竞争产品、客户偏好和技术发展等）以及企业自身的实际状况。管理者对战略目标的意见要深化到财务、客户、内部业务流程及学习与成长四个维度，总结共同关注的目标和指标。

3. 选择和设计指标

平衡计分卡的指标应能传达企业战略的真正意图，指标选择的核心在于找到关键成功因素，即那些能够触发行动并达到预期目标的指标。在设计每个维度的指标时应该做到：列出一组指标并对其详细说明；说明指标如何量化表现；说明同一维度内部的指标是如何相互连接的，以及它们与其他维度的指标或目标之间的因果关系。

4. 制订实施计划

经过上述步骤后，企业最高管理层应制订具有挑战性的目标值以及实施计划。实施计划应该包括如何向下传达平衡计分卡的目标、指标和计划值，以及如何把平衡计分卡与数据库和信息系统相连接，组成一个全新的执行信息系统。

11.3.4　平衡计分卡的作用

平衡计分卡既是一种战略管理工具，也是一种战略管理思想。平衡计分卡可以帮助企业用连贯、系统和整体的方式来看待企业的战略，有助于企业更精确地定义客户的价值取向，优化内部业务流程效率，增强学习与成长能力，最终达到股东价值最大化的目标。

具体而言，平衡计分卡可以在战略管理中发挥以下作用。

1. 使目标和战略具体化

传统的战略管理只是提出企业未来一个模糊的战略目标，但是缺乏把战略目标转化为具体行动的具有指南意义的管理方法。而平衡计分卡将企业愿景和战略细化为财务、客户、内部业务流程、学习与成长四个维度，形成一系列可测评的指标和目标值，把企业战略转化为可执行的行动。

2. 促进沟通和联系

平衡计分卡使企业管理者能在组织上下沟通和阐释企业战略，并把它与个人、部门的目标联系起来，使组织中的各个层级都能理解战略以及自身行为对于实现战略的意义。

3. 辅助业务规划

平衡计分卡使公司能够实现业务规划与财务规划的一体化。一个企业所拥有或掌握的资源是有限的，各个业务单位或部门都在竞相争取高层管理者的资源支持。如果仅仅依据财务指标来权衡轻重缓急分配资源，管理者恐怕很难做出科学合理的业务规划，甚至得到令人失望的财务结果。但是，当企业管理者依据平衡计分卡来确定优先顺序并进行资源分配时，就能够以战略为中心，做出有利于财务目标实现的业务规划。

4. 增强战略反馈和学习

平衡计分卡赋予公司一项新的能力，即战略学习的能力。当企业利用平衡计分卡进行战略管理时，就能够从财务、客户、内部业务流程、学习与成长四个维度全方位地追踪和监督战略实施的具体过程，并能从中获得反馈，以便及时修正和调整。

11.4　激励机制

20世纪初，最早建立现代高管人员激励性报酬制度的是美国的一些大型工业企业，因为企业经营者开始意识到必须适当安排高管人员的报酬水平和结构，才能"吸引、保留并激励"有才能的高管人员为企业服务，为股东利益的最大化服务。

11.4.1　代理问题与激励

现代企业制度所具有的所有权与经营权两权分离的特点，使企业的经理人与所有者各得其所，形成了一种比较明确的社会分工，促进了社会与经济的发展。在委托代理关系中，委托人即股东、企业的所有者。由于时间、精力和成本等因素，委托人往往无法直接参与企业的日常运营，而只通过委托代理契约将企业经济活动委托于代理人，代理人的职责就是代理委托人经营管理企业，为委托人创造价值、增加财富。代理人是理性（或有限理性）的、自我利益导向的。由于委托人与代理人的利益并不总是完全一致，当利益出现冲突时，代理人可能会为了提升自身效用而做出不利于委托人的行为，引起公司价值和股东财富的损失，由此产生代理成本。

代理问题之所以产生主要是因为委托代理双方之间的信息不对称。代理人是企业经济活动的直接行为人，对企业生产经营的相关信息掌握得比委托人更加充分，这一信息优势为代理人从事机会主义行为提供了机会。处于信息劣势的委托人由于不可能准确观察和评价代理人的全部行为，也就不能针对这些行为做出完美的合同约定。此外，未来充满了不确定性，出于缔约成本效益的考量，委托人也不可能在合同中约定所有可能发生的状态。总之，合同的不完备性使代理问题不能被委托代理双方的协议完全解决，还需寻求其他降低代理成本的方法。激励机制正是现代企业为缓解代理冲突，促使代理人努力工作，约束代理人机会主义行为而设计的一种公司治理机制。

11.4.2　激励机制的基本类型

如果说监督或约束是事后纠正，那么激励则是事前预防。激励的核心是使代理人将对个人效用最大化的追求转化为对企业价值最大化的追求。激励机制主要包括以下类型。

1. 薪酬激励机制

早期的薪酬激励以短期薪酬为主，一般包括基薪、津贴和奖金。随着资本市场的发展，薪酬激励已转变为短期薪酬与长期薪酬相结合的方式。

（1）短期薪酬，主要包括基薪和奖金。

基薪是企业以现金形式按月支付给代理人的固定薪酬，一般参照同行业其他公司的薪酬水平确定，它是稳定可靠的收入，没有风险，起到基本的保障作用。基薪的水平主要取决于企业特征，比如所属行业、公司规模等。如果基薪过低，则无法吸引人才，可能造成人力资本流失；如果基薪过高，则缺乏激励性，可能造成代理人安于现状不思进取。

奖金，也叫绩效薪酬，因为它往往与绩效考核结果挂钩，通常在年终一次性支付。其计算公式如下：

奖金金额 = 绩效薪酬基数 × 绩效系数

绩效系数根据绩效考核结果确定，绩效系数越高，奖金也就越高。如果考核不合格，则不能获得奖金。因此，对于代理人而言，奖金既有一定的风险性，也有较强的激励作用。

递延奖金

（2）长期薪酬，主要包括各种形式的股份支付，即股权激励，如限制性股票、股票期权、虚拟股票、股票增值权等。

限制性股票是指上市公司按照预先确定的条件授予激励对象一定数量的本公司股票，激励对象只有在工作年限或业绩目标符合股权激励计划规定条件时，才可出售限制性股票并从中获益。所谓"限制"，主要是指转让等部分权利受到限制。我国《上市公司股权激励管理办法》明确规定："限制性股票在解除限售前不得转让、用于担保或偿还债务。"限制性股票的授予价格通常低于股票市价，一旦解除限售，激励对象就可以通过抛售股票获利。

限制性股票激励
计划示例

股票期权是指上市公司授予激励对象在未来一定期限内以预先确定的条件购买本公司一定数量股份的权利。如果公司股票价格超过股票期权的行权价格，那么拥有期权的激励对象就可以通过低价买入高价卖出股票获利。股票期权与限制性股票的主要区别在于，限制性股票的激励对象直接获授公司股票并享有部分股东权益；而股票期权的激励对象不会立即得到公司股票，在行权以前并不享有表决权、分红权。

股票期权激励
计划示例

虚拟股票激励计划示例

股票增值权激励计划示例

虚拟股票是指公司授予激励对象一定数额的虚拟股份，使其可以按比例享受公司税后利润的分配。虚拟股票没有表决权、转让权和继承权，只有分红权。虚拟股票通常由公司无偿赠送或以奖励的方式发放给特定员工，不需员工出资。

股票增值权是指公司授予激励对象的一种权利，如果公司股价上升，激励对象可通过行权获得相应数量的现金报酬。每一份股票增值权与一股股票挂钩（每一份股票增值权的收益＝股票收盘价－行权价格）。股票增值权与股票期权的主要区别在于激励标的物不同。股票期权的激励标的物是企业的股票，激励对象在行权后可以获得完整的股东权益。而股票增值权是一种虚拟股权激励工具，激励标的物仅仅是股票市价和行权价格之间的差额，即升值收益，并不能获得企业的股票。

股权激励使代理人的个人利益与股票价格、股东价值联系起来，使委托代理双方的利益趋于一致。而且股权激励的行权往往需要满足一定的条件，使得代理人不仅要考虑短期绩效还要兼顾长期绩效，因此长期薪酬激励机制能够拓展决策视野，激励代理人采取有利于企业长期发展和股东财富增加的行为决策。需要注意的是，我国资本市场仍处于弱式有效阶段，股价波动容易受到干扰，因此风险较大，未必能产生预期的激励效果。

除了股权激励以外，长期激励方式还有：合伙人计划（如阿里巴巴）、项目跟投计划（如万科）等。短期薪酬激励与长期薪酬激励各有优缺点，如表 11-3 所示，最优薪酬激励机制的设计与选择应根据公司情况和行业特点进行。

表 11-3　短期薪酬激励与长期薪酬激励的优劣比较

	短期薪酬激励	长期薪酬激励
优点	1. 短期内获得奖励，可预见性较强 2. 计量简单、直观 3. 操作方便，易于控制	1. 激励性较强 2. 有利于企业长期业绩提升 3. 与股东利益相连
缺点	1. 个人目标与公司目标不挂钩 2. 容易诱发短视行为	1. 风险相对较高 2. 股票价格波动大，不可预测

企业还可能向代理人提供隐性的薪酬激励使其得到正规报酬激励以外的物质利益满足，如在职消费。常见的在职消费包括：豪华的办公室、专车（配司机）、公费旅游、专业医疗服务等。这些隐性薪酬可以激励代理人努力工作以维持职位特权、享受职位消费。

2. 聘用与解雇激励机制

薪酬机制并非委托人有效激励代理人的唯一手段。委托人还拥有一个重要手段，就是对经营者人选的决定权。已经被聘用的经理人不仅要面对来自外部经理人市场的竞争，而且要面对被公司内部下级取代的威胁，这些潜在的竞争威胁也可以激励代理人为得到股东的满意与认可而勤勉履职。虽然我国的职业经理人市场并不成熟，但是国有企业仍是国民经济的重要支柱，国有企业负责人往往是由组织任命的，而组织掌握着规模庞大的人才资源，因此国有企业高管乃至员工都会受到组织选拔和晋升的激励。

3. 声誉、荣誉或地位激励机制

在激励机制中，除了物质激励以外，还有精神激励。声誉、荣誉及地位也是激励代理人努力工作的重要因素。一方面，良好的职业声誉、奖励荣誉与社会地位，能让人产生心理上的成就感、满足感以及自我效能感。另一方面，声誉、荣誉及地位在一定程度上也可以变现。良好的声誉或地位可以在时间上和空间上延展职业范围，给经理人带来更多的货币收入。国内外都不乏企业高管延迟退休或者返聘的案例。因此，企业可以利用代理人对声誉、荣誉或地位的追求来设计形成有效的激励机制。

【例 11-1】

表 11-4 中，小米集团 CEO 雷军曾获中国十大经济年度人物、十大财智领袖人物、中国互联网年度人物等多项国内外荣誉，曾任海淀区政协委员、北京市人大代表，2019 年荣获"优秀中国特色社会主义事业建设者"称号，现任第十三届全国人大代表、全国工商联副主席、北京市工商联副主席。

表 11-4　福布斯"2021 中国最佳 CEO 榜"节选

排名	姓名	年龄	公司简称	证券代码	行业
1	雷军	51	小米集团	1810. HK	通信设备
2	胡扬忠	56	海康威视	002415. SZ	电子设备和仪器
3	王传福	55	比亚迪	002594. SZ	汽车制造
4	李革	54	药明康德	603259. SH	生命科学工具和服务
5	李振国	53	隆基股份	601012. SH	半导体产品
6	方洪波	54	美的集团	000333. SZ	家用电器
7	丁世忠	50	安踏体育	2020. HK	鞋类
8	王凤英	50	长城汽车	601633. SH	汽车制造
9	蒋仁生	68	智飞生物	300122. SZ	生物科技
10	邹来昌	53	紫金矿业	601899. SH	矿业
11	王来春	54	立讯精密	002475. SZ	电子元件

续表

排名	姓名	年龄	公司简称	证券代码	行业
12	杨志坚	57	中远海控	601919. SH	海运
13	董明珠	67	格力电器	000651. SZ	家用电器
14	向文波	59	三一重工	600031. SH	建筑机械与重型卡车
15	吴斌	56	海螺水泥	600585. SH	建材
16	潘刚	51	伊利股份	600887. SH	食品加工与肉类
17	黄关林	56	申洲国际	2313. HK	服装、服饰与奢侈品
18	邵明晓	54	龙湖集团	0960. HK	房地产开发
19	范红卫	54	恒力石化	600346. SH	化纤
20	刘建华	47	亿纬锂能	300014. SZ	电气零件与设备

资料来源：https：//www.forbeschina.com/lists/1768。

11.4.3　激励机制的绩效评价方法

薪酬激励的绩效评价方法通常可以分为财务评价模式、价值评价模式和平衡评价模式。

1. 财务评价模式

财务评价模式是根据财务信息来评价绩效的方法。常见的财务评价指标包括投资报酬率、净资产收益率、利润增长率等。作为一种传统的评价方法，财务业绩一方面可以反映公司的综合经营成果，同时也容易从会计系统中获得相应的数据，操作简便，易于理解，因此使用广泛，但如前所述也存在许多不足。

2. 价值评价模式

价值评价模式，是以股东财富最大化为导向，采用能够体现股东财富的市场指标、经过调整的财务指标或者根据未来现金流量得到的贴现类指标。公司的财务业绩好，未必会直接提高股东财富。对上市公司而言，股东财富的直接表现就是股票价格和收益率，因此，上市公司通常也将市场指标纳入绩效评价体系。但市场指标也有一定的局限性，例如，股价波动较大，短期容易被操纵，而且股价除了受公司本身的影响以外，还会受到宏观经济、政治环境的影响，这些因素都是企业经营者无法控制的。因此，基于市场指标的绩效评价可能会夸大经营者的贡献或责任。

价值评价模式的另一个重要应用就是经济增加值。经济增加值既考虑了资本成本，也对财务指标进行了适当调整，在一定程度上改变了经营者的管理理念和决策视野。经济增加值通过将经营者转变为"准所有者"的方式来使经营者的利益与股东利益趋于一致，降低了代理成本，提高了经济效益，近年来在我国受到了广泛的关注。

3. 平衡评价模式

平衡评价模式是基于平衡计分卡的一种新型绩效评价模式。与财务评价模式和价值评价模式相比，平衡评价模式的最大突破是引入了非财务指标，弥补了财务指标考核的缺陷。同时，它注重企业的创新与成长，鼓励员工学习与自我发展，有助于加深员工对企业战略目标及自身作用的理解。平衡评价模式的各个指标并不是毫无逻辑关系的关键指标的堆砌，而是相互支持、相互依赖的一个因果关系链条，是能够实现将绩效评价与战略目标紧密连接起来的有效工具。

思考题

1. 如果企业的利润率由 10%提高到 15%，作为投资人，你将如何进行评价？你认为利润率指标在评价中有何缺点？

2. 如何看待绩效考核要兼顾财务指标和非财务指标？

3. 经济增加值的基本模型是什么？

4. 平衡计分卡的基本框架是什么？

5. 为什么对高管人员实施激励十分必要？

练习题

1. 某公司设计了如下衡量指标：（1）单位客户成本；（2）员工生产率；（3）顾客满意度；（4）新专利申请数量；（5）单位员工销售收入；（6）退货率；（7）市场份额增长率；（8）员工离职率；（9）及时交货率；（10）经济增加值。

要求：根据平衡计分卡的四个维度对上述衡量指标进行归类。

2. 简述一般高管薪酬的结构。查找一家互联网行业的 A 股上市公司，了解其高管薪酬的设计情况，并回答下列问题。

（1）该公司高管薪酬结构如何？

（2）该公司的高管薪酬在行业中的相对水平如何？

（3）该公司对高管是否实施了长期薪酬激励？具体形式是什么？实施效果如何？存在什么主要问题？

案例分析

2014 年 10 月 16 日，美克国际家居用品股份有限公司股东大会审议通过了一项员工持股计划：公司及下属子公司的部分董事、监事、高级管理人员和其他员工共计 479 人，筹集资金总额为 8577 万元，全额认购国泰元鑫资产管理有限公司设立的美克家居员工持股专项资产管理计划，国泰元鑫资产管理有限公司为本员工持股计划的管理机构，根据中国证监会等监管机构发布的资产管理业务相关规则以及本员工持股计划相关法律文件的约定管理员工持股计划，并维护员工持股计划的合法权益，确保员工持股计划的财产安全。

要求：根据上述资料，利用网络资源搜集相关信息并回答以下问题。

（1）什么是员工持股计划？

（2）员工持股计划在我国实践情况如何？

（3）案例公司实施员工持股计划的动因是什么？

（4）案例公司实施员工持股计划的效果如何？

第 12 章　管理会计报告

学习目标

1. 理解管理会计报告的概念与目标
2. 掌握管理会计报告的类型
3. 了解管理会计报告的编制流程

知识框架图

引导案例　　　　　　海尔集团的管理会计报告信息系统[①]

　　互联网和大数据时代正在给企业财务信息化带来新的挑战和机会。海尔集团大力推进管理会计信息系统的建设，融合财务会计与管理会计，实现从会计核算信息化向管理会计信息化的拓展，为企业的战略规划、预算管理、经营决策、绩效评价等提供全面整合的信息与决策支持。

　　在这个过程中，海尔集团探索性地构建了管理会计报告信息系统。首先，海尔集团根据内部管理和决策需求构建了信息化的管理会计报表系统，如 E2E（端到端）管理报表系统等，实时提供各种经营绩效分析和管理决策信息，促进价值创造和绩效持续改进。

　　其次，海尔集团以小微团队为单元，构建了信息化的"新三表"体系，包括战略损益表、日清表和人单酬表，实现基于团队的战略承接、预算、绩效评价和激励的闭环，将团队成员的价值分享与价值贡献联系起来。

　　最后，海尔集团以"价值到人，成果到日"为原则，构建了"零距离实时到人"的信息化日清系统。通过系统能每日动态显示每个经营单元、团队、型号、客户、区域与流程节点的绩效产出、价值贡献与偏差的信息。团队根据系统的信息自主决策，主动优化经营路径和资源配置，减少绩效差距，海尔将其称为"显差、关差、找路、配资源"。

---

　　① 资料来源：彭家钧《海尔财务信息化系统的构建与运行》，《财务与会计》2015 年第 15 期，第 18~20 页。

12.1 管理会计报告概述

12.1.1 管理会计报告的含义

1. 管理会计报告的内涵与本质

企业管理会计报告是指企业运用管理会计方法，根据财务和业务的基础信息加工整理形成的，满足企业价值管理和决策支持需要的内部报告。会计学理论是其立身基础，管理会计报告的编制应当依赖于会计的基本程序和方法。会计以货币为计量单位，将企业各种经济业务通过确认、计量、记录和报告等一系列程序来提供和反映企业财务状况和经营成果的经济信息。因此，管理会计报告是管理会计活动成果的重要表现形式，旨在为报告使用者提供满足管理需要的信息。

管理会计报告是对管理会计履行职能的反映，是围绕整个企业经营管理全过程展开的。管理会计报告的本质是为企业管理当局提供经营管理决策所需信息的系统，目的在于为企业各层级的内部决策和经营业绩的反馈与调节等管理活动提供财务和非财务信息。管理会计报告作为一种传播管理会计信息的媒介，可以向经营者提供可靠、及时的相关信息，这些信息在企业内部各部门之间进行传播，满足企业价值管理和决策支持的需要。企业作为市场经济的主体，在创造价值的过程中不断从事各种经营活动，对这些活动进行管理和控制需要通过各种信息来实现，这些信息既包括财务信息，也包括非财务信息，管理会计报告承担着传递这些信息的作用。因此，管理会计报告的本质是一种会计信息系统。管理会计报告作为会计信息系统的本质决定了其在会计报告体系中的重要地位，管理会计报告不仅对于内部管理有重要的决策作用，而且对于财务会计报告的编制也有一定的指导意义。

2. 管理会计报告的目标

管理会计应用指引
第 801 号——
企业管理会计报告

企业管理会计报告是企业管理会计活动成果的重要表现形式，旨在为报告使用者提供管理所需的信息。2017 年 9 月，财政部发布了《管理会计应用指引第 801 号——企业管理会计报告》，明确了管理会计报告的目标是为企业各层级进行规划、决策、控制和评价等管理活动提供有用信息。

管理会计报告的目标具体可以分为两个层次，即一般目标和最终目标。首先，管理会计报告的面向群体是对管理会计信息有需求的各层级、各环节的经营管理者。不同的报告使用者对信息的需求不同，例如，高层管理者主要基于战略层面考虑企业长远的发展方向；中层管理者着重关注该部门在过去和未来较短时期内的运转情况，以使其所管理的部门能够取得良好的绩效；基层管理者主要关注其当前所面临的任务。因此，管理会计报告的一般目标可归纳为：为满足企业不同层级的管理人员实现其各自目标而向其提供有用的决策信息。其次，从企业整体的视角来看，管理会计报告所提供的决策信息应能满足企业资本保值增值、资源合理优化配置的需求，以帮助企业创造价值，确保企业正常运营。因此，管理会计报告的最终目标是实现企业价值的最大化。

3. 管理会计报告的特征

为了达到管理会计报告的目标，管理会计报告所提供的信息在信息质量、管理职能和报告方式等方面具有一定的特征。

（1）信息质量特征

呈现于管理会计报告中的信息是经过整理、加工、分析后形成的可直接使用的信息。因此，其所提供的信息应具备一定的质量特性，主要包括：①相关性，管理会计报告应遵循问题导向，根据企业内部需要解决的具体管理问题来组织、编制、审批、报送和使用；②集成性，管理会计报告的信息虽然来源广泛，但应统一为实现企业发展战略的共同目标服务；③可比性，管理会计报告信息应能在企业多个期间进行比较，以帮助管理人员判断企业发展趋势，从而制定正确的管理决策；④及时性，管理会计报告作为企业决策信息的重要载体，应能够保证信息的时效性，使得管理人员可以在短时间内迅速而准确地做出管理决策。

（2）管理职能特征

管理会计报告种类繁多，体系复杂，这是为满足企业内部决策者的个性化和多样化使用要求。具体而言，管理会计报告能够提供的信息是多维度的，不仅包括财务信息，也包括非财务信息；不仅包括内部信息，也可能包括外部信息；不仅包括结果信息，也包括过程信息，以及剖析原因、提出改进意见和建议的信息。企业管理会计报告的编制、审批、报送、使用等应与企业组织架构相适应。企业管理会计报告体系应根据管理活动全过程进行设计，在管理活动各环节形成基于因果关系链的结果报告和原因报告。

（3）报告方式特征

企业可以根据管理的需要和管理会计活动的性质设定管理会计报告期间和呈报格式。企业一般应以日历期间（月度、季度、年度）作为企业管理会计报告期间，也可以根据特定的需要设置管理会计报告期间。管理会计报告主要是供企业内部经营管理者使用，呈报形式不受外部监管机构的约束，企业可以自由地应用各种科学的方法，选择最佳的报告方式向决策者提供信息。

12.1.2　管理会计报告内容

企业管理会计报告的内容应根据管理需要和报告目标而定，易于理解并具有一定的灵活性。报告的形式要件包括报告的名称、报告期间或时间、报告对象、报告内容以及报告人等，但具体报告的编制、审批、报送、使用等应与企业的组织架构相适应。不同类型的企业，其管理会计报告的内容应有所不同。

管理会计报告主要服务于企业内部决策，企业应根据自身管理会计活动的全过程设计管理会计报告体系，并在管理会计活动的各个环节形成基于因果关系链的结果报告和原因报告。在现代企业制度以及市场经济体制下，管理会计报告体系的构建可以从资本经营决策、资产经营决策、商品经营决策和生产经营决策四个层次编制并形成相应的报告体系，共同构成内部报告体系中的决策报告；也可以从企业战略层、经营层和作业层构建业务与财务一体化的管理会计报告体系。

12.1.3　管理会计报告与财务会计报告的区别与联系

1. 管理会计报告与财务会计报告的区别

财务会计报告是在严格遵守公认会计准则及其他会计制度的基础之上，主要服务于外部利益相关者，披露企业的财务状况、经营成果和现金流量等信息的对外报告。而管理会计报告是建立在企业已有的管理哲学基础之上的，是为企业内部使用者实施预测、决策、控制和评价提供服务的信息集成体系，能够反映企业所实施的管理措施的效果。管理会计报告不是对企业信息的简单汇总，而是对企业管理活动进行分析后的价值信息的体系化重构。因此，管理会计报告能够全方位地满足相关管理者个性化的信息需求，有效弥补财务会计报告在经营管理预测以及控制方面的不足，助力强化企业的内部管理。两者之间的区别具体如表 12-1 所示。

表 12-1　管理会计报告与财务会计报告的区别

项目	管理会计报告	财务会计报告
报告主体	企业各部门	企业
编制流程	与企业的组织架构一致	与法律要求一致
编制格式	格式灵活、具有针对性	公认会计准则和其他会计法律法规
信息种类	财务信息、非财务信息、面向未来	财务信息、面向过去
服务对象	内部投资者	内部和外部投资者
报告目的	内部管理者价值管理和决策	为内部和外部投资者提供信息
报告内容	企业整体或单个管理单元	涵盖整个企业经营活动的全过程

2. 管理会计报告与财务会计报告的联系

由于企业管理者与所有者之间委托代理关系的存在，管理者在制定决策的过程中必须要考虑到所有者的利益。因此，管理会计报告和财务会计报告同时具有很强的相关性，主要表现在：①从财务数据的源头来看，两者都使用了财务数据，可以说财务报表的编制是许多管理会计报告编制的基础，在此之上，管理会计再进行深加工形成满足管理者管理和决策需求的管理会计报告；②从内容来看，管理会计报告不仅仅包含了财务信息，还包含了非财务信息，而财务报告中也会披露一些内部管理计划和企业或者部门的方案等管理信息；③从报告信息质量来看，财务会计报告信息质量要求具有可靠性，这是在管理会计报告信息的可靠性基础之上建立的，只有保障了管理会计报告信息的可靠性，财务会计报告信息的可靠性才有保障。

12.2　管理会计报告的基本分类

管理会计报告需要根据企业或组织所面临的管理问题，运用管理会计的工具和方法，融合业务与财务，整合财务信息和非财务信息，形成对企业或组织内部管理决策有用的报告信息。管理会计报告灵活多样，本身并没有形成统一的格式要求，但为规范编制，《管理会计应用指引第 801 号——企业管理会计报告》将企业管理会计报告体系按照多种标准进行了分类，包括但不限于以下内容，如表 12-2 所示。

表 12-2　管理会计报告分类

分类依据	管理会计报告类型
按照企业管理会计报告使用者所处的管理层级	• 战略层管理会计报告 • 经营层管理会计报告 • 业务层管理会计报告
按照企业管理会计报告内容	• 综合企业管理会计报告 • 专项企业管理会计报告
按照管理会计功能	• 管理规划报告 • 管理决策报告 • 管理控制报告 • 管理评价报告
按照责任中心	• 投资中心报告 • 利润中心报告 • 成本中心报告
按照报告主体整体性程度	• 整体报告 • 分部报告

12.2.1　按照企业管理会计报告使用者所处的管理层级

按照企业管理会计报告使用者所处的管理层级，企业管理会计报告可分为战略层管理会计报告、经营层管理会计报告和业务层管理会计报告。表 12-3 对比了这三类不同层次报告主体的报告信息。

表 12-3　不同层次报告主体报告信息对比

分类	战略层	经营层	业务层
报告目的	帮助企业的战略层进行战略规划、决策和评价等	帮助企业的经营层顺利开展经营管理活动、完成经营目标	帮助企业对各个业务进行绩效考核评价，考察职责的履行情况
报告对象	企业的战略层，包括股东大会、董事会、总经理及其他高层管理者	企业的经营管理层，包括企业各业务单元、子公司及附属单位的主管等	企业的业务层，包括各投资、成本、利润中心，企业各业务部门，制造车间及职能部门
报告内容	企业战略目标制定、战略规划、战略执行与战略评价、综合绩效、风险管理等	经营决策、资本规划、业务规划、供应商管理和客户管理等	采购业务报告、生产业务报告、销售业务报告、研发报告、投资报告等

1. 战略层管理会计报告

战略层管理会计报告是以企业价值的可持续稳定增长为目标，通过为公司提升核心竞争力，有效配置成本、利润、资金提供适时信息，满足公司履行预测、决策职能的信息需求，是整个管理会计报告体系的第一层报告。战略层管理会计报告的对象是企业的战略层，包括股东大会、董事会和监事会等。战略层管理会计报告要求精炼、简洁、易于理解，报告主要结果、主要原因，并提出具体的建议。战略层管理会计报告包括但不限于如图 12-1 所示内容。这些报告可独立提交，也可根据不同需要整合后提交。

2. 经营层管理会计报告

经营层管理会计报告是为经营管理层开展与经营管理目标相关的管理活动提供相关信息的对内报告。经营层管理会计报告是在公司的决策目标与总体经营方针都已经明晰的基本前提下，为执行既定的决策方案、总体经营方针而进行的有关规划、控制，以保证预期目标的尽可能实现，满足公司履行相关职能的信息需求，是保证企业资源获得最佳生产率与获利率的有效依据。经营层管理会计报告的编制要求是应做到内容完整、分析深入，其主要包括如图 12-2 所示内容。

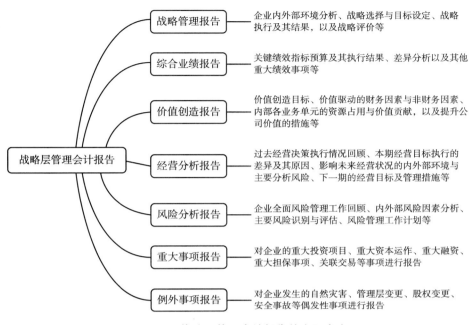

图 12-1 战略层管理会计报告的主要内容

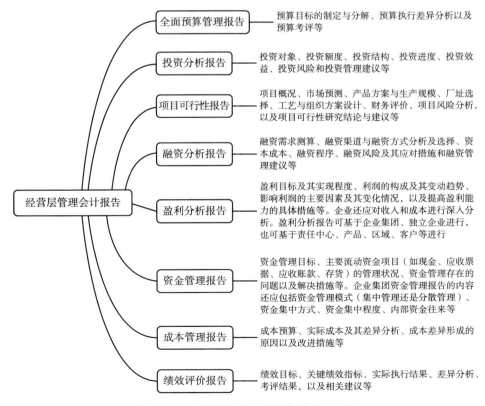

图 12-2 经营层管理会计报告的主要内容

3. 业务层管理会计报告

业务层管理会计报告是为企业开展日常业务或作业活动提供相关信息的对内报告。按照分权管理的思想，业务层管理会计报告反映了企业内部管理层次的相应权限、职责以及所承担的相应义务的内容与范围，并通过考核评价各个相关方面的履责情况，保障企业的经营管理尽可能地沿着正确方向发展。业务层管理会计报告的对象是企业的业务部门、职能部门以及车间、班组等，因此应根据不同对象的核心职能或经营目标进行设计，做到内容具体、数据充分。业务层管理会计报告主要包括如图 12-3 所示内容。

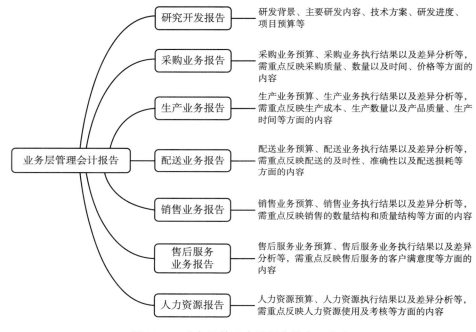

图 12-3 业务层管理会计报告的主要内容

总之，战略层、经营层、业务层三层次的管理会计报告体系，必须在明确各层次的管理重点与信息需求的基础上，报告符合各层次信息需求的核心内容与重点信息，并且三者之间要相互结合、有效配合、共同报告，有效地满足企业管理的需要，从而实现企业价值最大化的目标。

12.2.2 按照企业管理会计报告内容

以决策目标为导向，能够反映企业价值及价值创造因果关系的管理会计报告模式通常被称为管理会计综合报告模式，如图 12-4 所示，常见的主要有综合企业管理会计报告和专项企业管理会计报告。

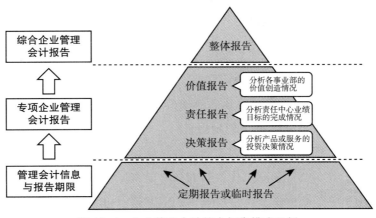

图 12-4　企业管理会计综合报告模式示例

1. 综合企业管理会计报告

综合企业管理会计报告是指单位管理会计机构及其人员对在业务活动中行使管理会计职能时发现的有待完善的战略管理、资源配置管理、成本管理、预算管理、流程管理、绩效管理以及风险管理等工作环节存在的问题，提出优化解决方案并形成涵盖上述业务活动所有管理会计事项的优化管理分析报告。

综合企业管理会计报告是全面的、综合的、反映价值结果的报告，类似于财务会计的三张报表，涵盖企业价值活动计划与实际结果两个时间维度的报告以及实际与计划差异分析报告。计划维度报告反映企业未来价值活动的目标；实际维度报告反映企业计划价值活动的实际结果；差异分析报告反映实际结果与计划的比较和原因分析。综合企业管理会计报告还包括企业价值报表和附注。企业价值报表反映企业整体价值结果和构成的具体项目，涵盖企业各具体价值活动的结果。企业价值报表将费用分为变动费用和固定费用，反映价值形成中的边际贡献、营业利润和净利润。

2. 专项企业管理会计报告

专项企业管理会计报告是指单位管理会计机构及其人员按单一管理会计事项专题出具的报告。该报告是对综合企业管理会计报告的支撑与原因分析，用以反映企业价值实现过程的信息，类似于财务会计的总账、明细账等。与综合企业管理会计报告对应，专项企业管理会计报告也应从计划、实际和差异分析三个维度形成闭环报告和管理模式。计划维度报告反映企业未来专项价值活动的目标，形成相应的预算报表体系；实际维度报告反映企业专项计划价值活动的实际结果；差异分析报告反映专项价值活动的实际结果与计划的比较和原因分析，并对下一年度业务进行预测和判断。

12.2.3　按照管理会计功能

虽然管理会计报告无固定模式，但管理会计职能及其工作职责具有确定性。管

管理会计学（新形态版）

理会计报告类型与管理会计职能的有效对接，将有助于更好地发挥管理会计的职能作用。一个单位中各层次业务活动一般包括管理规划、管理决策、管理控制以及管理评价四个工作环节。在每一个工作环节，管理会计职能部门及其人员都应运用恰当有效的管理会计工具，积极行使管理会计职能，向管理层提供对应的管理会计报告，为优化决策和完善经营管理提供管理信息支持。

企业发展战略
规划报告

1. 管理规划报告

参与管理规划制订是管理会计的工作职能之一。单位管理会计职能机构及其人员应向单位管理层提供管理规划制定工作所需信息支持与建议，如编制公司经营管理建议报告、年度单位经营管理目标与任务建议报告等。

2. 管理决策报告

管理决策报告

提供经营管理决策所需的信息支持及方案的选择建议是管理会计的另一重要职能。单位管理会计职能机构及其人员应向单位管理层提供经营管理决策事项专项管理会计报告，包含决策信息支持并参与方案的确定，如新产品投产建议报告、股权投资项目方案选择建议报告等。

3. 管理控制报告

经营管理活动控制环节是管理会计有机融合财务与业务活动并发挥创造价值作用的平台。单位管理会计职能机构及其人员应积极运用恰当的管理会计工具，推动实施单位经营战略、经营计划、经费预算以及经营管理制度，对在跟踪不同领域管理中所发现的问题进行有效梳理，同时提出可行的问题解决方案建议，为单位各层次业务活动管理层提供优化管理决策信息支持。

对战略管理实施领域的工作，通常按季度或年度定期出具管理会计报告，为完善经营战略计划与纠正经营战略实施偏差提供决策信息支持。

对业务活动中成本管理领域、流程管理领域、预算管理领域、绩效管理以及风险管理领域的工作，通常按月度定期出具管理会计报告。在报告中分析梳理出上述领域工作中存在的有待完善的管理问题并提出整改建议，为单位管理层及时掌握经营管理中存在的问题并采取优化管理措施提供信息支持。

特别地，在预算管理、流程管理和风险管理工作中，为了及时整改预算编制不合理、流程管理漏洞以及对关注到的管理风险实时预警，单位管理会计机构及其人员应向单位管理层出具临时管理会计报告，做到第一时间的管理信息支持。图 12-5 和图 12-6 分别举例展示了某企业集团风险预警实施流程和监察通报实施流程。

【例 12-1】

S 集团构建的财务共享服务中心在业务办理过程中，对标企业管理目标，遵循合法合规原则，利用大数据分析等手段，将企业经济活动中的风险点对业务部门和企业管理者进行提示和告知，以揭示企业风险，强化风险管控。其风险预警实施流程和监察通报实施流程分别如图 12-5 和图 12-6 所示。

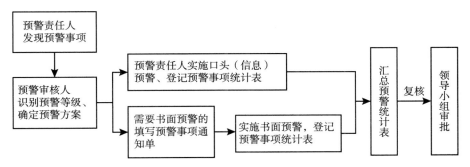

图 12-5　S 集团财务共享服务中心风险预警实施流程

资料来源：田高良、方永利主编《财务共享理论与实务》，高等教育出版社，2020。

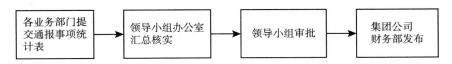

图 12-6　S 集团财务共享服务中心监察通报实施流程

4. 管理评价报告

对单位管理期间开展绩效评价工作亦是管理会计的一项重要管理职能。单位管理会计职能机构及其人员应构建适用的管理会计报告体系，如基于平衡计分卡四个维度的管理会计报告体系（见图 12-7），在项目完成后或规定的考核期满后，对完成项目绩效和经营期间单位战略管理、经营计划、成本管理、流程管理、预算管理、绩效管理以及风险管理等领域的工作执行情况进行全面的绩效评价，并以评价的结果指导未来的经营管理工作。对单个项目完成后的绩效评价工作，通常出具专项管理会计报告；对单位经营期间全方位经营管理绩效评价工作，通常提供半年度或年度管理会计报告。

12.2.4　按照责任中心

按照企业责任中心责权范围履行目标，管理会计报告体系可分为投资中心报告、利润中心报告和成本中心报告。企业通过它们来反映各责任中心的预算执行情况，并据此对管理者进行评价。

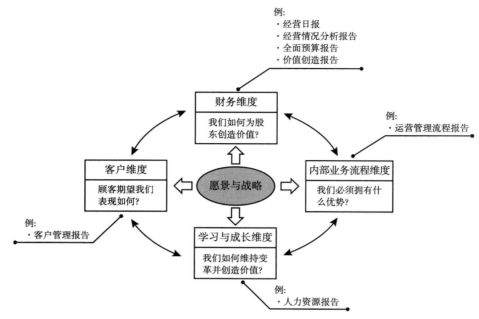

图 12-7　基于平衡计分卡四个维度的管理会计报告体系

1. 投资中心报告

投资中心不仅需要对成本、收入和利润进行反映、负责，还要对所占用的全部资产（包括固定资产和营运资金）的经营效益承担责任。因此，投资中心管理会计报告通常需要列示和报告收入、成本、利润等指标的预算数、实际数、差异（包括差异额与差异率），还需要反映投资效果的资产周转率、销售利润率、投资报酬率与剩余收益率等指标的预算数、实际数、差异，并进行原因分析与评价。

【例 12-2】

某企业 A 分公司为一投资中心，该公司规定的最低报酬率为 12%。现根据 A 分公司的有关原始凭证等资料，编制出该投资中心的业绩报告，如表 12-4 所示。

表 12-4　投资中心业绩报告

单位：元，%

项目	预算	实际	差异
销售收入	573000	591000	18000　（F）
变动成本	246000	251200	5200　（U）
边际贡献	327000	339800	12800　（F）
可控固定成本	140000	141400	1400　（U）
部门可控利润	187000	198400	11400　（F）
分配的共同成本	12000	15000	3000　（U）
经营净利润	175000	183400	8400　（F）

续表

项目	预算	实际	差异
经营资产			
现金	15500	17000	1500
应收账款	110000	131000	21000
存货	90000	92500	2500
固定资产（原值）	450000	450000	0
总计	665500	690500	25000
投资报酬率	26.3	26.6	0.3　（F）
要求的最低报酬率	12	12	
要求的最低投资收益	79860	82860	
剩余收益	95140	100540	5400　（F）

注：U 表示不利差异，F 表示有利差异。

由表 12-4 可知，A 分公司的实际投资报酬率与剩余收益均超过了预算数，说明该投资中心在本年度的经营业绩较好。

2. 利润中心报告

利润中心需对成本、收入，以及利润负责。因此，利润中心管理会计报告应对成本和收入的预算数与实际数进行分析比较，同时考核收入、成本、利润等指标具体的完成情况，并在此过程中及时发现利润中心出现的各种偏差及问题，通过差异调查进而采取相应的有效措施以及时纠正偏差、解决问题。利润中心的考核指标通常为该利润中心的边际贡献、分部经理的边际贡献和该利润中心部门的边际贡献，据此自下而上逐级汇编利润中心业绩报告，直至整个企业的息税前利润。利润中心的业绩报告的基本形式详见表 12-5。

【例 12-3】

某企业利润中心业绩报告如表 12-5 所示。

表 12-5　利润中心业绩报告

单位：元

项目	预算	实际	差异
销售收入	245000	248000	3000　（F）
减：变动成本	111000	112000	1000　（U）
边际贡献	134000	136000	2000　（F）
经理人员可控的可追溯固定成本	24000	24500	500　（U）
分部经理的边际贡献	110000	111500	1500　（F）
分部经理不可控但高层管理部门可控的可追溯固定成本	18000	18900	900　（U）
部门的边际贡献	92000	92600	600　（F）

注：U 表示不利差异，F 表示有利差异。

从表 12-5 可以看出，无论从边际贡献、分部经理的边际贡献，还是从部门的边际贡献来看，实际数与预算数的差异都是有利差异，都超额完成了预算指标。

3. 成本中心报告

成本中心承担着控制成本、降低成本的责任，其管理会计报告需反映出可控成本责任预算分解后的具体执行情况，因此可以根据责任成本的预算数与实际数来编制，同时在报告中还需对预算数与实际数之间的差异进行相应的说明。

成本中心的业绩考核指标通常为该成本中心的所有可控成本，即责任成本。成本中心的业绩报告，通常是按成本中心可控成本的各明细项目列示其预算数、实际数和成本差异数的三栏式表格。由于各成本中心是逐级设置的，所以其业绩报告也应自下而上，从最基层的成本中心逐级向上汇编，直至最高层次的成本中心。每一级的业绩报告，除最基层只有本身的可控成本外，都应包括本身的可控成本和下属部门转来的责任成本。

成本中心的各级经理人，应就其权责范围编制业绩报告并对其负责部门的成本差异负责。级别越低的成本中心，从事的经营活动越具体，其业绩报告涉及的成本项目分类也越详细。根据成本业绩报告，责任中心的各级经理人可以针对成本差异，寻找原因对症下药，以便对成本费用实施有效的管理控制，从而提高业绩水平。

【例 12-4】

某企业制造部是一个成本中心，下属两个分厂，每个分厂设有三个车间。其成本中心业绩报告如表 12-6 所示。

表 12-6　成本中心业绩报告

单位：元

制造部业绩报告			
项目	预算成本	实际可控成本	差异
管理费用	19500	19700	200　（U）
一分厂	467475	470330	2855　（U）
二分厂	395225	394300	925　（F）
合计	882200	884330	2130　（U）
制造部一分厂业绩报告			
项目	预算成本	实际可控成本	差异
管理费用	17500	17350	150　（F）
甲车间	109725	111280	1555　（U）
乙车间	190500	192600	2100　（U）
丙车间	149750	149100	650　（F）
合计	467475	470330	2855　（U）

续表

项目	预算成本	实际可控成本	差异
工人工资	58100	58000	100　（F）
原材料成本	32500	34225	1725　（U）
行政人员工资	6400	6400	
水电费	5750	5690	60　（F）
折旧费	4000	4000	
设备维修费	2000	1990	10　（F）
保险费	975	975	
合计	109725	111280	1555　（U）

制造部一分厂甲车间业绩报告

注：U 表示不利差异，F 表示有利差异。

由表 12-6 中可见，制造部一分厂总体上产生了较大的不利差异，该不利差异主要是乙车间和甲车间引起的。从甲车间业绩报告来看，引起不利差异的主要原因是原材料成本超支。

12.2.5　按照报告主体整体性程度

按照报告主体整体性程度，管理会计报告可分为整体报告和分部报告。整体报告是从企业整体出发进行的内部管理信息汇总，而分部报告针对的是企业某一具体事项或某事项的一个部分提供的独立信息报告。现代企业为更好地追踪各分部的成本，展示单个分部的获利能力和管理效果，常按照生产线、地理位置或其他有意义的方法进行分部的划分，可形成例如：产品价值报告、客户价值报告、部门价值报告等。

产品价值报告主要反映某一特定产品或一组产品的盈利能力，披露产品的销售收入，固定和变动生产费用、销售费用、管理费用，边际贡献，产品利润等关键信息。客户价值报告反映的是企业向特定客户或客户细分市场提供商品和服务所产生的成本和所获得的利益。部门价值报告揭示业务部门的价值创造结果和过程，涵盖部门边际贡献、可控利润、税前利润和部门净利润等。

12.3　管理会计报告的运用

企业管理会计报告由管理会计信息归集、处理并报送的责任部门编制，其报告流程包括报告的编制、审批、报送、使用、评价等环节。根据《管理会计应用指引第 801 号——企业管理会计报告》的规范要求，企业应根据报告的内容、重要性和报告对象等关键因素，合理设计报告报送路径、确定不同的审批流程，以确保企业管理会计报告及时、有效地送达报告对象。经审批后的报告方可报出。

12.3.1 管理会计报告的编制流程

管理会计报告是根据企业的组织特征和报告要求，由多部门协同合作，共同编制而成。管理会计报告是面向企业内部管理者的，其目的是帮助管理者制定和调整策略，内容涉及企业各个方面，且报告的对象、内容和形式多变、复杂。因此，类似财务会计报告只由会计部门编制的模式并不适合管理会计报告。企业在编制管理会计报告时，首先应明确编制主体，建立管理会计报告组织体系，并根据需要设置管理会计报告相关岗位并确定岗位职责。

企业管理会计报告体系通常根据管理活动全过程进行设计，在管理活动各环节形成基于因果关系链的结果报告和原因报告。尽管管理会计报告的类型纷繁复杂，但是其编制仍然要遵循着一定的程序，这些程序包括：确认经济活动、计量经济过程、记录经济结果、形成管理会计报告。其一般编制流程可简述为以下几方面。

首先，企业可按照生产、销售、研发、财务、设计、管理、人力、市场等不同的部门单位来划分责任，各部门都应履行提供管理会计报告所需信息的责任，将与自身工作相关的报告信息进行简单的整理分析，提供给报告编制中心。

其次，报告编制中心将各部门提交的信息进行汇总整理，明确各类信息之间的相互联系，对信息做出简单的解释说明，形成对企业经营现状的宏观描述。

最后，报告编制中心向制订企业总体决策的管理者提供成型的管理会计报告，管理者可以根据报告中的信息制定企业的总体战略，维持企业的长期稳定发展。

12.3.2 管理会计报告的流转制度

管理会计报告编制完成后，为保证提交报告的质量和信息传递的准确性，企业应制定相应的报告审批程序以及报告流转制度。通常企业会在其内部控制流程中设立完善的报告审批机制以对管理会计报告进行审核，确保审批人、审核内容和审批流程，明确管理会计报告的责任人。授权的责任人需对报告的真实性、完整性、规范性进行审查，审查合格后签字确认，再报送至信息使用者，以保证最终签发的管理会计报告的质量。

管理会计报告的传递路线一般分为上行、下行和平行三种方式。上行的管理会计报告信息传递机制主要是由经营层管理者传递到管理层管理者，最终送到决策层管理者，主要包括企业的交易信息、相应成本、盈利情况等。这是目前最为常见的管理会计报告信息传递方式。下行的管理会计报告传递机制主要是从决策层管理者传递到管理层管理者，再由管理层管理者传递给经营层管理者的信息，内容常包括经营层预期达到的经营目标、各部门的详细任务等信息。平行的管理会计报告信息一般是同级跨部门之间进行的实时信息传递。

管理会计报告的传递形式较为灵活，以报告目标和报告对象为基础，可以是书面的、口头的、影像的或其他形式。其中书面报告的主要形式包括文字、凭证、账簿、报表、图形等多种呈现方式。管理报告的传递途径可以是实物传递，也可以是电子信息传递。

企业管理会计报告属于内部报告，报告使用人应在权限范围内使用企业管理会计报告，根据报告内容做出合理的决策、安排以及奖惩等行为。因此，企业应建立管理会计报告使用的授权、保密制度，明确保密内容、保密措施、密级程度和传递范围，通过双责任人传递或签订保密协议等方式规范管理会计报告的使用。相关人员需严格遵守相关保密规定，除特别授权外，不得对规定以外的人员或机构提供管理会计报告信息。企业同时应根据《会计档案管理办法》和相关企业档案管理制度，对管理会计报告实行定期收回、存档和科学保管。

12.3.3　管理会计报告的评估

管理会计报告是根据管理需求产生的，能够综合反映企业财务、经营和管理多方面状况的集合信息文件。依据各层级人员对报告的不同需求和企业内部制定的管理会计报告标准，管理会计报告在编制过程中需要将收集到的管理会计信息进行筛选和分析，提取有效数据，形成内容全面、简洁易懂、满足需求的报告和总结性结论，并提出与结论相匹配的建议。

为保障管理会计报告的有效性，企业应对管理会计报告体系进行审视和优化，制定管理会计报告的评价机制，并将评价结果与绩效考核挂钩。评价内容主要包括对管理会计报告的操作流程和对战略决策影响效果两个方面，如管理会计报告的质量、传递的及时性、信息的有效性以及使用的安全性等。管理会计报告评价机制应当定期启动。

【例 12-5】

随着企业规模的不断扩大和管理层级的延伸，某医药销售企业在发展过程中对其内部管理会计报告体系进行评估后发现，企业现行的报告体系存在报告零散、信息时效性差、报告流程不畅、财务与业务之间穿透性不强等问题，这些问题导致管理会计报告整体战略导向性不足。为解决这些问题，企业决定搭建全新的管理会计报告信息系统，基于因果关系链形成逆会计核算过程的树状管理会计报告体系（见图 12-8），同时规范了管理会计报告的管理原则（见表 12-7）。

图 12-9 展示了该企业的管理会计报告体系制定流程和优化后的管理会计报告

编制流程。优化后的报告编制流程极大地提升了管理会计报告实时传递企业内部各部门之间管理信息的能力，帮助管理层及时了解企业的运营情况，从而可以快速地做出经营决策。

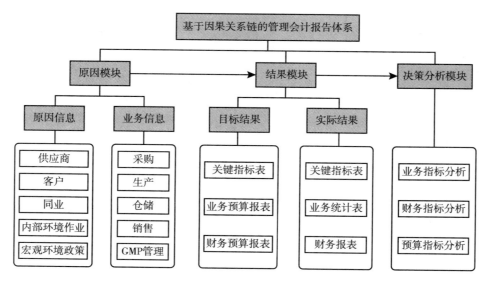

图 12-8　某医药销售企业改进的基于因果关系链的管理会计报告体系

表 12-7　某医药销售企业管理会计报告的管理原则

流程	管理原则
报告制定	• 报告框架清晰、完整 • 管理会计报告编制人及时与管理层进行沟通,明确管理层对信息的需要 • 决策者参与确定报告的种类、形式和范围,降低不必要报告的可能性 • 加强关注决策者的业绩考核指标,降低遗漏重要信息的风险 • 管理会计报告格式简洁,加强报告的针对性和有效性 • 财务中心与业务部门及时沟通,将财务分析与企业分析进行有效整合
报告编制	• 财务与企业数据核对,保证数据的完整、合理和正确 • 因会计核算政策原因造成相关指标波动的应及时分析其对公司经营业绩产生的影响,并进行说明 • 因业务原因造成相关指标波动的应指出相关的责任部门,并提示是否需进一步进行原因分析和改进行动计划 • 进行趋势分析时应着重关注变动产生原因 • 管理会计报告需在规定的时间上报管理层 • 管理会计报告应于上报后进行数据备份并打印装订保管以备查询及总结使用 • 对管理会计报告的查阅需经财务管理中心负责人审批,以保证公司信息的保密性

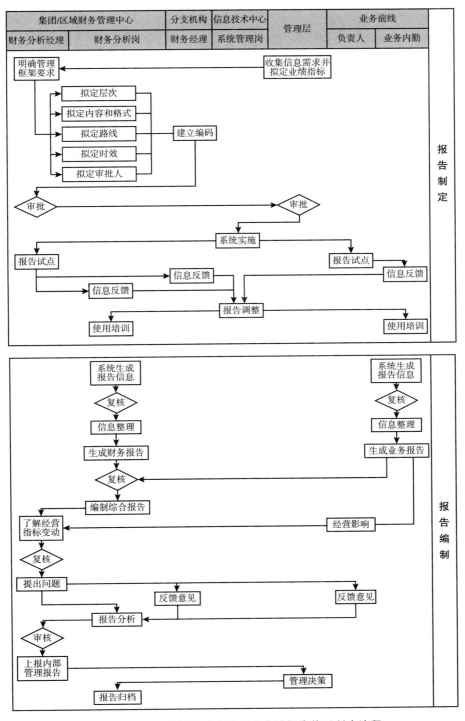

**图 12-9　某医药销售企业的管理会计报告体系制定流程
和优化后的管理会计报告编制流程**

思考题

1. 管理会计报告的形式要件中的报告期间与财务报告中的报告期间有何不同？

2. 管理会计报告的特征有哪些？

练习题

一、判断题

1. 管理会计报告是根据财务和业务的基础信息加工形成的。　　　　　（　　）

2. 管理会计报告是一种为企业价值管理和决策支持服务的内部报告。　（　　）

3. 管理会计报告是基于因果关系链的管理活动各环节的结果报告和原因报告。
　　　　　　　　　　　　　　　　　　　　　　　　　　　　　　　（　　）

4. 因管理会计报告属于对内报告，很少对外提供，因此责任者编制完成即可报送。
　　　　　　　　　　　　　　　　　　　　　　　　　　　　　　　（　　）

5. 企业管理会计报告的编制、审批、报送、应用等应与企业组织架构相适应。
　　　　　　　　　　　　　　　　　　　　　　　　　　　　　　　（　　）

6. 经营层管理跨级报告的对象是企业的业务部门、职能部门、车间和班组等。
　　　　　　　　　　　　　　　　　　　　　　　　　　　　　　　（　　）

7. 同财务报告一样，管理会计报告的形式和内容全部依据会计准则来确定。（　　）

8. 企业管理会计报告按照报告主体整体性程度可以分为整体报告和分部报告。
　　　　　　　　　　　　　　　　　　　　　　　　　　　　　　　（　　）

9. 企业管理会计报告由财务会计信息归集、处理并报送责任部门编制。　（　　）

10. 业绩评价和激励实施管理主要是对计划的执行情况进行评价。　　　（　　）

11. 管理会计信息仅指内部责任者在管理会计应用过程中所使用的财务信息与非财务信息。
　　　　　　　　　　　　　　　　　　　　　　　　　　　　　　　（　　）

12. 与财务会计信息相比，管理会计信息更加可靠、真实。　　　　　　（　　）

二、单选题

1. 下列关于管理会计报告的说法中正确的是（　　　）

　　A. 管理会计报告的内容是根据外部使用的需要确定的

　　B. 管理会计报告的内容是根据企业需要确定的

　　C. 管理会计报告的内容是根据会计准则确定的

　　D. 管理会计报告的内容是根据企业管理制度确定的

2. 下列关于管理会计报告工作流程的说法中正确的是（　　　）

　　A. 管理会计报告工作流程与企业的组织框架相适应

B. 管理会计报告的工作流程由管理者确定

C. 各企业的管理会计报告内容不同，但工作流程却相同

D. 管理会计报告工作流程是由法律规定的

3. 下列不属于企业战略层管理报告内容的是（　　　）

  A. 内外部环境分析   B. 价值创造目标

  C. 重大事项   D. 价值分析

4. 下列项目中，不属于战略层管理会计报告的报告对象的是（　　　）

  A. 股东大会   B. 董事会

  C. 总经理   D. 监事会

5. 下列项目中，不属于经营层管理会计报告的是（　　　）

  A. 采购业务报告   B. 盈利分析报告

  C. 全面预算管理报告   D. 融资分析报告

6. 下列项目中，属于业务层管理会计报告的是（　　　）

  A. 资金管理报告   B. 人力资源报告

  C. 成本管理报告   D. 投资分析报告

7. 下列关于管理会计报告的说法中正确的是（　　　）

  A. 管理会计报告很少对内报告，而主要是对外提供信息

  B. 管理会计报告是对内的一种报告，因而它在报告的形式要件上没有什么规定性

  C. 管理会计报告是一种为企业价值管理和决策支持所需要的内部报告

  D. 管理会计报告是一种为利益相关者提供决策支持所需要的报告

三、多选题

1. 全面预算管理报告的内容有（　　　）

  A. 预算目标的制定   B. 预算目标的分解

  C. 预算考评   D. 预算执行差异分析

2. 按报告内容分，管理会计报告可分为（　　　）

  A. 综合报告   B. 整体报告

  C. 分部报告   D. 专项报告

3. 企业的成本管理报告中主要包括的信息有（　　　）

  A. 管理评价报告   B. 成本差异形成原因

  C. 成本预算   D. 实际成本及其差异

4. 下列项目中，属于业务层管理会计报告对象的有（　　　）

  A. 生产车间或班组   B. 总经理

  C. 业务部门   D. 职能部门

案例分析　中交二航局管理会计报告体系[①]

一、中交二航局概况

中交二航局作为特大型跨国工程建设公司，其业务遍布全国 31 个省（直辖市、自治区）和 30 多个国家、地区，拥有多家子公司、分公司、参股公司、投资及房地产项目公司，以及经营性分公司和海外经营办事处。作为一家特大型工程建设企业，中交二航局的主营业务包括路桥业务、港航业务、铁路业务、城市轨道交通业务和市政工程等基建业务，是中国交建的全资子公司，实行公司、分子公司、项目部三级组织架构管理模式。公司设有全资子公司、分公司、参股公司和项目公司，分子公司下设项目部。分子公司由公司总部直接管理，项目部由分子公司直接管理。具体职能定位上，中交二航局总部是战略中心、决策中心、投资中心，分子公司是管理中心、利润中心，项目部是成本中心。

二、管理会计报告体系建设

管理会计报告为公司决策者和管理者提供内部管理的相关信息，完善公司治理结构、提高公司运行效率，其目标是其服务对象所要达到的目的。中交二航局的管理会计报告对象具体包括企业高层决策者、中层管理者（如采购、生产、销售、财务等部门的总监等）以及具体项目管理者，而每一层级的人员所要达到的具体目标不一样，对信息的需求也有差别。高层管理者主要基于战略层面的规划考虑企业长远的发展方向，关注企业战略目标；中层管理者着重关注该部门在过去和未来较短时期内的运营管理情况，以使其所管理的单位（或部门）能够取得良好的绩效，落实战略目标；基层管理者主要关注其当前所面临的任务，关注产品的成本控制、生产运营和产品质量。因此，中交二航局构建管理会计报告体系要实现的目标是"为不同层级的管理人员实现其管理目标提供有用的决策信息"，具体有以下三个层面的目标。

1. 战略层面

从战略高度的视角来看，管理会计报告面向未来，及时向企业决策层提供对战略决策有用的信息。构建管理会计报告体系是为企业制定战略、实现经营管理目标提供有力的支持，决策层通过管理会计报告了解中交二航局的整体经营情况，推断未来发展形势，了解行业的宏观环境，知己知彼。从发展的视角来看，构建管理会计报告体系的目标是辅助中交二航局制定专业化和差异化的经营战略，加强核心业务，增强企业核心竞争力，实现企业的战略目标。从企业整体的视角来看，构建管理会计报告体系的目标是为企业管理者提供有用的决策信息，通过信息的分析整合，

---

① 资料来源：刘东进、廖书佳、姚光华、何丽蓉《管理会计报告体系的构建及应用探索——以中交二航局为例》，《财政监督》2018 年第 4 期，第 5~18 页。

明确企业整体的战略发展方向，合理优化配置资源，实现企业价值的最大化。

2. 管理层面

中交二航局构建管理会计报告体系的目标主要是分析战略和决策的执行情况、生产经营情况等，如年度目标完成情况、企业盈利情况、款项回收情况、成本费用管控情况、资金使用情况等。通过收集、整理、分析和对比各种信息，管理者可以清晰地了解企业的运营状况和管理风险等。

3. 操作层面

管理会计报告体系在操作层面的目标主要是反映生产管理情况，具体到某个项目的成本控制、生产运营和产品质量等。如成本管理报告以项目部为主体，反映工程项目各项成本费用的具体管控情况，使项目部能够实时动态掌握项目的成本费用情况，及时发现成本管控漏洞，并采取有效的管控措施，达到"降本增效"的目的。

中交二航局管理会计报告体系以全面预算管理为抓手，以资金管理为主线、以成本管理为重点、以业务管理为补充、以辅助决策分析为反映，内容覆盖企业所有的经济业务活动，服务于公司、分子公司、具体项目部三级管理层。可以说，中交二航局管理会计报告体系较好地满足了施工企业各级管理层的实际信息需求，为施工行业提供了范本，同时也为其他行业应用管理会计报告体系提供了良好的借鉴。

请分析案例并讨论如下问题。

1. 中交二航局管理会计报告体系反映了管理会计报告的哪些内涵与特征？

2. 中交二航局是如何构建管理会计报告体系的？

第13章　战略管理会计

知识框架图

学习目标

1. 了解战略管理会计的产生、概念和主要特征
2. 掌握战略管理会计的基本内容和主要方法
3. 理解战略管理会计在企业中的具体应用
4. 了解战略管理会计的新发展

引导案例　　　　　　　西南航空公司的差异化竞争战略①

　　美国西南航空公司成立于1971年，以"打折航线"而闻名，是民航"廉价航空公司"经营模式的先行者。20世纪70年代，美国的航空业已经比较成熟，利润较高的长途航线基本被瓜分完毕，新入者很难找到立足的缝隙。然而，短途航线因单位成本高、利润薄，一直无人问津。在这种情况下，成立不久的西南航空公司审时度势，选择了"与行驶在公路上的福特车、丰田车、尼桑车展开价格战，把高速公路上的客流搬到天上来"这一独特的市场定位，自此开辟了一个全新的市场。

　　为了避免和实力强大的老牌航空公司形成正面冲突，西南航空公司刻意回避了大机场，采取稳扎稳打的策略，开始时只运营其总部所在地的州内三条航线，选择在美国的中等城市与各大城市的次要机场之间提供短程、廉价的点对点航空服务。在后来的发展中，不论业务范围如何扩展，西南航空公司都始终坚持最初制定的低成本战略、短航线业务方向，并为此严格控制成本，不曾偏离。

---

　　①　资料来源：刘松《美国西南航空公司的低成本战略》，《企业改革与管理》2006年第9期。

13.1　战略管理会计概述

13.1.1　战略管理会计产生的背景

战略管理会计的产生从历史根源和经济发展来讲都有其必然性。随着现代科技的快速进步和生产力的迅猛发展，特别是 20 世纪 90 年代以后，企业处于一个更加错综复杂、瞬息万变的外部环境之中，竞争极速加剧。为顺应发展趋势，强调外部环境影响、重视内外协调和面向未来的战略管理应运而生。科学的战略管理需要信息系统的支持，这一新的决策分析框架的发展，使人们开始重新审视传统管理会计的理论与方法，并普遍认为其缺乏战略性，这主要体现在以下方面。

企业战略
理论的发展

1. 短期性

从战略角度上说，管理会计的最终目标和企业目标一致，应是使企业价值最大化，帮助企业获得持久的竞争优势。然而传统管理会计以利润最大化作为目标，导致在传递与经营投资决策相关的信息过程中，存在短期性与简单化的不足。特别是其中预算体系侧重于短期预算，决策体系以短期经营决策为主，无法提供与战略决策相关的长远性、全局性的信息，显然不能满足企业实施战略管理的要求。

2. 内向性

企业所处的内、外部环境是企业生存和发展的基础。传统管理会计并未充分关注到企业的外部环境，其主要功能是依据企业内部生产经营条件，向内部管理人员提供经营决策信息，以实施计划、决策和控制。而当今激烈的市场竞争和经济全球化的发展，早已将企业的外部条件与内部情况紧密地连接在了一起。瞬息万变的外部市场以及强大的竞争对手随时都可能威胁到企业的生存和发展。作为决策信息的输出者，企业缺乏重视外部环境的观念不仅使得传统管理会计难以捕捉成本形态的变化，而且导致管理者无法从中获取能够反映质量、生产弹性、顾客满意程度等与企业战略目标实现密切相关的决策指标。

3. 信息层次的单一性

传统管理会计长期以来的工作重心在于企业内部的管理与运作，重视货币计量、物质资源等方面的财务信息，而对企业外部的、非货币计量的人力资源等方面的信息很少考虑，信息面较为狭窄，忽略了非财务信息的重要性，在提供有助于企业战略调整的多维管理信息上存在一定的缺陷。

13.1.2　战略管理会计的概念

以战略管理思想为指导，对管理会计理论与方法加以完善和改进，将其推进到"战略管理会计"新阶段，是社会生产力进步的必然结果。1981年，Kenneth Simmonds首次将战略因素引入管理会计分析体系，提出了战略管理会计的概念，认为："战略管理会计提供并分析有关企业及其竞争对手的管理会计数据以构建与监督企业战略。"

经过多年的发展，虽然战略管理会计在学术界和实务应用中备受关注，但其作为一个新兴的综合性领域，国内外学者对它的界定以及如何进行操作等问题尚无统一定论，目前发展出了两种被普遍接受的观点。一种观点认为战略管理会计是一组创新的管理会计技术工具，是为企业战略管理服务的会计，属于管理会计的一个分支。另一种观点则强调战略管理会计是管理会计和战略管理的结合，主张拓宽管理会计的视野和范围，改进传统理念和方法，以满足经济快速发展新形势下企业整体和长期战略性发展的信息需要。我国的余绪缨教授曾指出，战略管理会计应从战略的高度，围绕企业自身、顾客和竞争对手组成的"战略三角"，既提供顾客和竞争对手具有战略相关性的外向型信息，也提供企业自身与战略相关的内部信息，帮助管理层进行高屋建瓴式的思考，进而据以制订和实施企业战略计划以取得竞争优势。

尽管两种观点的立意不同，但对其总结可见战略管理会计的一些基本特征，即注重企业外部环境，注重整体性和前瞻性，注重企业长期发展，能为企业的战略管理与决策提供信息。因此，战略管理会计可以理解为是在传统管理会计的基础上，为适应当代企业保持和创造长期竞争优势的决策要求而做出的探索与改良，是管理会计向战略管理领域的延伸和渗透。战略管理会计基于战略理念，运用全新的管理会计工具，应能为企业提供全面的、多维的、有利于竞争战略调整的会计资料，来协助企业制定战略、选择战略和实施战略，促进企业战略目标实现。

1. 战略管理会计的目标

战略管理
会计的目标

战略管理会计的目标是指在特定的环境中，实施战略管理会计活动所要达到的目的，是战略管理会计系统运行的动力和行为标准。战略管理会计的目标可分为最终目标、直接目标和具体目标三个层次：①长期、持续地提高整体经济效益是战略管理会计的最终目标；②提供满足企业战略管理决策的综合信息是战略管理会计的直接目标；③全过程协助企业战略管理是战略管理会计的具体目标。

2. 战略管理会计的对象

战略管理会计的对象是指战略管理会计观察、收集、整理和思考的客体或行为的目标。鉴于目前缺乏明确性定义，战略管理会计的对象可以从其基本目标出发，理解为是以使用价值为基础的价值管理。区别于传统管理会计，该对象的工作重心是任何能够创造价值的经济管理活动，从战略的角度最大限度地增加企业的价值创造能力，提升企业整体的经济效益。

13.1.3　战略管理会计的主要特征

战略管理会计对比传统管理会计，具有以下几方面特征。

1. 外向性

战略管理会计与传统管理会计最大的区别就在于其外向性，拓展了管理会计对象的范围。战略管理会计不再将视野局限于一个企业主体之内，而是更多地关注外部环境，提供超越管理会计主体、范围更广泛、更有战略导向的信息，增强了企业对环境的应变性，从而大大提高了企业的竞争能力。例如，战略成本管理的关键在于识别成本驱动因素，在这个过程中不仅仅需要关注企业内部的需求，更需要考虑顾客、竞争对手、供应商及其他外部利益相关者，因此常强调各类相对指标或比较指标的计算和分析。

2. 长远性

不同于传统管理会计以利润最大化为基本目标，战略管理会计旨在服务于企业的长期战略计划，追求企业长久的竞争优势。这超越了单一期间的局限，着重从多期竞争地位的变化中把握企业未来的发展方向；不再局限于短期获利能力，而是从长期竞争地位的变化中把握企业未来的发展方向。因此，战略管理会计提供的信息是企业长期发展需要的信息，信息收集面向企业未来发展。例如，在决策中战略管理会计会使用增量成本、机会成本等相关成本信息，并对未来的经济发展方向及产品和市场进行预测，以确保企业目标的实现和企业长期的生存发展。

3. 全面性

战略管理会计需要站在企业战略管理的高度，提供满足企业评价、分析和控制整体经营战略的全方位信息。战略管理会计超越了某一会计主体范围，延伸到企业之外更为广泛的领域，如企业所处的宏观经济环境、社会文化背景和经济法律制度，尤为重要的是企业所处的行业竞争环境、竞争对手的状况等，帮助管理人员高瞻远瞩地把握各种潜在机会，规避各种可能的风险，做出正确的战略决策。

4. 灵活、多样性

战略管理会计突破了原始意义上的会计只注重货币信息的局限，提供以外向型信息为主的多维度信息，强调定量分析与定性分析的结合以及非财务信息的运用，为企业保持和发展长期的竞争优势创造有利条件。因此，战略管理会计相较于传统模式，采用了更为灵活的方法体系，诸如价值链分析、战略成本动因分析、产品生命周期成本法等综合性技术手段，能够联系竞争对手进行"相对成本动态分析"、"顾客盈利性动态分析"和"产品盈利性动态分析"等。

5. 及时、有效性

当今企业处于高度自动化与智能化的制造环境中，企业内、外部环境在不断变化之中，大大提高了管理者对战略信息在数量和速度上的需求。一方面，战略管理会计作为战略管理的决策支持系统，面对的是复杂多变的外部环境和大量非结构化数据，因而它所需要的数据来源、数量、特征和加工处理方式等都与传统管理会计有着明显的不同。另一方面，随着信息技术的快速进步，管理会计人员越来越有可能以较低的成本及时提供战略管理所需的各种信息，并将更多的精力用于解决复杂的管理问题。由此，在信息技术加持下的战略管理会计信息系统不仅能够及时提供特定信息，而且应变能力强，有助于企业各个环节的战略决策。

13.2 战略管理会计的基本内容与主要方法

13.2.1 战略管理会计的基本内容

战略管理会计是适合于企业战略管理需要的重要决策信息系统，其基本内容应围绕着战略管理展开，基于战略视角审视企业的组织机构设置、产品开发、市场营销和资源配置，为取得企业竞争优势而提供全面、有效的会计信息创造条件。

战略管理会计的
其他基本内容

战略管理会计发展至今内容已非常丰富，基本包括：战略经营环境分析、战略目标制定、战略成本管理、战略经营投资决策、战略人力资源管理、战略风险管理和战略性业绩评价。结合管理会计的基本职能，本章只着重介绍战略成本管理。

成本管理是管理会计的重要组成部分。传统成本管理强调的是以企业内部价值链耗费为基础，通过管理手段对现实生产活动加以规范和控制，最大限度地降低企业各种经营活动成本，以实现成本最小化和利润最大化。这种较为初级的"降低成本"很难为企业战略管理决策提供有用的成本信息，不利于企业竞争优势的形成。而战略成本管理基于战略管理需求，与之存在很大的区别（见表13-1）。

表 13-1 战略成本管理与传统成本管理的区别

项目	传统成本管理	战略成本管理
目标	以降低成本为目标(局部性、具体性)	以企业战略为目标(全局性、竞争性)
范围	较狭窄(考虑近期的成本效益原则)	较长远(考虑长期的战略效益)
时间	短期(每月、每季、每年)	长期(产品生命周期)
对象	表层次,直接成本动因	深层次,质量、时间、服务、技术创新等多方位动因
概念	仅指产品的短期成本	质量成本、责任成本、作业成本等
重点	重视成本结果信息,事后信息	重视成本过程信息,实时信息
观念	注重内部成本管理,较少联系宏观政策、外部竞争对手、环境资源等来分析,难以超越本会计主体的范围	注重外部环境,分析企业的市场定位,提供预警信息,及时调整企业竞争战略,可超越本会计主体的范围

资料来源:温素彬主编《管理会计:理论·模型·案例》(第3版),机械工业出版社,2019。

战略成本管理的核心在于关注不同战略选择下如何组织成本管理以找寻企业的成本优势。其基本框架是运用战略定位分析、价值链分析和战略成本动因分析工具来识别成本驱动因素,将成本管理会计信息贯穿于战略管理整个循环过程中,明确成本管理在企业战略中的功能定位。

战略成本管理的意义在于拓宽成本管理的范围,满足战略管理对于成本信息的需求。战略成本管理不仅将管理对象从关注企业内部活动延伸到外部活动,而且将管理层次从日常管理提升到战略管理,通过对企业成本结构和成本行为进行全面的了解、控制与改善,结合创新的成本管理方法和手段,帮助企业更好地创造核心竞争力。

13.2.2 战略管理会计的主要方法

在战略管理理论指导下,各种新兴管理会计技术工具不断涌现,主要包括战略定位分析、价值链分析、战略成本动因分析、产品生命周期成本法、目标成本规划法、作业成本管理、平衡计分卡、标杆管理和全面质量管理等。围绕战略管理会计的本质,即管理会计的主体假设由内部组织向企业整体价值链演变以满足不同战略管理需求,本章将介绍前五种方法。

1. 战略定位分析

战略定位分析是指根据不同的企业类型和企业不同的发展战略来确定核心竞争力要素的方法。基于成本管理视角,战略定位分析就是要求通过战略环境分析来明确成本管理的方向和重点,建立与企业战略相适应的成本管理战略。确定了企业的战略定位,实际上就是确定了企业资源的配置方式及相应的管理运行机制。因此,战略定位分析是体现战略成本管理应有管理效果的有效工具之一。

战略定位分析是一项较为复杂又十分重要的工作，进行科学的战略定位应遵循科学的逻辑步骤。

（1）评估市场吸引力和竞争地位

行业竞争环境是决定企业战略的重要因素，企业战略必须同行业中各竞争因素的特点及其组合相匹配。市场吸引力是指产品或服务引导消费者购买和使用的力量，通常包括市场规模和增长率、竞争强度、行业投资风险等多种因素。不同的企业其重点关注的因素有所不同，市场吸引力的大小决定了企业进入不同市场的意愿。

然而，仅有市场吸引力还不足以确定企业能否成功进入并立足市场，这还取决于企业的竞争地位的高低。竞争地位是企业在目标市场中所占据的位置，也是企业规划竞争战略的重要依据。与之相关的因素繁多，如企业的市场份额及其成长性、产品或渠道优势、生产、营销和研发能力等。企业在某一市场中占据竞争优势的决定性因素为其"关键成功因素"。进行竞争地位评估的核心即在于识别企业在每一特定行业中的关键成功因素，这对于企业确定分配资源的优先级别至关重要。进行

波特竞争战略

市场吸引力和竞争地位评估的常见手段包括 PEST 分析、波特五力分析和 SWOT 分析等。

（2）根据评估结果采取相应竞争战略

市场吸引力和竞争地位的综合分析指导企业制定有利于创造和维持竞争优势的战略。著名战略学家 Michael Porter（迈克尔·波特）提出了三种企业竞争的基本战略，如图 13-1 所示。

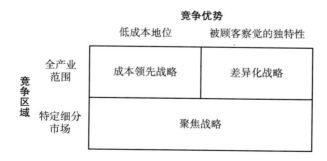

图 13-1　Michael Porter 竞争战略

资料来源：Michael Porter, *Competitive Strategy*: *Techniques for Analyzing Industries and Competitors*（New York: Free Press, 1980）。

2. 价值链分析

1985 年，Michael Porter 在《竞争优势——营造并保持最佳表现》一书中首次提

出价值链概念时，将其描述为由不同但又相互联系的企业生产经营活动构成的价值创造动态过程。其核心是将企业的所有资源、经营活动与战略目标紧密连接起来，以价值增值为目的，形成一个简明而清晰的结构框架（见图 13-2）。企业创造价值就是要从优化价值链入手，尽可能地减少或消除非增值作业，同时提高增值作业的运作效率，减少其资源的占用和消耗，这样才能提高自身竞争优势。

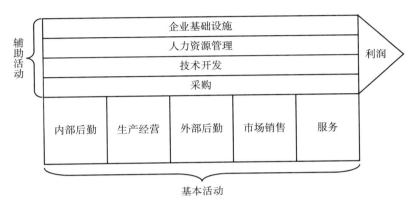

图 13-2 Michael Porter 价值链分析模型

资料来源：Michael Porter, *Competitive Advantage*: *Creating and Sustaining Superior Performance* (New York: Free Press, 1985)。

价值链分析具体包括企业内部价值链分析、行业（纵向）价值链分析和竞争对手（横向）价值链分析。

（1）企业内部价值链分析

企业内部价值链是以与企业战略相关的流程和作业为载体形成的企业内部价值运动，涵盖研发设计、材料采购、生产制造、产品销售和售后服务等整个产品生命周期。企业内部价值链分析即通过对这些作业活动的成本动因进行辨识，将其中的非增值作业剥离出来，然后根据成本动因的不同来选择相应的成本控制方法，依据作业链流动实现企业业务流程优化。优化结果能进一步地反映在企业员工及组织的学习与成长能力提升过程中，促进战略性业绩评价不同维度的互动共生（见图 13-3）。由此，企业内部价值链分析有助于企业竞争优势的提高。

（2）行业（纵向）价值链分析

行业价值链，亦称纵向价值链，反映了从资源到产品的价值运动过程。因此，行业价值链分析是指整个产业内从最初原材料的开发到最终产品的消费的纵向整体分析。任何一个企业都占据着行业价值链中的一个或多个链节。从行业价值链的角度进行分析，需要对企业与供应商、顾客之间联结点上的成本进行整合，即对上下游的成本价值因素进行综合考虑，明确企业所处位置，分别识别增值空间较大和较

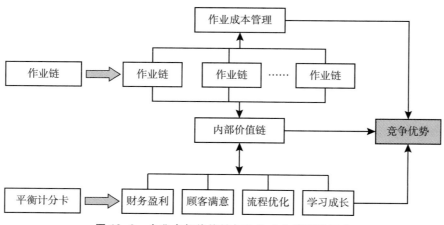

图 13-3　企业内部价值链与作业成本管理的互动

资料来源：郑玲、王培培《战略管理会计的演变轨迹与发展趋势——基于价值链的分析》，《财会月刊》2016 年第 7 期，第 8~12 页。

小的环节，这样才能梳理价值链以进行结构优化。

（3）竞争对手（横向）价值链分析

竞争对手价值链（或横向价值链）体现了同类产品在不同生产者之间的价值运动过程。竞争对手价值链分析就是通过将企业价值链和竞争对手价值链进行对比，找出相较于竞争对手在各价值链环节上成本和价值的差异，明确自身的优势、劣势和市场定位。竞争对手价值链分析的最终目的是找寻竞争对手无法轻易模仿的、比竞争对手更持久的竞争优势，为制定差异化战略提供精准的信息支持，使企业在激烈的竞争中始终保持优势地位。

3. 战略成本动因分析

福特汽车公司的战略
成本动因分析

动因是引起成本的决定性因素。不同经营状况下的企业，影响其成本的因素存在差异。成本动因一般可以分为微观层次和战略层次。前者是指与企业具体生产作业相关的动因，如物耗、作业量等，是传统成本分析的核心；后者关注更广泛、与战略相关的成本因素，如规模、技术多样性、质量管理等。因此，所谓战略成本动因，就是从战略上对企业的成本产生影响的因素。与传统的作业性成本动因相比，其具有与企业的战略密切相连、对成本的影响比重大、动因形成与改变较为困难等特点。

战略成本动因又可分为结构性成本动因和执行性成本动因。

（1）结构性成本动因

结构性成本动因是决定组织基础经济结构的成本驱动因素，主要涉及企业规模、业务范围、运营经验、生产技术、产品多样性的合理选择，体现企业的长期决策和其在市场中的定位。结构性成本动因的特征主要体现在：一方面，这类动因一旦确定常常难以变动，故对企业成本的影响是持久、深远的；另一方面，结构性成本动因常在具体生产经营活动展开之前就已被确定，构成了生产产品的约束成本，故在支出前需进行充分评估与分析。

结构性成本动因

由此，结构性成本动因并不是程度越高越好。例如，盲目扩大企业规模或运用高新技术，可能会对管理水平有限的企业产生负面影响；但企业完全放弃发展战略，固守原有规模、范围与技术，甚至故步自封，也必将使企业处于竞争劣势。可见，结构性成本动因分析归根结底是一个扩张战略目标的选择问题。进行结构性成本动因分析的最终意义在于，在经济结构层面明确成本驱动因素对价值链活动成本的直接影响以及它们之间的相互作用对价值链活动成本的影响，从而有助于企业做出有效的战略决策。

（2）执行性成本动因

执行性成本动因是与企业执行作业程序密切相关的成本驱动因素，主要表现为企业在如何利用资源以实现其目标方面的经营决策。其是在结构性成本动因决定以后才成立的成本动因，具有非量化性、形成时间较长且因企业而异、无固定因素等特征。执行性成本动因主要涉及员工参与度、全面质量管理、能力利用、联结关系等的全面加强，是非"选择"的问

执行性成本动因

题。因此，执行性成本动因的程度越高越好，这类动因若能执行成功，将有效降低成本。

结构性成本动因分析有助于扩张战略目标的选择，而执行性成本动因分析有助于全面加强管理，以确保战略目标的实现，前者旨在优化基础资源的战略配置，后者旨在强化内部管理，完善战略保护体系。

4. 产品生命周期成本法

每件产品从形成至消亡会经历从产品策划、开发设计、生产制造到用户使用、废弃处置这样一种循环，可称之为产品生命周期。相应地，产品生命周期成本是指产品在整个生命周期内发生的全部成本，在狭义上包括企业内部及关联方发生的由生产者负担的成本；在广义上还包括消费者购入后所发生的使用成本、废弃处置成本，甚至社会责任成本等。

传统成本管理以"生产型"为导向，成本会计核算的立足点在于企业内部的生产制造。但在现代经济社会条件下，制造加工过程的优化对提高产品竞争力的潜力愈来愈小。根据成本决定理论，大部分产品的成本结构在其研发设计阶段就已经"固化"，生产阶段只能影响成本的 20% 左右（见图 13-4）。所以产品生命周期成本

的建立就是将成本的范围由生产领域向企业整体价值链进行拓展。与传统意义上的产品成本只关注制造成本不同，现代意义上的产品生命周期成本属于企业战略成本的一部分，具有前瞻性、长期性和以保持竞争优势为目的等特点。

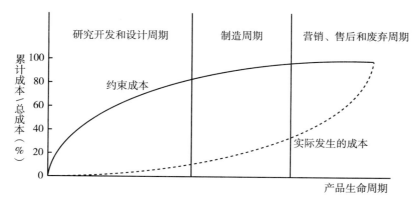

图 13-4　基于产品生命周期的成本分布情况示例

产品生命周期成本法就是建立"市场型"导向的成本管理系统，将产品生命周期的每一个阶段可能产生的成本进行归集，制定出合理的、符合所处生命周期特征的产品价格，确保产品生命周期内收回成本，为企业提供合理的利润。不同阶段产品生命周期成本及其可行的成本管理策略如表 13-2 所示。

表 13-2　不同阶段产品生命周期成本及其可行的成本管理策略

生命周期阶段	产品生命周期成本	可行的成本管理策略
开发设计	研究开发新产品、新技术、新工艺所发生的新产品设计费、工艺规程制定费、设备调试费、原材料和半成品试验费等	以成本避免、立足防范为中心，设立目标成本；对产品是否具有竞争性进行可行性分析；重视产品的质量成本
生产制造	在生产采购过程中所发生的料、工、费以及由此引发的环境成本等社会责任成本	树立标杆成本；将目标成本和作业成本结合起来对日常生产成本加以控制；建立高效的供应链，提高存货周转率；通过同步全面质量管理，实现适时生产管理
营销	产品逐步进入市场、逐步被顾客认识和接受过程中所发生的产品试销费、广告费等	采用符合产品所处生命周期特征的营销手段和供应链管理
使用维护	包括产品的使用成本和维护成本，如车辆的耗油量、电器的耗电量、电子产品需更换的附属配件成本、产品退出使用报废所发生的处置成本等	应尽可能降低由于质量问题而造成的维护费用支出，并建立有效的信息反馈机制；在产品废弃或升级时应对客户的追加成本及企业的替换成本进行核算，以确定产品的盈利能力

产品生命周期成本法的意义在于：①弥补了制造产品的直接成本和产品开发、衰退阶段的成本，有助于企业的定价决策；②将对成本的理解从简单的制造阶段扩大到产品开发设计阶段和顾客使用阶段，有助于企业经营管理者加强关注企业的长期收益和潜在收益；③有益于企业针对竞争对手和环境变化，对不同产品在不同生命周期阶段做出积极的反应和投资决策，如根据产品各生命周期阶段的分布情况确定成本监督控制的主要阶段，或将处于不同周期阶段的产品组合，实现收益优化。

产品生命周期
成本法的应用

5. 目标成本规划法

目标成本规划是一种以市场为导向，对独立制造过程产品的利润和成本进行战略性管理的方法。目标成本是指企业在新产品的设计开发过程中，为实现目标利润而必须达到的成本值，是产品全生命周期成本之下的最大成本容许值。因此该方法的工作原理就是制定目标成本，并通过不断改进产品与工序设计，以最终使得产品成本小于或等于目标成本。

丰田式目标
成本法分析

目标成本规划法作为一种产品进入生产阶段前进行成本与利润管理的综合性技术手段，它将市场需求置于企业制定和实施产品战略的中心地位，其确定产品成本的思维方式和步骤与传统成本管理方法存在显著不同，如表 13-3 所示。

表 13-3　对比传统成本管理方法和目标成本规划法

项目	传统成本管理方法	目标成本规划法
控制重点	生产阶段的耗费、事后管理	产品生命周期初始阶段的成本避免、面向未来
管理出发点	生产现场、追求短期利润	顾客认可的价格、功能、需求量等市场因素，谋求竞争优势
管理范围	企业内部	整个产品价值链
管理手段	基于会计方法、单一部门	价值工程分析、组织措施与会计方法的有机结合，跨部门团队合作

目标成本规划法是一个闭环成本管理体系，具体实施程序包含三个环节。

（1）以市场为导向制定目标成本

由于目标成本＝目标售价－目标利润，所以首先需要在大量的市场调查基础上，根据客户价值和竞争者的预期反应，估算出在未来某一时点产品的目标售价，同时根据企业的中长期利润计划分析目标利润，由此确定目标成本。一旦目标成本被确定，需对其进行层层分解并逐次传递至企业内部各参与部门，甚至外部供应商，使得各部门及上游企业协同开展全环节的成本规划活动，将成本管理与企业经营管理全过程的资源配置协调起来。只有在目标成本达到的前提下，产品才能进入最后的生产。

（2）在设计阶段实现目标成本，计算成本差距

目标成本与企业当前相关估计产品成本（即在现有技术条件下，不积极从事降低成本活动下产生的成本）相比较，可以确定成本差距。其是需要通过价值工程法等分析设计活动降低的成本目标值，能够为企业指明成本降低战略目标的具体途径。

（3）在生产阶段运用持续改善成本法以达到设定的目标成本，保证企业实现长期的利润水平

新品进入生产阶段后，需在规定时间内进行目标成本的实际完成情况检查，来评估成本规划实绩，确认责任归属。

13.3　战略管理会计的应用

综上可见，战略管理会计是对传统管理会计的发展与改良，其并未改变管理会计的职能，只是站在战略的高度进行决策分析，不再局限于传统的评价标准。下面以两个案例来进一步说明战略管理会计的应用。

【例 13-1】

基于战略管理会计的零部件自制与外购决策

A 公司是一家小型制造企业，为进一步降低成本，适应自身发展需求，公司决定运用价值链分析来评估并确定下一期生产用零部件的取得方式。

经分析发现，公司价值链上所有作业包括产品设计、原材料采购、零部件的取得、产品的装配、产品的销售与最终消费者购买，共计六个环节。其中最主要的是将从外部购入的零部件和少量的金属加工件装配成产品，装配的单位成本是 250 元/件。在现有条件下，所需零部件的采购成本是 500 元/件，其中价值 300 元/件的部分可自制，自制的单位材料成本是 190 元/件，每月的人工和设备成本是 55000 元。如果公司自制零部件，还拟将销售、货物运输和售后服务外包给 B 公司，这样每月可为该公司节约成本 175000 元。外包的合同价是在每月平均销售 600 件产品的基础上，每件的价格为 130 元。A 公司编制的价值链分析报告如表 13-4 所示。

表 13-4　A 公司价值链分析

价值作业		维持目前状况 （外购零部件）	自制零部件 （含外包销售、货物运输和售后服务）
设计		公司与此价值链无关	公司与此价值链无关
原材料采购		公司与此价值链无关	公司与此价值链无关
零部件	外购	单位成本为 200 元/件	单位成本为 200 元/件
	可自制可外购	单位成本为 300 元/件	公司的单位材料成本为 190 元/件，外加每月固定费用 55000 元
装配		单位成本为 250 元/件	单位成本为 250 元/件
销售、货物运输和售后服务		每月成本为 175000 元	外包给 B 公司，单位成本为 130 元/件

依据资料，当公司的月销售量为 600 件时，传统管理会计与战略管理会计的分析如下。

（1）依照传统管理会计，两个方案的相关成本计算如下。

外购：相关成本 = 300×600+175000 = 355000（元）

自制：相关成本 =（190+130）×600+55000 = 247000（元）

计算结果表明，若公司选择自制，每月可节约成本 108000 元（355000 - 247000）。

（2）依照战略管理会计，A 公司结合自身内、外部战略环境进行了综合考虑。首先，现阶段公司销售增长的主要原因是顾客满足于公司所提供的产品和服务，所以将销售、货物运输和售后服务外包给其他公司是不明智的，因为这样不利于保持公司现有的竞争优势，会潜在地降低公司的市场份额。其次，变更外购零部件为自制，可能使得公司走向与其他制造商进行低成本竞争的道路。而 A 公司的规模较小，若与价值链该环节中已经存在并富有竞争力的大公司相互竞争，实行低成本竞争成功的可能性不大。因此，在综合考量关键竞争因素后，维持外购是更优的选择。但计算发现外购方案的成本较高，公司管理人员予以了高度重视。经进一步分析，A 公司研判确定了高成本作业并有针对性地采取了控制措施。

对比传统管理会计和战略管理会计的不同视角，可见，在战略管理会计分析框架下，企业的竞争优劣势被予以充分揭示，为企业战略修订与决策提供了重要的信息。

【例 13-2】

我国企业应用战略管理会计的萌芽——邯郸钢铁集团有限责任公司

邯郸钢铁集团有限责任公司（简称"邯钢"）是 1958 年建厂、投产并逐步发展起来的河北省属特大型钢铁企业，现其产品畅销全国并出口到 20 多个国家和地区。邯钢的发展并不是一帆风顺的。1990 年，邯钢连续 5 个月亏损，用于技术改造的巨额贷款无法及时偿还，企业的基本生存受到了严重威胁。面对如此压力，邯钢管理当局从收入困境和支出难题两个方面进行分析。在收入困境方面，由于国家治理整顿经济环境，压缩基建投资，钢材市场需求疲软，但竞争对手却众多，仅在邯钢所在的华北地区就有安钢、首钢、包钢等一大批钢铁企业。企业间相互压价竞争，线材和板材的降价幅度都在 20% 左右。在支出难题方面，企业不仅存在原材料、运费、人工费用均大幅度上涨的问题，与此同时，为支撑"七五"期间的工程项目，邯钢的资产负债率高达 87%，26 项借款中的利息率最高达到了 35.7%。这种"收入降、成本升"的两面夹击，使邯钢当时的 28 种产品中有 26 种在亏损。

在严峻形势下企业应如何发展？邯钢在战略思想的引导下，开辟了全新的战略成本管理之路。

（1）战略目标

邯钢通过分析市场环境和自身优势，首先明确了符合自身实际情况的低成本战略。一方面，我国是能耗大国，国家政策导向是鼓励降低物质消耗、增加经济效益。就企业性质而言，邯钢作为国有企业，应在发展战略上体现国家导向。另一方面，邯钢与其他竞争对手在产品性能上并没有较大的差距，不容易形成技术领先的竞争优势。与此同时，邯钢的各项物耗指标与同行业先进水平相比存在差距，加之生产过程中的浪费现象比较严重。由此，降低成本的潜力很大。

（2）战略规划

邯钢的战略规划建立在"知己知彼"的基础之上。"彼"是企业的外部环境，"己"是企业自身资源及利用情况。为了知彼，邯钢把每一家原材料供应商的所有情况摸排得清清楚楚；为了知己，邯钢又将行业和竞争对手的各项技术经济指标拿来与自己历史最好水平进行对比。基于此，邯钢的低成本战略从两个方面展开。一个是产品经营，其原则是"限制平销产品，停产滞销产品，增加畅销产品"。利用所收集到的外部信息，邯钢全面修订了内部计划价格，不仅使之贴近市场价格并保持相对稳定，而且根据保证企业生存和发展所需要的目标利润，采取"倒推法"来确定各分厂和各生产步骤的目标成本，并制定出产品销售的最低限价和材料采购的最高限价。另一个是项目投资，围绕节能降耗、降低成本的要求，以"先进、经济、实用"为原则进行选项控制。

（3）战略实施

邯钢落实战略目标和战略规划的措施是闻名全国的"模拟市场核算，实行成本否决"。"模拟市场核算"的过程可概括为：首先，以钢材的市场价格为基础，减去税金和目标利润之后为钢材的目标成本，实际成本与目标成本的差异即为全厂应挖掘的潜力；其次，工厂班组把指标落实到人，形成一个以保障全厂目标利润为中心、由十几万个指标组成的成本控制体系。这个体系中的每个指标都与各部门和个人密切相关，成为一个严密的责任网络，将企业战略规划做细、做实。

（4）业绩考评

"实行成本否决"是邯钢考评低成本战略实施绩效的有力措施。在此之前邯钢也将成本指标纳入经济责任制进行考核，但是存在指标偏低、比重偏小、考核不严的问题。为解决这些问题，"实行成本否决"以"严"字为中心，将成本指标在诸项考核中的地位提升为否决指标。1991~1995 年，邯钢有 79 个分厂被否决当月奖金发放，69 个处室被延缓了工资升级。

邯钢的发展战略取得了显著的成功。集团年报显示，自 1991 年起，邯钢生产成本每年下降 6% 左右，1995 年在消化了大量的原辅料价格上涨因素之后仍降低了1%。企业利润从 1990 年的 100 万元增加到 1995 年的 7.09 亿元。由于盈利水平的提高，企业资本结构也得到了优化，资产负债率从 1991 年初的 87.5% 降低至 1995 年末的 39.52%。邯钢的经验可以说是我国企业应用战略管理会计的萌芽，它体现了重视外部环境和自身核心能力建设的思想。

13.4 战略管理会计的新发展

战略管理会计的形成是以企业生存环境的不确定性增强为背景的，目前的发展定位于"培育企业核心竞争力"。近年来，随着技术的进步和全球经济环境的更深层次变化，战略管理会计的理论研究和实际应用也展现出了一些新特征。

课程思政：新时代的
世界观与方法论

1. 战略管理会计内容的扩展

管理会计的发展需要立足于现实情境，瞄准新常态下出现的新问题。战略管理会计产生于价值增值的需要，其发展必然会沿着价值链优化的路径来不断完善自身的内容体系。面对我国经济转型、产业升级、生态文明建设的现实要求，战略管理会计的视角正在逐步从企业内部价值链分析、纵向和横向价值链分析扩展到社会价值链分析（见图 13-5）。这进一步拓宽了企业组织的研究边界，由组织财务责任体系拓展到组织的社会责任体系。展望未来，战略管理会计必将综合考量经济效益和环境效益，既注重企业经济效益的实现，又强调社会环境效益和生态效益的实现，在履行社会责任的基础上追求企业的可持续发展。

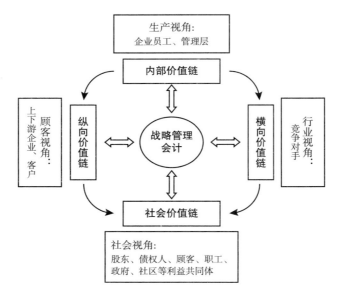

图 13-5　基于价值链分析的战略管理会计研究内容

资料来源：郑玲、王培培《战略管理会计的演变轨迹与发展趋势——基于价值链的分析》，《财会月刊》2016 年第 7 期，第 8~12 页。

2. 战略管理会计信息系统的开发

作为企业重要的决策信息提供者，战略管理会计涉及复杂的数据收集、处理和分析过程。随着外部竞争的愈加激烈，信息的使用者已经从对信息准确性、相关性的要求，转向对信息的及时性、有效性和决策支持性等方面的要求。因此，战略管理会计在企业实践过程中要想实现进一步的发展，必须以信息技术平台作为支撑。在"大智移云"的时代背景下，战略管理会计信息系统的开发设计可在其现有基础上以云计算、大数据技术为依托，通过建立社会价值链层面的集成数据库、嵌套严谨精确的分析工具，为企业不同部门之间、企业与其他外部利益共同体之间提供共享信息平台，实现企业内部精细管理、外部即时互联，为战略管理会计工作提供全面、及时、有效的技术支持。

3. 战略管理会计人员的转型发展

战略管理会计的发展拓宽了管理会计人员的职能范围，使管理会计人员能够在更广泛的领域发挥聪明才干，但也面临着前所未有的挑战。随着信息技术的快速进步，战略管理会计对管理会计人员的要求已不限于单纯的模型应用和简单的信息提供，而是要求他们能够灵活地运用多种技术工具，对非结构化的、多维的数据进行综合分析与评价，站在战略的高度上解决更为复杂的管理问题。因此，新型战略管理会计人员不仅仅要熟悉与本企业相关的环境特征，更要通晓经济领域的其他各个方面，从整体发展的战略视角认识和处理问题，提供具有远见卓识的管理咨询服务。

思考题

1. 什么是战略管理会计？如何认识它与企业战略管理的关系？
2. 战略管理会计与传统管理会计的区别和联系分别体现在哪些方面？
3. 价值链分析的本质是什么？有何作用？
4. 目标成本规划法所体现的成本管理思想的特色是什么？

练习题

一、单选题

1. 揭示企业与竞争对手的相对成本地位是（　　）最重要的应用。

  A. 价值链分析　　　　　　　B. 战略成本动因分析

  C. 战略定位分析　　　　　　D. 外部环境分析

2. 下列有关价值链的说法不正确的是（　　）。

  A. 要优化价值链，首先要尽可能消除所有不增加价值的作业

  B. 每个价值链既会产生价值，同时也要消耗资源

  C. 企业内部价值链分析旨在从战略上明确企业在行业价值链中的位置

  D. 价值链分析最重要的应用是揭示企业对于竞争对手的相对成本地位

3. 目标成本规划法的基本工作流程包括（　　）。

  A. 目标成本持续改进　　　　B. 实施目标成本

  C. 确立目标价格　　　　　　D. 以上均是

4. 既决定了企业的产品成本，也会对企业的产品质量、人力资源、财务、生产经营等方面产生极其重要的影响的是（　　）。

  A. 作业成本动因　　　　　　B. 结构性成本动因

  C. 执行性成本动因　　　　　D. 经营性成本动因

5. 下列各项作业中，属于增值作业的是（　　）。

  A. 产品的加工　　　　　　　B. 产品的储存

  C. 产品的检验　　　　　　　D. 产品的返工

6. 产品生命周期成本管理的重点是（　　）。

  A. 成本降低　　　　　　　　B. 成本控制

  C. 成本分析　　　　　　　　D. 成本考核

二、计算论述题

Z 企业生产一种家用电动安装工具 Dr-1，每月以 120 元/台的价格销售 7000 台。该产品有 80 个零部件，每月的制造成本发生项目和金额如表 13-5 所示。

表 13-5　Dr-1 制造成本明细

单位：元

作业	金额
直接材料成本	315000
直接制造人工成本	49000
机时成本（固定）	52000
测试成本	63000
返工成本	22400
订货成本	5760
工程成本（固定）	38840
合计	546000

从长期经营来看，Z 企业的管理层以生产作业作为成本基础，将直接材料成本和直接制造人工成本视为与产品产量相关的成本，其他作业成本随成本动因的不同而不同，具体如表 13-6 所示。

表 13-6　Dr-1 生产制造的成本动因及成本动因的单位成本

作业	作业描述	成本动因	成本动因的单位成本
机时成本	机加工部件	固定成本	无成本驱动因素
测试成本	对每台产品的部件和最终产品进行单独测试	测试时长	3 元/时
返工成本	修正错误，弥补瑕疵	产品的返工数	32 元/台
订货成本	部件的订购	订单数量	36 元/单
工程成本	设计及管理产品和工艺	固定成本	无成本驱动因素

依照 Dr-1 目前的设计水平可知：（1）每台产品的测试和检查时间为 3 小时；（2）产量的 10%需要返工；（3）企业每月向每个部件供应商发出两次订单。

随着市场中同质化产品的不断出现，Z 企业面临的市场竞争压力逐渐上升。战略管理会计工作人员经研判发现，面对当前的市场环境，企业要想维持现有市场份额，必须将其产品价格降至 110 元/台，且在新价格水平上，不会有新增的销售量。否则，企业的销售量将锐减。

为此，Z 企业提出了两种解决方案。

方案一：通过优化生产，提升生产效率，希望在制造过程中得到 2.6 元/台的成本节约。

方案二：设计新的产品方案，将产品的组成部件减为 50 个，且降低产品测试的复杂度。新型的产品 Dr-2 取代旧产品，并带来如下影响：（1）单位直接材料成本将降低 3.7 元/台；（2）单位直接制造人工成本将降低 0.8 元/台；（3）机时成本将降低 25%；（4）测试成本将降低 20%；（5）返工率将降至 4%。

假设新旧产品的单位成本动因相同，要求：

（1）分析方案二能否达到目标成本；

（2）对比分析两种方案对于产品成本产生的不同影响，并简单分析说明 Z 企业应如何选择。

案例分析

胜利啤酒近期在 A 市收购了一家啤酒厂，取得了该市 95% 以上的市场占有率，实现了绝对垄断。胜利啤酒在 A 市的主要竞争对手是凯胜啤酒，最近它因经营不善被一家境外公司全资收购。被收购后，凯胜啤酒高薪聘请了 3 名营销精英和多名大学生主攻自身营销能力薄弱的问题。

A 市内啤酒市场的特点是季节性强，主要消费集中在春末、夏季及初秋的半年多时间，但一年之中的竞争大战在 4 月、5 月、6 月三个月基本就能决定胜负。今年初，凯胜啤酒正式开启了市场争夺战。作为快速消费品，啤酒的分销网络相对稳定，主要被大的一级批发商控制。但凯胜啤酒却选择了依靠直销作为市场导入的铺货手段，由销售队伍去各零售终端进行销售，结果市场覆盖率和重复购买率都大大超出了预期目标。

虽然凯胜啤酒取得了首轮的胜利，但同时也遇到了一些内部管理问题。由于过度强调销售，凯胜啤酒忽略了结算流程、财务制度和监控机制。销售团队因为受到了重视，逐渐产生了骄傲轻敌的情绪，甚至部分城区经理自任经销商后出现了私自使用公司的运货车做生意的现象。

反观胜利啤酒，在其竞争初次失利的情况下，其认真分析了自身和对手的优劣势，认为对手在淡季争得的市场份额，如果没有充足的产量做保障，必然无法保持。而且胜利啤酒的分销渠道并没有受到冲击，凯胜啤酒强入零售网点不过是地面阵地的穿插。如今，啤酒销售的旺季即将到来，胜利啤酒已经做好了反攻的战略部署……

请分析案例并讨论如下问题。

（1）运用战略管理会计方法，尝试分析胜利啤酒所面临的环境。

（2）如何评价凯胜啤酒的竞争战略？

（3）胜利啤酒应采用哪种战略来巩固自己的市场领导地位？

参考文献

1. 财政部会计司编写组编著《管理会计案例示范集》，经济科学出版社，2019。

2. 冯巧根、冯圆主编《全面预算管理》（第2版），中国人民大学出版社，2021。

3. 冯巧根主编《管理会计》（第4版），中国人民大学出版社，2020。

4. 高翠莲主编《管理会计基础》（第二版），高等教育出版社，2021。

5. 郭晓梅主编《管理会计理论与实务》（第三版），东北财经大学出版社，2020。

6. 郭晓梅主编《管理会计学》（第5版），中国人民大学出版社，2019。

7. 胡玉明主编《管理会计》，中国财政经济出版社，2009。

8. 李守武主编《管理会计实战案例》，中国财政经济出版社，2015。

9. 李天民编著《管理会计学》，中央广播电视大学出版社，1984。

10. 李维安、郝臣编著《公司治理手册》，清华大学出版社，2015。

11. 刘俊勇主编《管理会计》（第三版），东北财经大学出版社，2019。

12. 刘运国编著《高级管理会计理论与实务》（第二版），中国人民大学出版社，2018。

13. 刘运国主编《管理会计学》（第3版），中国人民大学出版社，2018。

14. 吕长江主编《管理会计》，复旦大学出版社，2006。

15. 〔美〕玛丽安娜·M.莫温、唐·R.汉森、丹·L.海特格：《管理会计》（第6版），王满译，北京大学出版社，2017。

16. 宁向东：《公司治理理论》（第2版），中国发展出版社，2006。

17. 孙茂竹、支晓强、戴璐：《管理会计学》（第9版·立体化数字教材版），中国人民大学出版社，2020。

18. 田高良、方永利主编《财务共享理论与实务》，高等教育出版社，2020。

19. 汪家佑：《管理会计》，经济科学出版社，1987。

20. 王平心：《作业成本计算理论与应用研究》，东北财经大学出版社，2001。

21. 王莘香、陈杨、王伟主编《管理会计实务》（第3版），人民邮电出版社，2019。

22. 温素彬主编《管理会计：理论·模型·案例》（第3版），机械工业出版社，2019。

23. 吴大军主编《管理会计》（第 6 版），东北财经大学出版社，2021。

24. 余绪缨主编《管理会计学》，中国人民大学出版社，1999。

25. 岳惠玲、田素云、李光辉主编《管理会计实用教程》（第 2 版），南京大学出版社，2017。

26. 赵国忠编著《管理会计》，北京大学出版社，2021。

27. 中国注册会计师协会：《财务成本管理》，中国财政经济出版社，2022。

28. Blocher Edward J., Stout David E., Cokins Gary, Chen, Kung H., *Cost Management*（New York：McGraw-Hill，2005）。

29. Michael Porter, *Competitive Advantage*：*Creating and Sustaining Superior Performance*（New York：Free Press，1985）。

30. Michael Porter, *Competitive Strategy*：*Techniques for Analyzing Industries and Competitors*（New York：Free Press，1980）。

复利终值系数表（F/P, i, n）

n	3.00%	4.00%	5.00%	6.00%	7.00%	8.00%	10.00%	12.00%	14.00%	16.00%	18.00%	20.00%	25.00%	30.00%
1	1.030	1.040	1.050	1.060	1.070	1.080	1.100	1.120	1.140	1.160	1.180	1.200	1.250	1.300
2	1.061	1.082	1.103	1.124	1.145	1.166	1.210	1.254	1.300	1.346	1.392	1.440	1.563	1.690
3	1.093	1.125	1.158	1.191	1.225	1.260	1.331	1.405	1.482	1.561	1.643	1.728	1.953	2.197
4	1.126	1.170	1.216	1.262	1.311	1.360	1.464	1.574	1.689	1.811	1.939	2.074	2.441	2.856
5	1.159	1.217	1.276	1.338	1.403	1.469	1.611	1.762	1.925	2.100	2.288	2.488	3.052	3.713
6	1.194	1.265	1.340	1.419	1.501	1.587	1.772	1.974	2.195	2.436	2.700	2.986	3.815	4.827
7	1.230	1.316	1.407	1.504	1.606	1.714	1.949	2.211	2.502	2.826	3.185	3.583	4.768	6.275
8	1.267	1.369	1.477	1.594	1.718	1.851	2.144	2.476	2.853	3.278	3.759	4.300	5.960	8.157
9	1.305	1.423	1.551	1.689	1.838	1.999	2.358	2.773	3.252	3.803	4.435	5.160	7.451	10.604
10	1.344	1.480	1.629	1.791	1.967	2.159	2.594	3.106	3.707	4.411	5.234	6.192	9.313	13.786
11	1.384	1.539	1.710	1.898	2.105	2.332	2.853	3.479	4.226	5.117	6.176	7.430	11.642	17.922
12	1.426	1.601	1.796	2.012	2.252	2.518	3.138	3.896	4.818	5.936	7.288	8.916	14.552	23.298
13	1.469	1.665	1.886	2.133	2.410	2.720	3.452	4.363	5.492	6.886	8.599	10.699	18.190	30.288
14	1.513	1.732	1.980	2.261	2.579	2.937	3.797	4.887	6.261	7.988	10.147	12.839	22.737	39.374
15	1.558	1.801	2.079	2.397	2.759	3.172	4.177	5.474	7.138	9.266	11.974	15.407	28.422	51.186
16	1.605	1.873	2.183	2.540	2.952	3.426	4.595	6.130	8.137	10.748	14.129	18.488	35.527	66.542
17	1.653	1.948	2.292	2.693	3.159	3.700	5.054	6.866	9.276	12.468	16.672	22.186	44.409	86.504
18	1.702	2.026	2.407	2.854	3.380	3.996	5.560	7.690	10.575	14.463	19.673	26.623	55.511	112.455
19	1.754	2.107	2.527	3.026	3.617	4.316	6.116	8.613	12.056	16.777	23.214	31.948	69.389	146.192
20	1.806	2.191	2.653	3.207	3.870	4.661	6.727	9.646	13.743	19.461	27.393	38.338	86.736	190.050
25	2.094	2.666	3.386	4.292	5.427	6.848	10.835	17.000	26.462	40.874	62.669	95.396	264.698	705.641
30	2.427	3.243	4.322	5.743	7.612	10.063	17.449	29.960	50.950	85.850	143.371	237.376	807.794	2619.996

复利现值系数表 (P/F, i, n)

n	3.00%	4.00%	5.00%	6.00%	7.00%	8.00%	10.00%	12.00%	14.00%	15.00%	16.00%	18.00%	20.00%	25.00%
1	0.971	0.962	0.952	0.943	0.935	0.926	0.909	0.893	0.877	0.870	0.862	0.848	0.833	0.800
2	0.943	0.925	0.907	0.890	0.873	0.857	0.826	0.797	0.770	0.756	0.743	0.718	0.694	0.640
3	0.915	0.889	0.864	0.840	0.816	0.794	0.751	0.712	0.675	0.658	0.641	0.609	0.579	0.512
4	0.889	0.855	0.823	0.792	0.763	0.735	0.683	0.636	0.592	0.572	0.552	0.516	0.482	0.410
5	0.863	0.822	0.784	0.747	0.713	0.681	0.621	0.567	0.519	0.497	0.476	0.437	0.402	0.328
6	0.838	0.790	0.746	0.705	0.666	0.630	0.565	0.507	0.456	0.432	0.410	0.370	0.335	0.262
7	0.813	0.760	0.711	0.665	0.623	0.584	0.513	0.452	0.400	0.376	0.354	0.314	0.279	0.210
8	0.789	0.731	0.677	0.627	0.582	0.540	0.467	0.404	0.351	0.327	0.305	0.266	0.233	0.168
9	0.766	0.703	0.645	0.592	0.544	0.500	0.424	0.361	0.308	0.284	0.263	0.226	0.194	0.134
10	0.744	0.676	0.614	0.558	0.508	0.463	0.386	0.322	0.270	0.247	0.227	0.191	0.162	0.107
11	0.722	0.650	0.585	0.527	0.475	0.429	0.351	0.288	0.237	0.215	0.195	0.162	0.135	0.086
12	0.701	0.625	0.557	0.497	0.444	0.397	0.319	0.257	0.208	0.187	0.169	0.137	0.112	0.069
13	0.681	0.601	0.530	0.469	0.415	0.368	0.290	0.229	0.182	0.163	0.145	0.116	0.094	0.055
14	0.661	0.578	0.505	0.442	0.388	0.341	0.263	0.205	0.160	0.141	0.125	0.099	0.078	0.044
15	0.642	0.555	0.481	0.417	0.362	0.315	0.239	0.183	0.140	0.123	0.108	0.084	0.065	0.035
16	0.623	0.534	0.458	0.394	0.339	0.292	0.218	0.163	0.123	0.107	0.093	0.071	0.054	0.028
17	0.605	0.513	0.436	0.371	0.317	0.270	0.198	0.146	0.108	0.093	0.080	0.060	0.045	0.023
18	0.587	0.494	0.416	0.350	0.296	0.250	0.180	0.130	0.095	0.081	0.069	0.051	0.038	0.018
19	0.570	0.475	0.396	0.331	0.277	0.232	0.164	0.116	0.083	0.070	0.060	0.043	0.031	0.014
20	0.554	0.456	0.377	0.312	0.258	0.215	0.149	0.104	0.073	0.061	0.051	0.037	0.026	0.012
25	0.478	0.375	0.295	0.233	0.184	0.146	0.092	0.059	0.038	0.030	0.025	0.016	0.011	0.004
30	0.412	0.308	0.231	0.174	0.131	0.099	0.057	0.033	0.020	0.015	0.012	0.007	0.004	0.001

年金终值系数表（F/A, i, n）

n	3.00%	4.00%	5.00%	6.00%	7.00%	8.00%	10.00%	12.00%	14.00%	16.00%	18.00%	20.00%	25.00%	30.00%
1	1.000	1.000	1.000	1.000	1.000	1.000	1.000	1.000	1.000	1.000	1.000	1.000	1.000	1.000
2	2.030	2.040	2.050	2.060	2.070	2.080	2.100	2.120	2.140	2.160	2.180	2.200	2.250	2.300
3	3.091	3.122	3.153	3.184	3.215	3.246	3.310	3.374	3.440	3.506	3.572	3.640	3.813	3.990
4	4.184	4.246	4.310	4.375	4.440	4.506	4.641	4.779	4.921	5.066	5.215	5.368	5.766	6.187
5	5.309	5.416	5.526	5.637	5.751	5.867	6.105	6.353	6.610	6.877	7.154	7.442	8.207	9.043
6	6.468	6.633	6.802	6.975	7.153	7.336	7.716	8.115	8.536	8.977	9.442	9.930	11.259	12.756
7	7.662	7.898	8.142	8.394	8.654	8.923	9.487	10.089	10.730	11.414	12.142	12.916	15.073	17.583
8	8.892	9.214	9.549	9.879	10.260	10.637	11.436	12.300	13.233	14.240	15.327	16.499	19.842	23.858
9	10.159	10.583	11.027	11.491	11.978	12.488	13.579	14.776	16.085	17.519	19.086	20.799	25.802	32.015
10	11.464	12.006	12.578	13.181	13.816	14.487	15.937	17.549	19.337	21.321	23.521	25.959	33.253	42.619
11	12.808	13.486	14.207	14.972	15.784	16.645	18.531	20.655	23.045	25.733	28.755	32.150	42.566	56.405
12	14.192	15.026	15.917	16.870	17.888	18.977	21.384	24.133	27.271	30.850	34.931	39.581	54.208	74.327
13	15.618	16.627	17.713	18.882	20.141	21.495	24.523	28.029	32.089	36.786	42.219	48.497	68.760	97.625
14	17.086	18.292	19.599	21.015	22.550	24.215	27.975	32.393	37.581	43.672	50.818	59.196	86.949	127.910
15	18.599	20.024	21.579	23.276	25.129	27.152	31.772	37.280	43.842	51.660	60.965	72.035	109.690	167.290
16	20.157	21.825	23.657	25.673	27.888	30.324	35.950	42.753	50.980	60.925	72.939	87.442	138.110	218.470
17	21.762	23.698	25.840	28.213	30.840	33.750	40.545	48.884	59.118	71.673	87.068	105.930	173.640	285.010
18	23.414	25.645	28.132	30.906	33.999	37.450	45.599	55.750	68.394	84.141	103.740	128.120	218.050	371.520
19	25.117	27.671	30.539	33.760	37.379	41.446	51.159	63.440	79.969	98.603	123.410	154.740	273.560	483.970
20	26.870	29.778	33.066	36.786	40.995	45.762	57.275	72.052	91.025	115.380	146.630	186.690	342.950	630.170
25	36.459	41.646	47.727	54.865	63.249	73.106	98.347	133.330	181.870	249.210	342.600	471.980	1054.800	2348.800
30	47.575	56.085	66.439	79.058	94.461	113.280	164.490	241.330	356.790	530.310	790.950	1181.900	3227.200	8730.000

年金现值系数表 （P/A, i, n）

n	3.00%	4.00%	5.00%	6.00%	7.00%	8.00%	10.00%	11.00%	12.00%	14.00%	15.00%	16.00%	18.00%	20.00%	25.00%
1	0.970	0.961	0.952	0.943	0.935	0.925	0.909	0.901	0.892	0.877	0.870	0.862	0.847	0.833	0.799
2	1.913	1.886	1.859	1.833	1.808	1.783	1.735	1.713	1.690	1.646	1.625	1.605	1.565	1.527	1.44
3	2.828	2.775	2.723	2.673	2.624	2.577	2.486	2.444	2.401	2.321	2.283	2.245	2.174	2.106	1.952
4	3.717	3.629	3.545	3.465	3.387	3.312	3.169	3.102	3.037	2.913	2.855	2.798	2.690	2.588	2.361
5	4.579	4.451	4.329	4.212	4.100	3.992	3.790	3.696	3.604	3.433	3.352	3.274	3.127	2.990	2.689
6	5.417	5.242	5.075	4.917	4.767	4.622	4.355	4.231	4.111	3.888	3.784	3.684	3.497	3.325	2.951
7	6.230	6.002	5.786	5.582	5.389	5.206	4.868	4.712	4.563	4.288	4.160	4.038	3.811	3.604	3.161
8	7.019	6.732	6.463	6.209	5.971	5.746	5.334	5.146	4.967	4.638	4.487	4.343	4.077	3.837	3.328
9	7.786	7.435	7.107	6.801	6.515	6.246	5.759	5.537	5.328	4.946	4.472	4.606	4.303	4.030	3.463
10	8.530	8.110	7.721	7.360	7.024	6.710	6.144	5.889	5.650	5.216	5.019	4.833	4.494	4.192	3.57
11	9.252	8.760	8.306	7.886	7.499	7.138	6.495	6.207	5.937	5.452	5.234	5.028	4.656	4.327	6.656
12	9.954	9.385	8.863	8.383	7.943	7.536	6.813	6.492	6.194	5.660	5.421	5.197	4.793	4.439	3.725
13	10.634	9.985	9.393	8.852	8.358	7.903	7.103	6.750	6.423	5.842	5.583	5.342	4.909	4.532	3.78
14	11.296	10.563	9.898	9.294	8.746	8.244	7.366	6.982	6.628	6.002	5.724	5.467	5.008	4.610	3.824
15	11.937	11.118	10.379	9.712	9.108	8.559	7.606	7.191	6.810	6.142	5.847	5.575	5.091	4.675	3.859
16	12.561	11.652	10.837	10.105	9.447	8.851	7.823	7.379	6.973	6.265	5.954	5.668	5.162	4.729	3.887
17	13.166	12.165	11.274	10.477	9.763	9.121	8.021	7.549	7.119	6.372	6.047	5.748	5.222	4.774	3.909
18	13.753	12.659	11.689	10.827	10.059	9.371	8.201	7.702	7.249	6.467	6.128	5.817	5.273	4.812	3.927
19	14.323	13.133	12.085	11.158	10.336	9.603	8.364	7.839	7.365	6.550	6.198	5.887	5.316	4.843	3.942
20	14.877	13.590	12.462	11.469	10.594	9.818	8.513	7.963	7.469	6.623	6.259	5.928	5.352	4.869	3.953
25	17.413	15.622	14.093	12.783	11.654	10.674	9.077	8.422	7.843	6.872	6.464	6.097	5.466	4.947	3.984
30	19.600	17.292	15.372	13.764	12.409	11.257	9.426	8.694	8.055	7.002	6.566	6.177	5.516	4.978	3.995

图书在版编目（CIP）数据

管理会计学：新形态版／吕沙主编．--北京：社
会科学文献出版社，2023.2
普通高等教育会计系列教材
ISBN 978-7-5228-1198-7

Ⅰ.①管… Ⅱ.①吕… Ⅲ.①管理会计-高等学校-
教材 Ⅳ.①F234.3

中国版本图书馆 CIP 数据核字（2022）第 235466 号

普通高等教育会计系列教材
管理会计学（新形态版）

主　　编／吕　沙
副 主 编／吴　萌

出 版 人／王利民
组稿编辑／高　雁
责任编辑／贾立平
文稿编辑／王红平
责任印制／王京美

出　　版／社会科学文献出版社·经济与管理分社（010）59367226
　　　　　地址：北京市北三环中路甲 29 号院华龙大厦　邮编：100029
　　　　　网址：www.ssap.com.cn
发　　行／社会科学文献出版社（010）59367028
印　　装／三河市龙林印务有限公司

规　　格／开　本：787mm×1092mm　1/16
　　　　　印　张：22　字　数：443 千字
版　　次／2023 年 2 月第 1 版　2023 年 2 月第 1 次印刷
书　　号／ISBN 978-7-5228-1198-7
定　　价／55.00 元

读者服务电话：4008918866